日本の社会階層とそのメカニズム

不平等を問い直す

盛山和夫
片瀬一男
神林博史
三輪　哲
［編著］

東京　白桃書房　神田

はじめに

ここ数年の間に、不平等や格差、社会階層をめぐる問題が幅広い社会的関心を集めるようになった。この問題に関する書籍も、一般向け・専門書を問わず数多く出版されており、「格差社会」論ブームとでもいうべき状況にある。矢継ぎ早に出版される格差・不平等関連の文献をすべてフォローすることは、専門の研究者にとっても難しくなっている。２０００年に出版された社会階層研究のシリーズ書『日本の階層システム』（全6巻：東京大学出版会）が、「刊行のことば」の中で「なぜいまさら階層なのかと思う人は少なくないだろう。たしかに、今やグローバリゼーションとＩＴ革命の二一世紀を迎える時代である。労働者だ社会主義だといっていた時代はずっと昔に終わってしまった。階層を研究することにどんな意味があるだろうか」（各巻、i頁）と、社会階層研究の意義を改めて読者に説明することからはじめていたことを思うと、事態の急変ぶりには驚くべきものがある。

不平等への社会的関心が高まることは良いことである。しかし、近年の不平等・格差に関する議論は、どうしても直近あるいは現在進行中の目立ちやすい事象や変化に関心が集中しがちである。不平等の現状を知ることはもちろん大切だが、不平等についてさらに踏み込んだ理解を得るためには、それだけでは十分とはいえない。現在の不平等を理解するためには、過去の不平等がどう変化して現在につながっているのか、そして不平等はなぜそのように変化してきたのかを、きちんと押さえておく必要がある。不平等に関する新たな議論の礎を作るために必要なのは、まずこの点ではないだろうか。本書は、このような「日本における不平等（主に社会階層に関わる不平等）の変化」を問い直すことを企図している。

戦後日本の社会階層の変化を体系的に論じた本としては、すでに原純輔・盛山和夫『社会階層：豊かさの中の不平等』（東京大学出版会、１９９９年）が出版されており、定評を得ている。しかし、『社会階層』はコンパクトな概説書ゆえ、細かな論点については、踏み込んだ分析・記述が必ずしも十分になされていない。本書は、原・盛山の『社会階層』の流れを受け継ぎ、同書で言及された論点をより踏み込んだ形で扱う。

本書の内容を簡単に紹介しよう。第１章から第５章までは、職業、学歴、所得など、社会階層を構成する諸要因の不平等について検討する。

第１章「『開かれた社会』への遠き道程」では、社会階層研究の中核をなしてきた社会移動を扱う。社会移動とは、職業に代表される社会的地位の移動のことである。それが開放的であるかあるいは閉鎖的であるかは、しばしば機会の不平等の指標として注目されてきた。中でも大きな影響を持った研究成果は、２０００年に刊行された佐藤俊樹『不平等社会日本』（中央公論新社）である。日本では近年に機会が不平等化したという同書の主張が正しいか否かについては、その後激しい論争を喚起した。この章でも、その点に焦点をあてて、社会移動機会の趨勢を再検討している。

第2章「流動化する労働市場と不平等」では、第1章とは異なり、世代内での社会的地位の変化（職業的キャリアの変化）を扱う。この問題は、たとえば「雇用の流動化」や非正規雇用の増加など、近年注目を集めている事象と関わっている。労働市場や人々の職業キャリアをめぐる問題は、職業的地位そのものの格差としてだけでなく、職業から得られる報酬、職業キャリアを積んでいく過程の安定性、将来への見通しなどの格差にも通じる。この章では、戦後日本の労働市場における流動性の高まりと、それに対応した人々の社会移動のあり方の変化を論じる。

第3章「日本型学歴社会の来歴と行方」では、教育（学歴）の問題を扱う。日本はしばしば「学歴社会」であるといわれ、多くの人が高い学歴を得るために熾烈な競争を繰り広げてきた。その結果、大学進学率は上昇を続け、現在では50％を越えるまでになり、いわゆる「大学全入」の状況も生じつつある。大卒という学歴は、もはや一部のエリートのみが得られる特権ではなくなった。では、このことは学歴社会のあり方に変化をもたらすのだろうか。この章では、大学卒の「学歴インフレ」という観点から、学歴社会のこれまでと今後を検討する。

第4章「女性の労働と性別役割分業」では、ジェンダー（性別）による不平等を扱う。ジェンダーに関わる不平等は多岐にわたるが、ここで検討するのは職業に関わる不平等である。男性と女性では、職業的なキャリアのあり方が大きく異なってきた。その根本的な原因が「男は仕事、女は家庭」という性別役割分業にあったことはいうまでもない。各種の世論調査の結果を見ると「男は仕事、女は家庭」という価値観はここ30年ほどの間に急速に支持を失いつつある。しかし、そうした価値観の変化とは裏腹に、男女間に存在する実際の職業的不平等は依然として根強いものがある。この章では、近代的な性別役割分業がいつ頃日本社会に定着し、それが男女間の職業的不平等とどう関わってきたのかを、男女共同参画やワークライフバランス、少子化といった現在の日本社会で注目される問題との関連も含めて検討する。

第５章「日本の所得格差」では、所得格差の問題を扱う。日本では１９８０年代以降、所得格差がゆるやかに拡大しつつある。このことの主な原因は高齢化にあることも、しばしば指摘される。本章では、日本における高齢化と所得格差拡大の関係を、国際比較や高齢者の世帯特性の特徴などの検討を通じて明らかにしていく。

第６章から第８章は、不平等に関する人々の意識や考え方に関わる問題を取り上げる。第６章「中流意識と日本社会」では、いわゆる「中流意識」の問題を扱う。１９７０年代末以降、日本は「総中流」社会であるという認識が広まった。しかし実際には、戦後日本社会には程度の差こそあれ、不平等は一貫して存在してきた。にもかかわらず、多くの人々が自分を「中流」と考えたのはなぜか。そして、そうした「中流」認識や「中流」をめぐる議論にはどのような意味があったのか。この章では、１９５０年代から２０００年代までの階層帰属意識の変化とそのメカニズムの検討を通じて、日本社会における「中流意識」の意味を考える。

第７章「社会階層と政治関与」では、政治意識の問題を取り上げる。近年の格差社会論の特徴の１つに、若者を格差の被害者とみなす議論がある。この種の議論には賛否両論があるものの、若年層の就職をめぐる状況がかつてより厳しくなっていることは、多くの人が認めるであろう。その一方で、そうした格差の被害者である若者たちが、格差への激しい抵抗を見せているのかというと、そうでもない。現在の日本で社会変革を志向する人にとっては、選挙は最も基本的な手段の1つである。しかし、若者の政治離れの傾向は現在でもあまり変わることがない。この章では、特に若年層の政治意識や政治参加に注目し、格差・不平等との関係を検討する。

第8章「『より良い社会』をめぐる問い」では、分配システムをめぐる価値観の問題を扱う。現在、不平等の問題が人々の関心を集めているのは、「不平等の行き過ぎは良くない」という感覚がその根底にあるからだろう。では、我々はどのような社会を目指すべきなのか。いまの社会が良くないのだとすれば、どういう社会が「良い」社会なのか。たとえば、所得はどのような基準で決まるべきなのか、所得の不平等はどこまで許容されるのか、貧困にあえぐ人々を誰が・どのように救うべきなのか。こうした問題は、専門的には「分配的公正」あるいは「正義論」といった文脈で扱われる。この章では、公正についての人々の意識の検討を通じて、この問題を考える。

終章である第9章「平等の理念とメカニズム」は、これまでの社会階層研究のあり方を再検討することを通じて、今後の社会階層研究が目指すべき道が示される。

本書の執筆者は、『社会階層』の執筆者の一人である原純輔先生（放送大学宮城学習センター所長・元東北大学文学研究科教授）と共同研究を行ったり、あるいは原先生の指導を受けて研究を進めてきた経歴を持っている。本書は、いわゆる「退職記念論文集」ではないが、原先生のこれまでの業績および学恩に対するささやかな感謝のしるしでもある。最後に、本書の刊行の機会を与えていただいた白桃書房に厚く御礼申し上げたい。

２０１０年12月
編者一同

付　記

２０１１年３月11日、東北地方および関東地方の太平洋側を、激しい地震と巨大な津波が襲った。それから１カ月後、政府が設置した東日本大震災復興構想会議では、「単なる復旧ではなく、未来に向けた創造的復興を目指していくこと」が目標に掲げられた。

創造的復興とは、新しい地域のあり方を構想し、創り上げることである。そしてそのためには、被災地のあり方だけでなく、日本社会全体のあり方もまた、再検討する必要がある。この課題は、復興構想会議のメンバーのみが担うべきものではなく、より多くの人々に開かれているはずである。

被災者・被災地を支援する方法は数多くあり、それぞれの人が、できる範囲で、できることを続けていくのが大切である。そうした方法の1つとして、我々一人ひとりがこれからの日本社会のあり方を真剣に考えるのも、迂遠かもしれないが重要なことではないだろうか。

本書は（震災前までの）戦後日本社会における不平等と社会階層について、その変化を論じ、意味を問い直してきた。大きな問題のごく一部を取り上げたに過ぎないが、これまでの日本社会のあり方を踏まえてより良い未来を構想するための一助となれば、我々にとって望外の喜びである。

２０１１年５月

編者一同

目次

第2章　流動化する労働市場と不平等
―非正規雇用をめぐる職業キャリアの分析―

第3章　日本型学歴社会の来歴と行方
―高学歴社会における「学歴インフレ」―

第1章

「開かれた社会」への遠き道程
――社会移動の構造と趨勢――

三輪　哲

1　機会不平等と社会移動

かつて「一億総中流」と比喩されるほどに、日本が平等な社会であると信じられていた時代があった。しかし今や、その記憶は急速に過去のものとなりつつある。20世紀の終わりくらいから、平等への疑義を唱える論者の声が多く聞かれるようになった（苅谷2001；佐藤2000；橘木1998）。それから10年あまりたったが、この間においては、格差社会が到来したことを語る言説は、もはや枚挙に暇がない。そう言っても過言ではないほどに、ここ近年はアカデミズムだけでなく、ジャーナリズムにおいても、格差に関わる社会変動が扱われることが多くなっている。そこでは、所得で測られるような結果としての経済的格差だけでなく、機会の格差があることもたびたび指摘されている。

社会における機会不平等の測り方として、伝統的に用いられている方法の1つに、社会移動というものがある。社会移動とは、社会的地位の移動である。たとえば、会社員として勤めていた人が転職して教師になるというようなケースや、農業に従事していた親の子が後に工場労働者として就職するようなケースが移動の具体事例となる。前者は同一個人のキャリアの中での移動であり、世代内移動と呼ばれる。一方、後者は親から子へと世代をまたいでの地位の移り変わりであり、世代間移動と呼ばれる。

これらのうち、特に世代間移動が、機会不平等の研究にとって重要な視角を提供する。なぜならそれは、本人の努力によってコントロールすることのできない親の地位が、その子どもの将来の地位を決めるかどうかを直接に対象としているからである。世代間社会移動研究では、現在の地位に対する親の階層的地位の影響がゼロに近ければ近いほど、開放性が高い、いわば「開かれた社会」であるとして解釈される。仮に、強い身分制が敷かれ、子どもが親の地位を引き継がなければならないような社会があれば、それは「閉じられた社会」の典型となる。すなわち、現在の階層的地位で測る到達階層が、親の階層的地位でとらえられる出身階層からどれだけ自由であるかが、機会の平等性を測るための基本指標とされているのだ。そのような位置づけを与えられていることから、社会移動が、ソローキン（Sorokin 1927）にみられるような古典的な問題であると同時に、佐藤（２０００）に端を発した激しい論争[*1]のように今なお議論を喚起しうる現代的なトピックでもあることが、理解できよう。

さて、社会移動研究、とりわけその趨勢研究は、産業化との関係でとらえられることが常であった。産業化が進むほど社会移動は開放的になるという説―産業化命題（Treiman 1970）と呼ばれる―のほか、産業化が一定段階に達すると社会移動のパターンは収斂し開放性は変わらなくなるとする説―提唱した学者３名の頭文字から、ＦＪＨ命題（Featherman et al. 1975）と呼ばれる―の２つがその主なものである。両者はしばしば実証研究の焦点となってきた。

日本の研究成果の説明に先立ち、日本における産業化の様相を概観してみよう。図1-1に、戦後日本の産業構造の変化を示した。それによると、１９５０年代から１９７０年代にかけて、大きな構造変動があったことがわかる。農林漁業に代表される第１次産業セクターが大きく減少する一方で、製造業など第２次産業と、サービス業などの第３次産業は徐々に拡大していった。とりわけ高度経済成長期として知られる１９６０年代には、就業者数の全体的増加、第２次および第３次産業の割合の増加が顕著にみられた。その後の低成長期においても、就業者数の増加は継続していた。ただし、第２次産業の拡大は頭打ちとなり、第３次産業のみが緩やかに拡大し続けた。そして１９９０年代半ば以降の経済停滞期以降は、第２次産業も減少を

＊１　「中央公論」編集部（２００１）などを参照されたい。

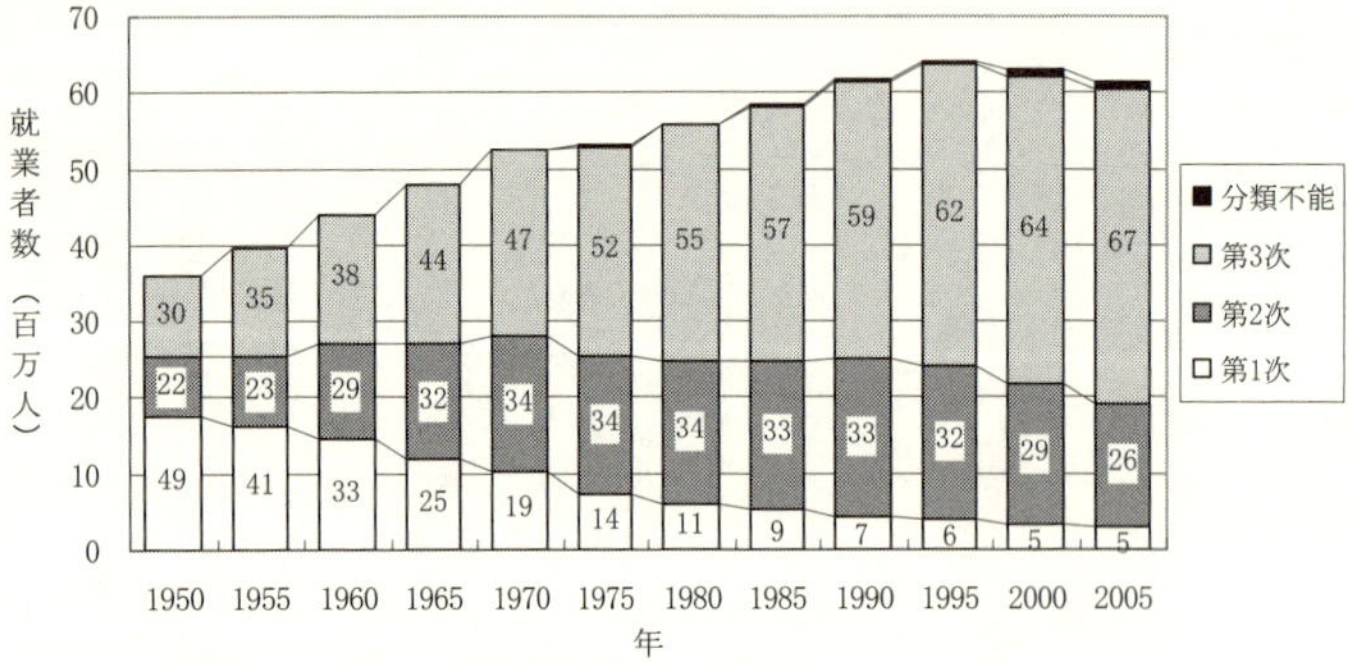

注：グラフ内の棒の高さは就業者数、数値は構成割合

出典：国勢調査

図１－１　戦後日本の産業構造の変動

するようになり、いよいよ本格的なサービス産業化の時代が到来したことを図は物語っている。

図1-1にみる限り、産業化の進展として最も大きかったのは１９６０年代から１９７０年代にかけてであったことがうかがい知れる。そこで、これらの期間に社会移動の開放性が高まったのではないかと産業化命題支持者ならば期待するであろう。だが結果はそうではない。社会移動に関して戦後日本の長期的趨勢を検討した研究は数多くあるが、それらの研究成果の大勢を占めるのは、日本社会の開放性が変わっていないとみる立場である（原・盛山１９９９：石田２０００：石田・三輪２００９：三輪２００６ａ：Takenoshita 2007）。すなわち、どちらかといえば、ＦＪＨ命題に支持的な結果が得られてきたといえる。[*2]

ただし、それらの研究のほとんどが拠り所としているデータは、ＳＳＭ（社会階層と社会移動全国調査）データである。ＳＳＭ調査とは、日本の社会学の中で最も長い伝統を誇る社会調査の1つであり、社会階層に関する学術的調査である。１９５５年に第1回目の調査がなされた後、10年に1回実施されてきて、２００５年で第6回目を数えた。このデータを用いると、長期的な趨勢研究ができるのが強みである。ただし、最新の動向をつかむのには不適となる弱みもある。２００５年時の調査データでも、その中に含まれる若年者はそれほど多くないので、社会移動の最近の変化が反映されにくいというわけだ。そのようなデータの性質がゆえに、社会移動の閉鎖化をとらえ損ねている危険性もあるのかもしれない。

　そこで、できるだけ最近の傾向を測ることを可能とする良質なデータを用いて、社会移動の趨勢を再検討することは必要不可欠な研究課題となろう。言い換えるなら、最近の経済停滞やサービス産業化という時代背景のもとで起きている社会移動の実態までを射程におさめた研究が、今、求められているともいえる。仮に、昨今語られる機会不平等化説が正しいとすると、社会移動の閉鎖化が進んでいることが予想されるが、果たして現代日本の社会移動はどのようになっているのだろうか。実際、佐藤（２０００）や橋本（２００７）など、近年の機会閉鎖化を強調する研究も存在する。それらが、伝統的な社会移動研究への挑戦として、大変重要なものであることは間違いない。そこで本章では、近年、若い世代において機会の閉鎖化が進

＊2　国際比較の観点からみたときには、産業国家の中において、日本の社会移動はほぼ中程度の位置にあることが知られている（石田２００８：石田・三輪２００９）。つまり、特に閉鎖的なわけでもないが、逆に特に開放的ということでもない。

行したのかどうかを焦点に、社会移動の趨勢をとらえなおしてみたい。

2　純世代間移動のコーホート比較

とはいえ、近年の社会移動の趨勢をとらえるのはなかなか困難である。なぜなら、若年者のサンプルがたくさん調査されており、しかも過去の同様の調査と比較可能なものとなると、適切なデータをみつけ難いからである。

それゆえ、ここでは次善の代替策として、到達階層の指標に初職を用い、出生コーホート間の趨勢をとらえることで当初の分析目的に答えることとした。世代間の社会移動の分析は、本人の現職を到達階層、父職を出身階層として通常使用する。だが本章でおこなう初職と父職とを用いておこなう分析も、世代間移動のとらえ方の１つなのである。かつて安田（１９７１）は、父職から初職への社会移動のことを「純世代間移動」と呼び、これこそが本来分析されるべき純粋な世代間移動と考えた。[*3] 他にも、アメリカの著名な社会移動研究でも、父職と初職を用いた分析がなされている（Blau and Duncan 1967: Fetherman and Hauser 1978）。また、地位達成過程の研究成果によれば、日本では現職に対して初職が圧倒的に強い規定力を有するのであるから（富永１９７９）、初職の情報はその人の到達する階層の予測値としての価値を持ちうる。もちろん現職に代えて初職を使うことで、とらえにくくなる側面が様々生じることも否めないものの、[*4] 機会の不平等の分析用具としての役には十分応えられるのである。

本章の分析には、これまでに実施された「日本版 General Social Surveys」（ＪＧＳＳ）の２０００年、２００１年、２００２年、２００５年、および２００６年に実施された5回分のＪＧＳＳデータを合併し、分析に用いた。ＪＧＳＳは、各調査時点において、20歳から89歳までの日本全国の男女を母集団として、層化2段無作為抽出により個人を標本抽出している。[*5]

なお、１９４０年以降の出生であり、かつ調査時において23歳以上で就業経験のある回答者に分析対象を絞った。さらに初職と父職の両方に有効回答があった者に限り、分析に含めることとした。

3　移動表によるアプローチ

社会移動を分析するための基本的分析手法として用いられるのは、移動表である。移動表とは、出身の地位と到達の地位というように、異なる2時点における地位をクロス分類したものである。既に述べたように、本章では、到達の地位の指標として、本人の初職を用いる。出身の指標としては、父親の職業を使用す

＊3　安田（１９７１）は、従来の父職から現職への移動は「全世代移動」と呼び、「これを世代間移動と呼ぶことは誤り」（安田１９７１：１３８）とまで述べている。

＊4　たとえば、初職では就きにくい階層（管理職、自営業など）の分析がしにくいこと、初職はキャリアの到達点とは言い難く父職と同レベルの情報ではないことなどがあるだろう。

＊5　各回の調査の概要およびサンプルサイズや回収率については、大阪商業大学ＪＧＳＳ研究センターのウェブサイト（http://jgss.daishodai.ac.jp/surveys/sur_top.html）を参照のこと。

表1－1　移動表にあらわれる社会移動の理想状態

パネルA:閉鎖的		到達階層(本人初職)					
		上層 ホワイトカラー	下層 ホワイトカラー	上層 ブルーカラー	下層 ブルーカラー	農業	計
	上層ホワイトカラー	***100***	0	0	0	0	100
	下層ホワイトカラー	0	***100***	0	0	0	100
出身階層	上層ブルーカラー	0	0	***100***	0	0	100
(父職)	下層ブルーカラー	0	0	0	***100***	0	100
	農業	0	0	0	0	***100***	100
	計	100	100	100	100	100	500

パネルB:開放的		到達階層(本人初職)					
		上層 ホワイトカラー	下層 ホワイトカラー	上層 ブルーカラー	下層 ブルーカラー	農業	計
	上層ホワイトカラー	***20***	20	20	20	20	100
	下層ホワイトカラー	20	***20***	20	20	20	100
出身階層	上層ブルーカラー	20	20	***20***	20	20	100
(父職)	下層ブルーカラー	20	20	20	***20***	20	100
	農業	20	20	20	20	***20***	100
	計	100	100	100	100	100	500

注:セル内数値は度数(架空例). 対角セルの値は, 太字斜体で示した

表1－2　移動表とそれをもとにした移動率計算の例示

パネルC:度数		到達階層(本人初職)					
		上層 ホワイトカラー	下層 ホワイトカラー	上層 ブルーカラー	下層 ブルーカラー	農業	計
	上層ホワイトカラー	***225***	131	49	48	1	454
	下層ホワイトカラー	353	***356***	186	138	6	1039
出身階層	上層ブルーカラー	185	162	***294***	167	3	811
(父職)	下層ブルーカラー	178	191	200	***229***	3	801
	農業	135	152	224	204	***105***	820
	計	1,076	992	953	786	118	3,925

全体移動率＝.692 (={3,925−(225+356+294+229+105)}÷3925)

構造移動率＝.195 (={(|454−1,076|+|1,039−992|+|811−953|+|801−786|+|820−118|)÷2}÷3,925)

パネルD:流出率		到達階層(本人初職)					
		上層 ホワイトカラー	下層 ホワイトカラー	上層 ブルーカラー	下層 ブルーカラー	農業	計
	上層ホワイトカラー	***0.50***	0.29	0.11	0.11	0.00	1.00
	下層ホワイトカラー	0.34	***0.34***	0.18	0.13	0.01	1.00
出身階層	上層ブルーカラー	0.23	0.20	***0.36***	0.21	0.00	1.00
(父職)	下層ブルーカラー	0.22	0.24	0.25	***0.29***	0.00	1.00
	農業	0.16	0.19	0.27	0.25	***0.13***	1.00
	計	0.27	0.25	0.24	0.20	0.03	1.00

パネルE:流入率		到達階層(本人初職)					
		上層 ホワイトカラー	下層 ホワイトカラー	上層 ブルーカラー	下層 ブルーカラー	農業	計
	上層ホワイトカラー	***0.21***	0.13	0.05	0.06	0.01	0.12
	下層ホワイトカラー	0.33	***0.36***	0.20	0.18	0.05	0.26
出身階層	上層ブルーカラー	0.17	0.16	***0.31***	0.21	0.03	0.21
(父職)	下層ブルーカラー	0.17	0.19	0.21	***0.29***	0.03	0.20
	農業	0.13	0.15	0.24	0.26	***0.89***	0.21
	計	1.00	1.00	1.00	1.00	1.00	1.00

注:対角セルの値は, 太字斜体で示した

る。以下の表1-1では、移動表においては、社会移動の理想状態[*6]がどのようにあらわれるかを示した。また表1-2に、移動表と、それからの移動率計算の結果を例示した。

社会移動における理想状態として重要なものに、完全に閉鎖的な状態と、開放的な状態の2つがある。前者は、表1-1のパネルAにみられるように、親と子の所属する階層が完全に一致する状態をさす。つまり、親の階層によって子世代の階層も決まってしまい、移動がまったく発生しない、それこそが完全に社会移動が閉鎖的な状態といえる。

それとは真逆の、子の所属する階層が親の階層によって影響を受けていない例を、パネルBに表示した。なぜこれが親階層の影響がないことを意味するかというと、親がどの階層であろうとも、子世代の階層分布が変わらないからである。この例のように、親子の所属階層に対応関係がなければ、世代間での移動が自由になされているものとみなすことができ、それは社会移動が開放的な状態であることの証拠となる。

次に、具体的な移動率の計算の仕方を説明しよう。表1-2のパネルCには、度数すなわち人数がそのまま示されている。これが様々な計算や統計解析のもとになる生データである。表側には、出身階層として父職を、表頭には、到達階層として初職を配置した。どちらも、上層ホワイトカラー（専門・管理）、下層ホワイトカラー（事務・販売）、上層ブルーカラー（熟練）、下層ブルーカラー（半熟練・非熟練）、農業、の

＊6　ここでいう理想状態とは、「望ましい状態」ではなく、「理論的に想定される究極の状態」を意味することに注意をされたい。

5分類の職業階層を用いた。[*7]

移動表の分析の基本手順として第1におこなうべきことは、周辺度数の相対割合の計算である。表側に出身階層、表頭に到達階層を配置した場合、周辺度数の分布があらわすのは、階層構成ということになる。これらの数値は、階層の分布の時代的変化を読み解くための重要な情報を提供する。[*8]

第2に、表全体における移動率を求める。移動表においては、対角セルとそれ以外とを分けて考えることが重要である。なぜなら対角セルは非移動を表す箇所であり、その他のセルとは決定的に意味が異なるからである。仮に対角セルに度数が集中する移動表が得られたならば、その社会は移動が少ない閉鎖的な社会といえるわけだ。総度数に占める移動者の割合を、全体移動率という。全体移動率とは、事実としてみられた移動の程度を示す。全体移動率こそ、社会移動の程度をとらえる最も基本的な指標なのである。

ただ、全体移動率の中には、社会の階層構造の変化によってもたらされた移動も含まれている。社会の構造的な変化によって、否応なしに移動が生じることがあるというわけで、そのような移動のことを構造移動と呼ぶ。構造移動率は、出身階層と到達階層の周辺分布のずれに基づいて計算できる。構造移動率が大きいということは、その時期に世代間で大きな構造変動があり、それを受けて移動せざるを得なかった人が多かったことになる。

第3に、行の合計や列の合計によって各々のセル内の度数を割ることをおこなう。するとパネルDやパネルEに表示された結果が得られる。パネルDの値は行の合計で割った数値である。これらは流出率と呼ばれ、「ある階層出身者が、どの階層へ行くのか」を測定している。それに対して、パネルEの数値は列の合計で割った数値である。こちらは流入率と呼ばれる。「ある階層に属する人が、どの階層から来たのか」を測っている。

親と同じ階層へととどまる割合、すなわち非流出率のことを、世代間安定率と呼ぶ。これは、親と同じ階層的地位へと到達する割合を示す値のことである。他方、現在ある階層へ属する者のうち親も同じ階層であった割合（非流入率）を、自己再生産率と呼ぶ。自己再生産率とは、「現在ある階層にいる者のうち、どれだけが出身でも同階層であったか」を表す値である。言い換えるなら、世襲された割合がいかほどになるか、を含意している。

ここまでが、いわば「目に見える」移動のとらえ方として、移動表を用いておこなわれる基本分析手順である。「目に見えにくい」より純粋な移動の構造の分析のためには、後述するようなやや高度な統計手法を必要とする。

4 移動率の趨勢

社会移動研究では、移動を絶対移動と相対移動とに分けることが標準的である。前者は、事実としてみら

＊7 初職に関しては、上層ホワイトカラーの中に、大企業の事務職も含めた。
＊8 ただし本章では頁の制約もあり、結果の表示を割愛する。

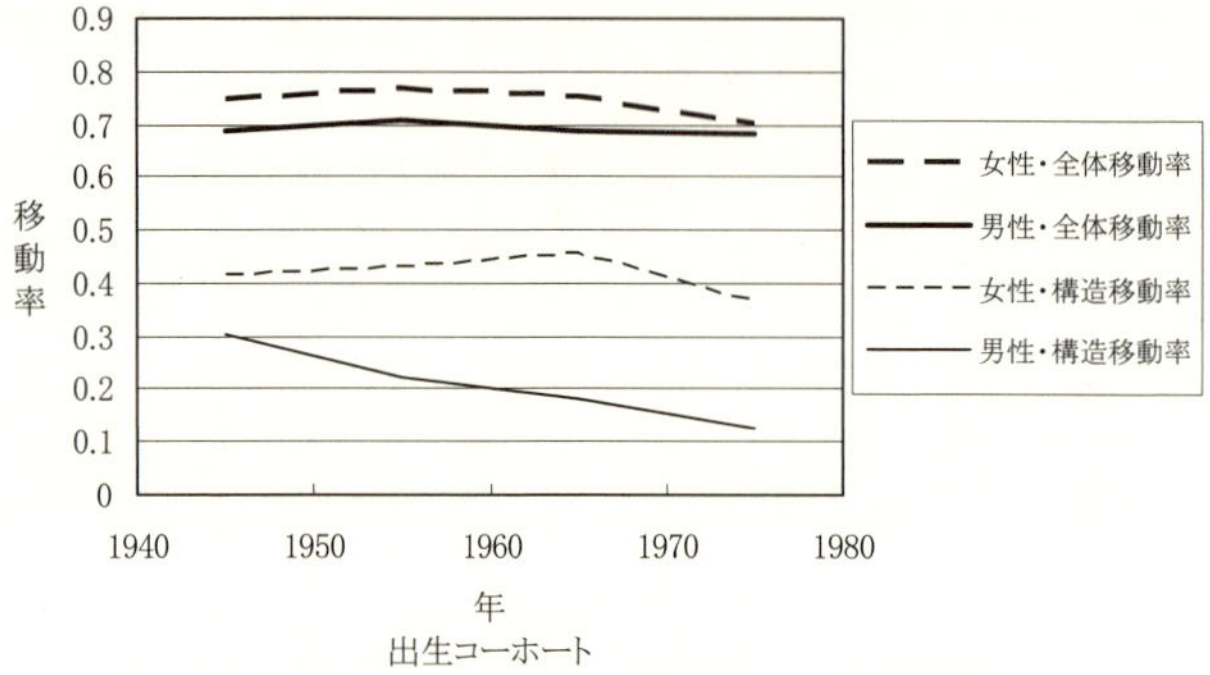

図1－2　全体移動率と構造移動率の趨勢

れた階層的地位の移動を意味する。つまり、事実として観察される移動を意味するものである。自身の親と異なる地位にある場合は絶対移動をしたということになり、同じである場合は非移動となる。後者はやや専門的な考え方を必要とする。絶対移動は階層構造の変動により影響を受けやすいため、真の機会格差をとらえるためには純粋に移動のみの情報を抽出しなければならない。そのために統計的操作を施すことで他の影響を除去して取り出した移動のことを、相対移動と呼ぶ。こちらは、出身階層間での移動機会の違い、すなわち相対的な移動のチャンスを意味する（Erikson and Goldthorpe 1992）。本節ではまず、事実としてあらわれる絶対移動率をみていこう。

図1－2から、全体移動率に関しては、大きな変化はみられない。男性、女性ともに、全体移動率の趨勢を示す折れ線は、ほとんど横ばいのままであるからだ。ただし、性別による移動率の違いがみられる。男性の移動率が7割に満たない水準で推移しているのに対して、女性のそれは7割5分ほどであり、わずかに高い。

次に構造移動率について、同じく図1-2から確認しよう。すると、男性の構造移動率は、明らかに減少傾向にあったことがうかがえる。１９４０年代生まれのコーホートでは3割ほどであったが、その後直線的に減少していき、最も若い１９７０年代生まれのコーホートでは1割強となっている。これは、本人世代の初職の分布に、父職の分布が近づいたことを意味する。父職における農業層の減少とホワイトカラー層の増加が進んだことの影響と考えられる。

一方、女性の構造移動率は4割前後であまり変わっていない。まず、男性に比べて構造移動率が高めなのは、出身階層を父職で測ったがゆえに、職業階層の分布のジェンダー差が反映されているからである。つまり、父親の職業と娘の職業の間で、分布が大きく異なることを示している。そして、女性においてはホワイトカラーの構成割合の増大が、父職におけるそれと並行して進んだため、構造移動率があまり変わらない結果となっている。

続いて個別階層ごとの移動率の検討に移ろう。まず図1-3により、男性の世代間安定率の趨勢を検討する。全体的にみると、比較的、世代間安定率の変動は大きくない。だが次に述べる2つの階層においては減少趨勢がみられる。そのうちの1つは、上層ホワイトカラー層である。この層では、とりわけ１９５０年代生まれ以降で大きく世代間安定率が減少してきた。そしてもう1つは、下層ブルーカラー層である。階層構造の中で両端に位置するこれら2つの層で世代間安定率が減少したということは、世代を超えて有利なポジションを維持したり、逆に不利なポジションのままであったりするケースが少なくなったこととなる。その

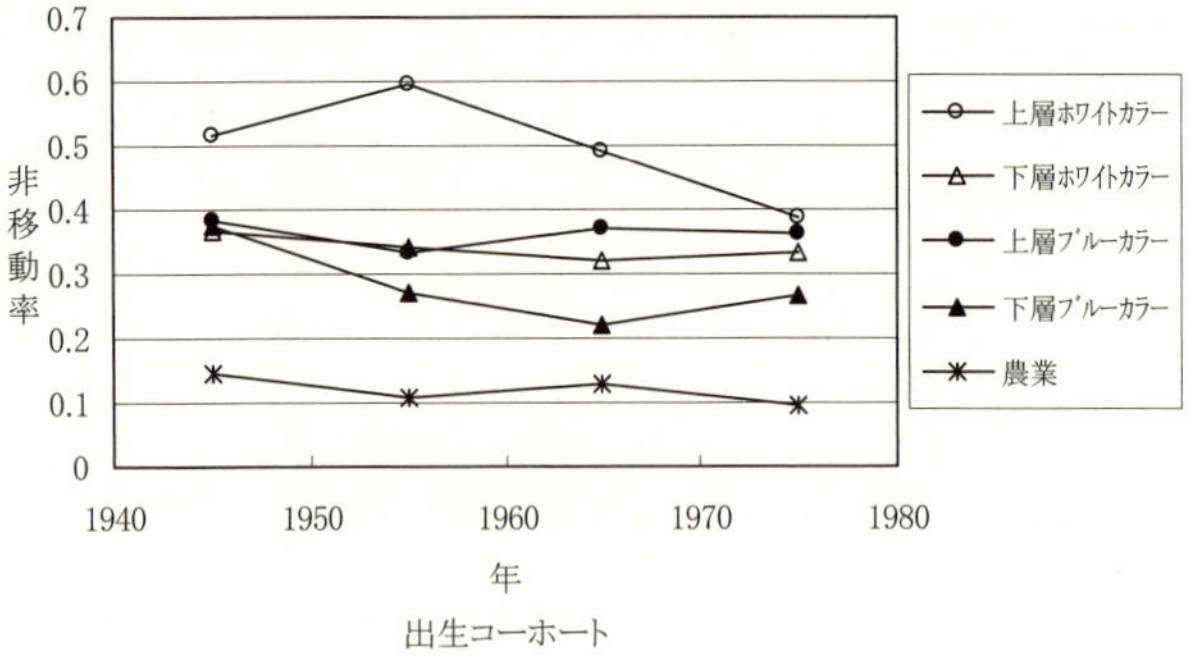

図1−3　世代間安定率の趨勢：男性

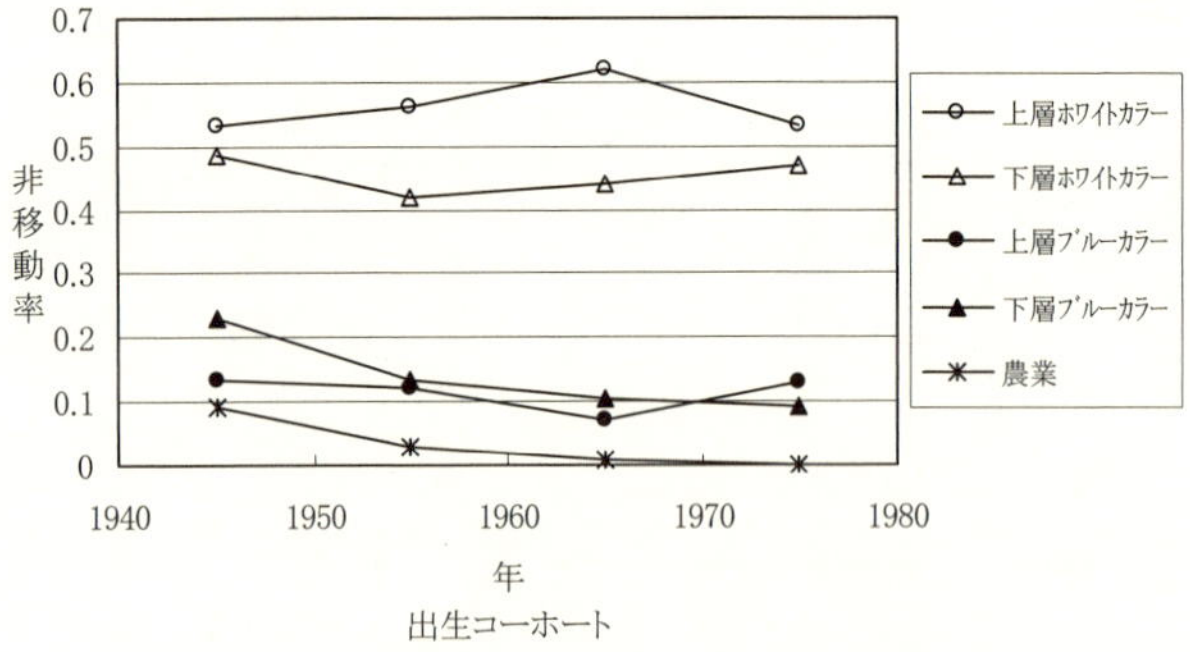

図1−4　世代間安定率の趨勢：女性

事実は、この4つのコーホートがカバーする期間に関する限り、平等的な意味合いを持つ方向への変化が部分的とはいえ生じていたことを含意する。

図1-4から女性の世代間安定率の趨勢をみると、はっきりとした変化がみられるのは下層ブルーカラーのみであることに気づく。下層ブルーカラーの世代間安定率が緩やかな減少トレンドにあったのは、男性の結果と類似している。ただし上層ホワイトカラーについては男性と異な

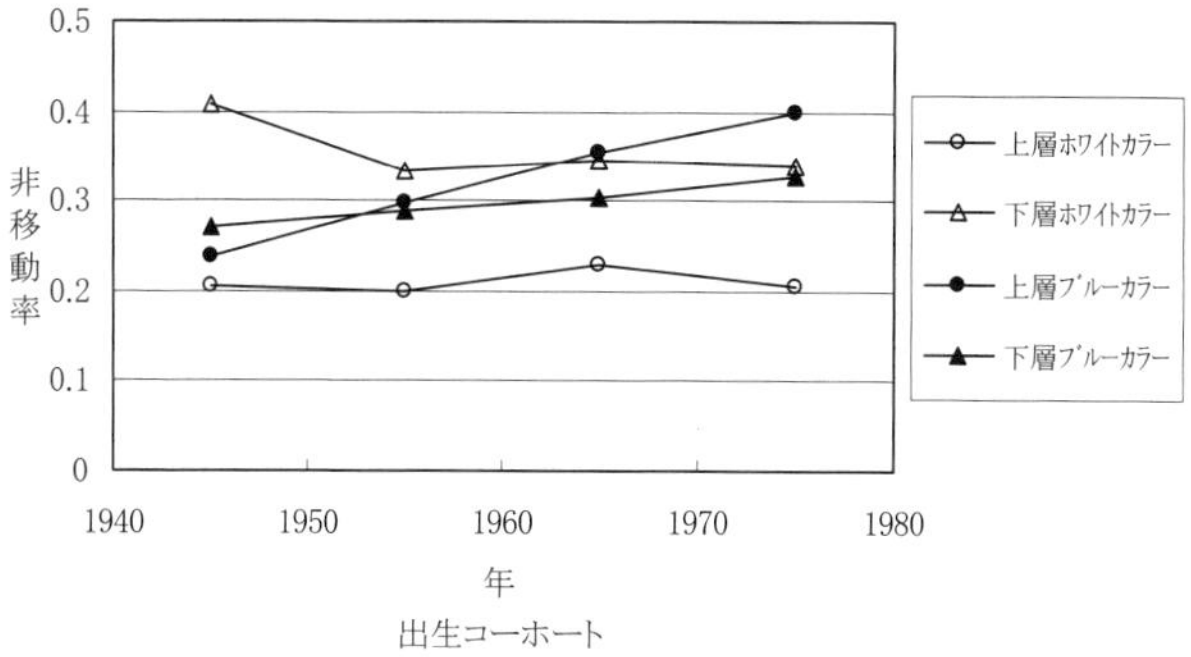

図1−5　自己再生産率の趨勢：男性

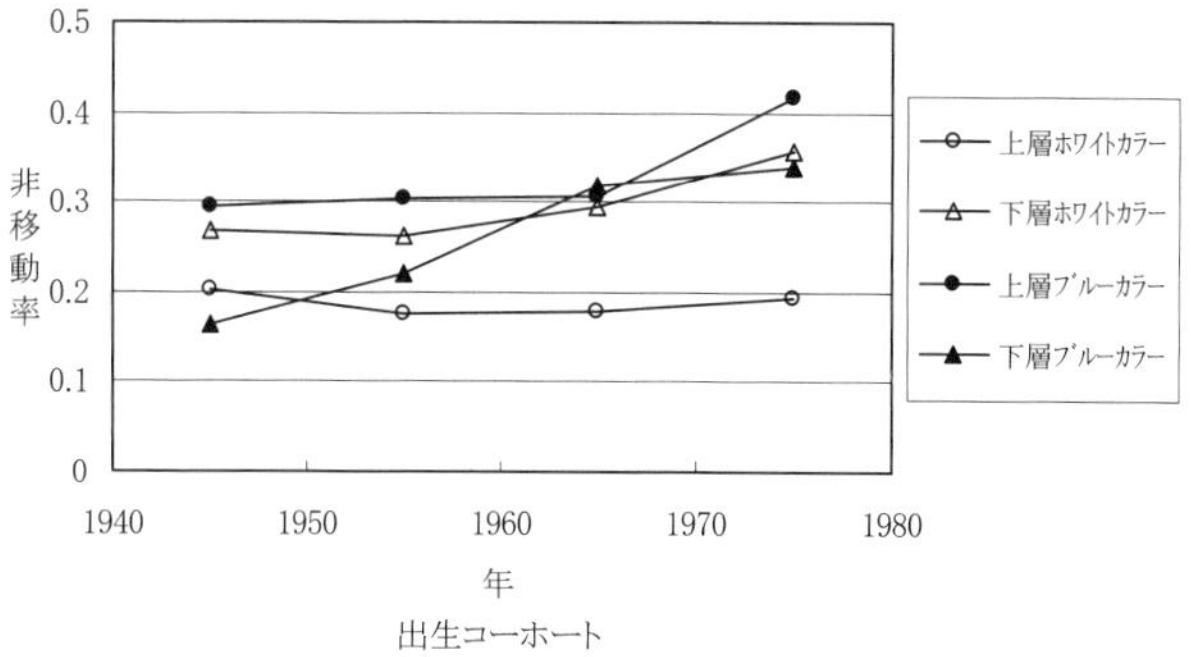

図1−6　自己再生産率の趨勢：女性

り、世代間安定率の減少はみられない。

別の角度から非移動者の割合をとらえた指標である、自己再生産率の変化を次にみてみよう。[*9] 図1-5によると、男性の自己再生産率の趨勢は、全体的に変動は小さく、同じ水準を保ってきた階層が多いことがわかる。ただし、上層ブルーカラーについてのみ、はっきりとした自己再生産率の増加趨勢がみてとれる。かつて、欧米先進諸国に比して、ブルーカラー層の自己再生産率の低いことが日本の特徴とされていた（石田２０００）。だが、ここでみた初職の自己再生産率の動きをみる限り、近い将来に、欧米諸国のそれと変わらない水準に至るのかもしれない。

図1-6には、女性の自己再生産率を示した。男性同様に、上層ブルーカラー層の自己再生産率の増加がみられるほか、下層ブルーカラー、下層ホワイトカラーにおいても増加趨勢といえる。言い換えれば、上層ホワイトカラーを除いて、再生産は多くなってきた。そして結果的に、１９７０年代生まれのコーホートでは、自己再生産率の男女差がほとんどなくなった。女性の進学率が上昇し、男性の進学率のレベルに近づいたのはこのコーホートにおいてである。また、いまだ制約はあるとはいえ、以前に比べると女性の雇用条件も上昇しつつある。それらの社会状況下で就業していった最近のコーホートにおいて、初職時における自己再生産率のパターンがほとんど同じになったことは注目に値する。

絶対移動の趨勢からみえたものは、社会移動をめぐるやや複雑な様相である。全体的にとらえると、移動率は変わらず、安定的であるようにみえる。その一方で、個別の世代間安定率について注目すると、少なくとも男性に関しては、上位と下位の階層それぞれで低下している傾向がある。これは、継承が減るという意味で平等化趨勢といえる。しかしながら、視点を自己再生産率に転じると、ブルーカラー層を中心に、再生産される者が増えていることもまた確かだ。この点は、階層の固定化として解される結果である。親世代の階層構成が変わり、また本人たちの初職の階層も変わり行く中で、継承チャンスの減少と再生産の増大が同時的に進行しているのがここでみた絶対移動の趨勢の姿であった。しかも、全体を俯瞰する限り、移動率が変わらないことばかりが目立ってしまう。見かけ上の安定性の中に、絶対移動の局所における変化が隠れているとみるべきだろう。

5　相対移動のパターンとその変動

絶対移動の分析に引き続き、ここからは相対移動の分析をしていこう。相対移動が、階層構成の変化に惑わされずに移動機会そのものをとらえることができるものであるからこそ、どのような移動パターンをなすのか、相対移動が時代間で変化してきたのかが、機会不平等の研究の焦点となってきたわけであり、ここでの知見は重要な意味を持つ。

なお、本節の議論はやや技術的に高度な部分を含む。計量分析に関する知識や関心があまりない読者については、次に述べる知見の要約のみを読み、先に進まれても差し支えないだろう。本節で得られた知見をまとめると、(1)全体を大きくとらえる限り、相対移動に関しては時代間であまり変化はない、(2)ただしその基調の中で、男性の場合は上層ホワイトカラー層の再生産が弱まったことや、(3)ホワイトカラーとブルーカラーとの間にある移動障壁が男女ともに低くなったという、部分的な変化がみられた。すなわち、全体的な安定性と、局所的で微細な平等化という、２つの傾向が共存する姿が浮かび上がった。

＊9　ただし、特に１９６０年代以降生まれのコーホートでは初職において農業であったものの割合がきわめて少数であるため、農業についての自己再生産率の図示は割愛した。

さて、ここより分析の詳細に入ろう。相対移動の分析のためにしばしば用いられるのは、対数線形モデルという統計手法である。そして最近では、それを拡張した条件付き多項ロジスティック回帰分析を用いることも多くなってきた。本章でも、条件付き多項ロジスティック回帰分析を適用した分析結果をもとに議論を進めていく[*10]。

なお、ここでは、４つのモデルの結果を男女別に比較検討している。モデル１として、相対移動パターンが時代間で変化をしないことを仮定したモデルを推計した。そのほか、モデル２は、相対移動に時代的趨勢がみられることを許容したモデルである。さらにモデル３では、モデル２において統計的有意であった趨勢だけを残して再推計した。最後に、教育を共変量として加えることで、相対移動パターンがどのくらい説明されるかを検討したものが、モデル４である。

世代間での階層再生産の程度をあらわすのは、対角セルに設定されたパラメータＤＩＧだ。ＤＩＧとは、対角をあらわす英語 diagonal を略したものである。石田ほか（Ishida et al. 1995）は、階層それぞれに再生産プロセスの違いがあることを重視して、各階層に独自の効果を認めたが、本章でもそれにしたがい、５つの階層それぞれに独自に再生産の効果をとらえることにした。また、非対角のセルには、ブルーカラー層と、ホワイトカラー層との間の移動障壁をあらわすパラメータＭＡＮを設定した。こちらは、ブルーカラーの同義語であるマニュアルの頭文字と、ホワイトカラーの同義語であるノンマニュアルの頭文字とをつなげて略したものである。同様の手続きは、ヨンソン（Jonsson 2004）のほか、東アジア諸国の分析をした竹ノ下

（Takenoshita 2007）でもおこなわれ、有効性が確認されている。これら6つのパラメータの組み合わせで相対移動のパターンを測り、[*11] その趨勢をみていく。

まずは表1-3に示した男性の結果に関して、情報量基準BICによって、4つのモデルのうちいずれが相対的に適合度がよいか比較する。[*12] BICが小さく、適合度がよいとされるのは、モデル4である。だがこれは、教育が初職の規定要因となっていることによるものであり、当然の結果に過ぎない。それよりも関心があるのは、相対移動のパターンに変化がみられるかどうか、であろう。ならば、モデル1から3までの間で、どれが好ましいかを判定するほうが情報としては有用である。それらのうちでは、モデル1が最もあてはまりがよい。すなわち、相対移動のパターンは、基本的に変化をしてこなかったとみるので差し支えないのである。ただし、モデル3のBICはモデル1のそれとあまり変わらないことを見逃してはならない。部分的ではあるのだろうが、何らかの変化があったことも推察できるのだ。

それでは、相対移動のパターンをモデル1の推定値より、相対移動の変化の程度と方向性をモデル3の推

＊10　条件付き多項ロジスティック回帰分析についての詳細は、ブリーン（Breen 1994）やデセンスほか（Dessens et al. 2003）を参照のこと。日本でも近年、鹿又（2008）、三輪（2006b）などの応用事例がある。

＊11　出身と到達の交互作用効果として上述の6つのパラメータ設定をしたところ、対数線形モデルによる分析では十分に適合度がよいことがわかっている。

＊12　BICは情報量基準という統計量の1つで、値が小さいほど適合度が相対的によいことをあらわす。数式は以下の通り。ここでNはケース数（有効サンプルサイズ）である。

$BIC = -2 \times 対数尤度 + パラメータ数 \times \log_e(N)$

定値より、それぞれ解釈していこう。５つの階層の再生産効果の中で、最も効果が大きいのは、農業（ＤＩＧ５）である。農業の再生産傾向は圧倒的に大きいのである。その次には、上層ホワイトカラー（ＤＩＧ１）の効果が大きい。これら5階層のうち、最上位とされる上層ホワイトカラーにおいて再生産がなされていることは、看過できない事実である。そしてこれらの知見は、洋の東西問わず、社会移動の分析では常にみられることも知られている（Erikson and Goldthorpe 1992：Featherman and Hauser 1978：原・盛山１９９９：三輪・石田２００８）。

ブルーカラーとホワイトカラー間の移動障壁をあらわす効果（ＭＡＮ）も、統計的有意である。負の値をとっているのは、障壁を越えるような移動は起こりにくいことを意味する。ホワイトカラー同士、あるいはブルーカラー同士の間での移動に比べると、ブルーカラーとホワイトカラーとの間では移動はやはり起こりにくいのだ。

モデル3の結果より変化に注目すると、次の2点が明らかとなる。第1に、上層ホワイトカラーの再生産効果は、若いコーホートではそれ以前よりも小さくなった。この知見は、当初の予想とまったく逆である。近年の格差に関する言説通りであるならば、若いコーホートで再生産効果がさらに強まるはずである。だが実際はそうはなっておらず、むしろ上層ホワイトカラーの再生産は弱まったようだ。

第2に、ブルーカラーとホワイトカラー間の移動障壁効果は、プラス方向へ変わった。もともと移動障壁は、移動が起こりにくいというマイナスの効果であった。それが若いコーホートにおける変化分がプラスと

表1-3　相対移動パターンに関する条件付き多項ロジスティック回帰分析結果：男性（N＝3,961）

	モデル1	モデル2	モデル3	モデル4
対数尤度	-5525.0	-5515.4	-5517.8	-5039.1
パラメータ数	14	20	16	24
BIC	11165.9	11196.5	11168.1	10277.0
移動パターンの主効果				
DIG1(上層ホワイトカラー再生産)	.627 **	.853 **	.866 **	.482 **
	(.106)	(.152)	(.152)	(.163)
DIG2(下層ホワイトカラー再生産)	-.060	.067	-.058	.142
	(.089)	(.122)	(.088)	(.091)
DIG3(上層ブルーカラー再生産)	.339 **	.237 *	.358 **	.441 **
	(.089)	(.121)	(.089)	(.094)
DIG4(下層ブルーカラー再生産)	.194 *	.234 †	.199 *	.273 **
	(.094)	(.122)	(.094)	(.097)
DIG5(農業再生産)	3.170 **	3.089 **	3.166 **	3.036 **
	(.295)	(.374)	(.297)	(.303)
MAN(ホワイト-ブルーカラー間障壁)	-.490 **	-.553 **	-.570 **	-.272 **
	(.042)	(.057)	(.054)	(.060)
移動パターンと出生コーホートの交互作用				
DIG1 * 1960以降ダミー		-.424 *	-.458 *	-.391 †
		(.212)	(.211)	(.226)
DIG2 * 1960以降ダミー		-.265		
		(.177)		
DIG3 * 1960以降ダミー		.268		
		(.179)		
DIG4 * 1960以降ダミー		-.078		
		(.193)		
DIG5 * 1960以降ダミー		.202		
		(.606)		
MAN * 1960以降ダミー		.162 †	.185 *	.130
		(.084)	(.073)	(.082)
教育の主効果				
上層ホワイトカラー				1.200 **
				(.074)
下層ホワイトカラー				.852 **
				(.072)
上層ブルーカラー				-.137 †
				(.077)
農業				-.336 †
				(.180)
教育と出生コーホートの交互作用				
上層ホワイトカラー * 1960以降ダミー				.054
				(.117)
下層ホワイトカラー * 1960以降ダミー				-.195 †
				(.110)
上層ブルーカラー * 1960以降ダミー				-.054
				(.120)
農業 * 1960以降ダミー				.481
				(.306)

注：(1)表の数値は係数の点推定値，括弧内の数値は標準誤差，(2)到達階層の主効果の表示は割愛した
　† $p<.1$，* $p<.05$，** $p<.01$

表1−4　相対移動パターンに関する条件付き多項ロジスティック回帰分析結果：女性（N＝4,582）

	モデル1	モデル2	モデル3	モデル4
対数尤度	-5353.5	-5350.7	-5351.9	-4939.1
パラメータ数	14	20	16	23
BIC	10825.0	10869.8	10838.6	10071.8
移動パターンの主効果				
DIG1(上層ホワイトカラー再生産)	.768 **	.821 **	.767 **	.318 **
	(.094)	(.132)	(.094)	(.102)
DIG2(下層ホワイトカラー再生産)	-.234 **	-.272 **	-.234 **	-.005
	(.073)	(.103)	(.073)	(.076)
DIG3(上層ブルーカラー再生産)	.312 *	.435 *	.334 **	.435 **
	(.128)	(.171)	(.129)	(.131)
DIG4(下層ブルーカラー再生産)	-.062	-.160	-.056	.006
	(.118)	(.148)	(.118)	(.125)
DIG5(農業再生産)	2.837 **	2.869 **	2.811 **	2.634 **
	(.439)	(.472)	(.440)	(.448)
MAN(ホワイト−ブルーカラー間障壁)	-.430 **	-.496 **	-.488 **	-.180 **
	(.049)	(.063)	(.060)	(.067)
移動パターンと出生コーホートの交互作用				
DIG1 * 1960以降ダミー		-.114		
		(.188)		
DIG2 * 1960以降ダミー		.078		
		(.146)		
DIG3 * 1960以降ダミー		-.217		
		(.259)		
DIG4 * 1960以降ダミー		.286		
		(.248)		
DIG5 * 1960以降ダミー		-.597		
		(1.494)		
MAN * 1960以降ダミー		.172 †	.154 †	.059
		(.101)	(.090)	(.095)
教育の主効果				
上層ホワイトカラー				2.546 **
				(.131)
下層ホワイトカラー				1.703 **
				(.121)
上層ブルーカラー				.785 **
				(.160)
農業				-.145
				(.284)
教育と出生コーホートの交互作用				
上層ホワイトカラー * 1960以降ダミー				-.883 **
				(.219)
下層ホワイトカラー * 1960以降ダミー				-.638 **
				(.212)
上層ブルーカラー * 1960以降ダミー				-.323
				(.268)
農業 * 1960以降ダミー				1.423
				(1.045)

注：(1)表の数値は係数の点推定値，括弧内の数値は標準誤差，(2)到達階層の主効果の表示は割愛した
　† $p<.1$，* $p<.05$，** $p<.01$

いうことは、マイナスの値を相殺するように変わったことになるわけである。つまり、移動の障壁が低くなったことの裏付けといえるだろう。

これら2点より、部分的な変化を認めて解釈するならば、男性の社会移動に関してはどちらかといえば平等化趨勢にあったことが理解できよう。若い世代では社会移動が閉鎖的になってしまった、とみるのは、ここでの分析結果からはまったく支持されないのである。

女性についての分析結果が、表1-4である。再びBICによるモデル選択を試みると、男性の分析と同様にモデル4が最小の値をとり、モデル1から3までの間では、モデル1のあてはまりがよいとする判断が成り立つ。先ほどとの違いは、モデル1とモデル3のBICの値が大きく異なることだ。女性の場合は、相対移動の変化を強調するには証拠不足の感がある。実際にモデル3の結果を見ても、ブルーカラーとホワイトカラーの間の移動障壁の効果の変化が、危険率10％水準で有意傾向となっているだけにとどまる。変化を見出せるのは、せいぜいこの点においてのみであった。

ただその変化の仕方は、男性における変化と同一であることには注意が必要かもしれない。つまり、移動障壁のマイナス効果を相殺する形でプラス方向へと変化をしている。ここでも平等化というべき趨勢がわずかに見出せるのである。

まとめていうと、相対移動に関しては、概ね安定的であり、あまり変化がみられないと考えることができる。その基調の中で、平等化の動きも部分的には存在する。男性の場合は、上層ホワイトカラー層の再生産が弱まった。それは、相対移動の全体的な変動へと少なからず影響を及ぼす。ゆえに、男性のモデル選択では、機会を不変とするモデル1と、変化したとみるモデル3とがほぼ同程度の適合度を示していたのだ。ブルーカラーとホワイトカラーとの間にある移動障壁は、男女ともに低くなった。とはいえ、概して移動表においては、非対角の効果が持つインパクトは決して大きくはないため、全体的な適合度を改善するほどではなかったのだろう。ともあれ、機会の閉鎖化が起こったとする立場には、懐疑的に構えざるを得ない結果しか得られなかった。実際みられたのは、全体的な安定性と、局所的で微細な平等化という、2つの傾向が共存する姿であったわけである。

6　相対移動のパターンは教育により説明されるか

最後に、教育によって相対移動のパターンがどの程度説明されるのか、検討したい。社会移動においては、しばしば回答者の教育水準を共変量として用いることがある[*13]。このような分析においては、教育水準を共変量として含めた後に、相対移動パターンを示す効果パラメータの推定値がどのくらい減少するかに注意が払われる。出身階層により教育達成に差があり、さらに受けた教育水準によって本人が将来に到達する階層が異なることがありうるが、これは教育を媒介することで生じる世代間移動のメカニズムといえる。出身階層と到達階層との結びつきを、教育を媒介する部分とそうではない部分とに分解できると考えるわけだ。出身階層と到達階層との結びつきを、教育を媒介する部分とそうではない部分とに分解できると考えるわけだ。

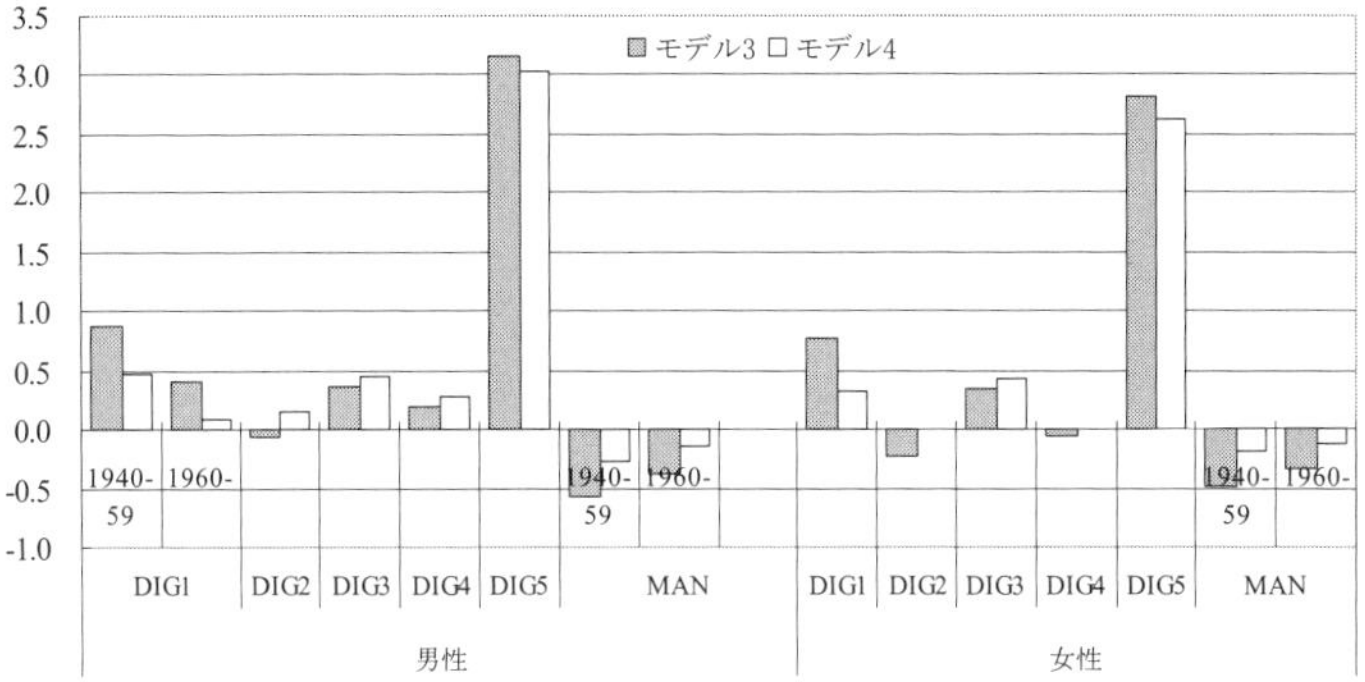

図1-7　教育水準を統制することによる効果パラメータの変化

として説明される割合の判断基準となる。

図1-7は、先にみた表1-3および表1-4におけるモデル3とモデル4の推定値を図示した。モデル3は、教育を統制する前の相対移動の効果パラメータ推定値であり、モデル4は教育を統制後のものである。それらを比較したときの減少分を、説明された部分としてみなすわけである。

結果は明瞭である。5つの再生産パラメータのうち、教育によって説明できるものはただ1つ、上層ホワイトカラーの再生産だけであった。男性において、1950年代以前生まれのコーホートでは、もとの効果のおよそ半分になっている。1960年代以降生まれのコーホートでは、もとの効果の2割程度の効果にまで減少しており、この効果はもはや統計的有意でもない。女性においても、もとの効果の大きさに対し4割になっている。すなわち、男女いずれに関しても、効果が大幅に減少しているわけであり、上層ホワイト

＊13　たとえば、ブリーン（Breen 2004）や石田ほか（Ishida et al. 1995）、石田（Ishida 2008）など。

カラーの再生産は教育によって媒介されている部分が大きいことが裏付けられる。

ブルーカラーとホワイトカラーとの間の移動障壁についても、教育により説明される部分が大きい。１９５０年代以前出生の男性では5割に、そして１９６０年代以降出生の男性では、ほぼ3分の1に減少している。女性においては、若いコーホート、古いコーホートのいずれも、もとの関連の3分の1ほどの大きさになっている。ブルーカラー層とホワイトカラー層とを分かつ断層も、教育に由来するものとみることができる。

それら以外の効果パラメータは、ほとんど変わっていない。ブルーカラーや農業の再生産は、それぞれ独自のプロセスに基づくのであって、教育を通してのものではないことが明らかとなった。

出身階層が高いものは教育達成に恵まれ、教育達成が高いほど到達する初職の階層が高くなりやすい。そのようにして上層ホワイトカラーは再生産がなされているわけである。とりわけ、高学歴化が進んだ若いコーホートにおいては、上層ホワイトカラーの再生産は、そのほとんどが教育を通してのものであることが裏付けられた。ブルーカラーとホワイトカラーとの間の移動を妨げる障壁も、大半が教育達成の違いに由来するものであることもわかった。社会移動における階層間の断裂を作り出しているのは、主に教育だといえそうである。

7　社会移動の構造はどのように変わっていくのか

本章では、世代間移動の趨勢に対し、絶対移動と相対移動の両側面からせまった。それにより明らかにされたのは、社会移動の趨勢の複雑な姿であった。

基本的には、世代間移動は安定的で、その時間的変動は小さいとみるべきである。最も基本的な絶対移動に関する指標の全体移動率によれば、男女ともに、ほとんどコーホート間で違いはなかった。４つのコーホートがカバーする範囲が、40年近くにも及ぶにもかかわらず、である。近年に就職をした若いコーホートに至るまで趨勢の検討範囲を拡張したとしても、絶対移動の変化として特に強調するものはなかったのである。

さらに、相対移動に関する分析結果が、その結論を補強する。相対移動の構造も、やはり安定的であるといえる。その論拠は、相対移動の効果パラメータの不変を仮定したモデルのあてはまりのよさに求められる。相対移動が変わらないことは、日本でも多くの論者により主張されてきたことは既に述べたが、ここでの分析もそれらを支持するものであったと結論付けられる。

以上の2点からすると、おおよそ１９６０年代から２０００年あたりまでにかけての日本の社会移動の趨勢は、あまり変化をしてこなかったというように考えられる。

ただし議論を複雑にするのは、そのような安定性の中で、局所的な変化がいくらかみられることである。

まず絶対移動については、一部の階層で、親の地位を継承する機会が減りゆく平等化趨勢がみられたと同時に、ブルーカラー層を中心に再生産者の割合が増えるという閉鎖化の動きがみられた。一見、相矛盾すると感じられるだろうが、出身階層、到達階層それぞれの時間的変化の影響を受けて、このような様相が現れていた。

さらに相対移動の部分的変化に着目すると、ブルーカラー層とホワイトカラー層との間の移動障壁が低下したことと、男性に限り、上層ホワイトカラー層の再生産が弱化したことが発見された。これらの知見は、わずかとはいえ相対移動の堅牢な構造が融解していくことを示唆するものである。言い換えれば、移動の機会は開放化に向かってきたというわけだ。ただしこれらは、構造が不変とする基調の中でのほんの一部の変化であって、全体の変動をうながすほどインパクトを持つものというわけではない。その意味では、過大評価は慎まなければならないだろう。

まとめていうと、社会移動の時間的不変性という全体的特徴がみられたが、そのもとでも部分的にのみ変化が発見できたということになろう。安定性の中での局所的平等化、これこそが社会移動の趨勢に関して、本章での再検討結果を誠実に踏まえた上で提示すべき結論なのである。近年においても日本の社会移動の姿はあまり変わっていないし、仮に世代間移動の部分的な変化を強調するにしても、閉鎖化という方向性ではないと思われる。

では、これからの時代に、社会移動はどのように変わっていくと考えられるか、付言しよう。本章の分析、および幾多の世代間移動の分析結果を参照する限り、相対移動に関しては劇的な変化を迎えるとは考えにくい。相対移動のパターンが産業化に伴い収斂することは、欧米の偉大な研究成果が至った結論だが(Erikson and Goldthorpe 1992 : Featherman and Hauser 1978)、それは普遍的な傾向なのだろう。ただし、開放性のレベルそのものは上下する可能性がありうるが、それも何か一定の方向性を伴うトレンドを示すものではなく、趨勢なき変動と呼ぶべき類のものになるのではないだろうか。

他方で、絶対移動に関しては、大きく変わる可能性がある。その要因候補はいたって単純で、日本の階層構成の変化である。たとえば、到達階層において上層ホワイトカラーが頭打ち、ひいては減少をしていくならば、上層ホワイトカラーの世代間安定率が下がる一方で、自己再生産率は徐々に高まるという事態が考えられる。階層構成の変化は今なお進んでおり、それが絶対移動に影響をすることが近い将来に予想されるのである。

最後に、社会移動における教育の役割から敷衍される未来像に対して警鐘を述べたい。本章でみたように、上層の階層再生産、およびブルーカラーからホワイトカラーへの移動を妨げる障壁は、事実上、教育達成により決まる部分が多い。鍵はまさにこの点にある。出身階層と到達階層とを教育が媒介するメカニズムが、ここでみられたものである。それは、以下の2つのつながりからなる。1つは教育と到達階層とのつながり、もう1つは教育と出身階層とのつながりである。これらが同時に強くなるほど、教育を通した階層再生産が多くなり移動障壁が高くなるのである。2つのつながりのうち、前者は、教育を受けて知識・技能を身につけた人が社会でそれにふさわしい高い地位につくことを意味するので、これが強くなることは責められないし、弱くなるべきとも思えない。しかし後者は、出身背景に恵まれた人が高い教育を受けるという、教育機会の不平等を含意するから、弱くなることが機会の平等化にとっては望ましいと主張できる。ところがこの点こそ、今、危機に瀕している可能性がある。所得格差の拡大、教育コストの増大が真であれば、教育機会の階層間格差が拡大してもまったくおかしなことではない。そしてそれは、単に教育の枠内にとどまらず、世代間移動に影響して、将来の新たなる階層格差へと受け継がれてしまうのだ。そうした負の連鎖を押しとどめるのに、さまざまな教育政策の役割が期待されよう。危機がどこまでどの程度せまってきているのか、冷静かつ慎重に吟味して、事態に向かい合わねばならないのである。

〈謝辞〉

日本版 General Social Surveys（ＪＧＳＳ）は、大阪商業大学ＪＧＳＳ研究センター（文部科学大臣認定日本版総合的社会調査共同研究拠点）が、東京大学社会科学研究所の協力を受けて実施している研究プロジェクトである。東京大学社会科学研究所ＳＳＪデータアーカイブがデータの配布を行っている。本章の分析にあたり、同データアーカイブより個票データの提供を受けた。記して感謝の意を表したい。

参考文献

Blau, P. M. and O. D. Duncan, 1967, *The American Occupational Structure*, Free Press.

Breen, R., 1994, "Individual Level Models for Mobility Tables and Other Cross-classifications," *Sociological Methods and Research* 33: 147-173.

Breen, R. (ed.), 2004, *Social Mobility in Europe*, Oxford University Press.

「中央公論」編集部（編）、２００１、『論争・中流崩壊』中公新書ラクレ．

Dessens, J. A. G., W. Jansen, H. B. G. Ganzeboom, and P. G. M. van der Heijden, 2003, "Patterns and Trends in Occupational Attainment of First Jobs in the Netherlands, 1930-1995: Ordinary Least Squares Regression versus Conditional Multinomial Logistic Regression," *Journal of Royal Statistic Society Serie A* 166(1): 63-84.

Erikson, R. and J. H. Goldthorpe, 1992, *The Constant Flux: A Study of Class Mobility in Industrial Societies*, Clarendon Press.

Featherman, D. L., F. L. Jones, and R. M. Hauser, 1975, "Assumptions of Mobility Research in the United States: The Case of Occupational Status," *Social Science Research* 4: 329-360.

Featherman, D. L. and R. M. Hauser, 1978, *Opportunity and Change*, Academic Press.

Jonsson, J. O., 2004, "Equality at a Halt? Social Mobility in Sweden, 1976-99," in R. Breen (ed.), *Social Mobility in Europe*, Oxford University Press: 225-250.

原純輔・盛山和夫、１９９９、『社会階層―豊かさの中の不平等』東京大学出版会．

橋本健二、２００７、『新しい階級社会　新しい階級闘争―格差で済まされない現実―』光文社．

石田浩、２０００、「産業社会の中の日本—社会移動の国際比較と趨勢」原純輔編『日本の階層システム第1巻　近代化と社会階層』東京大学出版会：２１９‐２４８.

Ishida, H. (ed.), 2008, *Social Stratification and Social Mobility in Late-Industrializing Countries*, 2005 SSM Research Series Volume 14, The 2005 SSM Committee.

石田浩、２００８、「社会移動の国際比較と趨勢」直井優・藤田英典編『講座社会学13　階層』東京大学出版会：２２１‐２５６.

Ishida, H., W. Mueller, and J. Ridge, 1995, "Class Origin, Class Destination, and Education: A Cross-national Study of Industrial Nations," *American Journal of Sociology* 101：145-193.

石田浩・三輪哲、２００９、「階層移動から見た日本社会」『社会学評論』59(4)：６４８‐６６２.

鹿又伸夫、２００８、「社会移動の変化と軌跡—ライフコース移動アプローチ—」直井優・藤田英典編『講座社会学13　階層』東京大学出版会：３９‐７６.

苅谷剛彦、２００１、『階層化日本と教育危機—不平等再生産から意欲格差社会へ』有信堂高文社.

三輪哲、２００６a、「後発産業社会における社会移動の趨勢とパターン—日本と韓国の社会移動にみられる相違と類似」『社会学研究』79：１６５‐１９３.

三輪哲、２００６b、「ＪＧＳＳ累積データ２０００‐２００３にみる現代日本の世代間社会移動パターン」大阪商業大学比較地域研究所・東京大学社会科学研究所編『日本版 General Social Surveys 研究論文集［5］：ＪＧＳＳで見た日本人の

意識と行動』大阪商業大学比較地域研究所：４７–５８.

三輪哲・石田浩、２００８、「戦後日本の階層構造と社会移動に関する基礎分析」三輪哲・小林大祐編『２００５年ＳＳＭ日本調査の基礎分析　構造・趨勢・方法』２００５年ＳＳＭ調査研究会.

佐藤俊樹、２０００、『不平等社会日本―さよなら総中流』中央公論新社.

橘木俊詔、１９９８、『日本の経済格差―所得と資産から考える』岩波書店.

Takenoshita, H., 2007, "Intergenerational Mobility in East Asian Countries: A Comparative Study of Japan, Korea and China," *International Journal of Japanese Sociology* 16: 64-79.

富永健一編、１９７９、『日本の階層構造』東京大学出版会.

Treiman, D. J., 1970, "Industrialization and Social Stratification," in E. O. Laumann (ed.), *Social Stratification: Research and Theory for the 1970s*, Bobbs-Merril: 207-234.

安田三郎、１９７１、『社会移動の研究』東京大学出版会.

第2章

流動化する労働市場と不平等

—非正規雇用をめぐる職業キャリアの分析—

林　雄亮・佐藤嘉倫

1　戦後日本の労働市場の変容

労働市場の流動化とその内実

近年、経済的不平等や社会的不平等が高まっているという議論が数多く見られる。その中でも、労働市場や人々の職業キャリアをめぐる問題は、格差・不平等問題の中核に位置づけられる。なぜなら、これらの問題は職業的地位そのものの格差としてだけでなく、職業から得られる報酬、職業キャリアを積んでいく過程

表２－１　企業間移動の趨勢

	SSM55	SSM65	SSM75	SSM85	SSM95	SSM05
20-30歳	1.81	1.72	1.74	1.58	1.74	1.89
31-40歳	2.51	2.15	2.14	1.99	1.98	2.27
41-50歳	2.74	2.85	2.34	2.23	2.29	2.39
51-60歳	2.46	2.78	2.59	2.36	2.45	2.61
61-70歳	2.25	2.95	2.87	2.93	2.64	2.74
全体	2.35	2.37	2.23	2.16	2.24	2.46

注：データは男性のみ、一度も仕事に就いたことがない回答者は除外。SSM95 までの値は原・盛山（1999）p.94 表 3-3 から引用。SSM05 の値は筆者による。ただし、筆者と原・盛山（1999）による SSM95 の計算結果との間には ±0.02 未満の誤差あり

の安定性、将来への見通しなどの格差にも通じるからである。そこで本章では、戦後日本の労働市場における流動性の高まりと、それに対応した人々の社会移動のあり方の変化を社会階層論の視点から論じる。

人々の社会移動は世代間移動と世代内移動の２つに分類される。このうち、本章では世代内移動を分析対象とする。各回のＳＳＭ調査の職歴データには、就業形態として従業先番号、従業上の地位、産業、従業先規模、仕事の内容、役職、就業開始年齢の情報が初職から現職まで含まれている。したがって、異なる従業先への移動、産業間移動、役職間移動などといったように世代内移動の捉え方にはさまざまな方法がある。本章では、いくつもの世代内移動の捉え方のうち、労働市場の流動性を議論するのに適当な移動として、従業先の変更を伴う移動、すなわち転職行動を取り上げる。[*1]

はじめに、転職行動の量的な時代変化によって労働市場の流動性の変化を確認しておこう。表２-１は１９５５年から２００５年までの６回のＳＳＭ調査データについて、男性の企業経験数の平均値を年齢層別に求めたものである。

これによれば、企業経験数の全体の変化は１９８５年調査までは緩やかに低下してきた。この１つの要因は、稲田（１９９８）にあるように、当初は大企業ホワイトカラー中心であった終身雇用慣行がブルーカラーやより規模の小さい企業にも浸透していったことである。その後、１９９５年調査で若干の増加に転じ、２００５年調査ではさらに増加している。６時点を比較しても、２００５年調査の値は最も高いことから、戦後の日本社会において、現代が最も流動的な時代であることがわかる。年齢層別に見ても、２００５年調査では１９９５年調査に比べてすべての年齢層で企業経験数が増加していることが確認できる。全年齢層で企業経験数が増えたのは５回の変化の中で初めての現象であり、１９８５年調査までの緩やかな変化から一転して、明確な労働市場の流動化が確認できる。

この背景には何があったのだろうか。１９９５年調査以降に見られる流動化傾向は、人々が転職に対して積極的になってきた表れとも見ることができるが、労働市場の構造的変化による影響も大きいことは事実である。

図２－１は、被雇用者に占める非正規雇用の割合の推移を示している。一見してわかるように、１９９０年代後半から２００５年にかけて非正規雇用の割合は男女ともに10ポイント前後増加しており、これが表２－１で見られた流動化傾向の一因となっている。

1　実際に盛山（１９８８）は、世代内移動の主な捉え方として、職業間移動、企業間移動、産業間移動、役職地位間移動の４つを取り上げ、そのうち企業間移動は「労働市場論にとって中心をなす移動」と位置づけている。

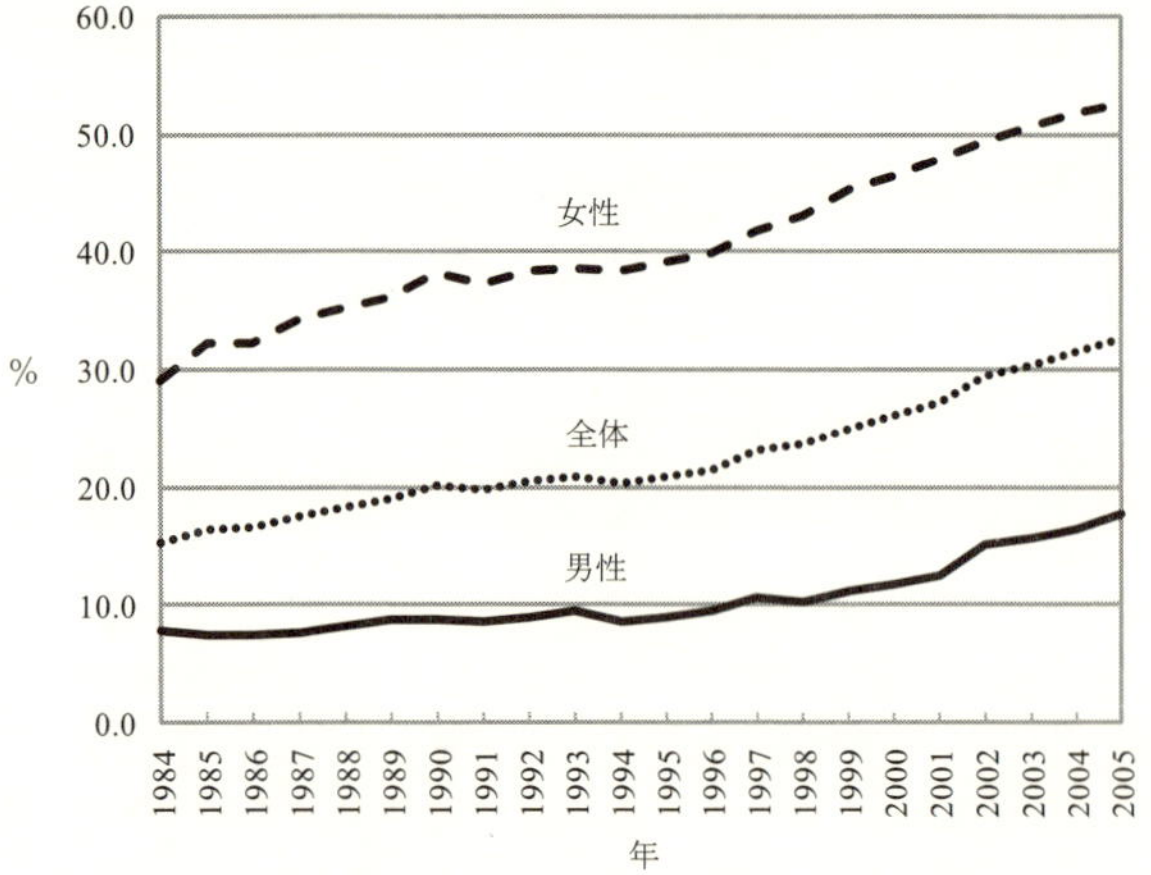

出典：2001年以前は「労働力調査特別調査」、2002年以降は「労働力調査詳細集計」

図２－１　被雇用者に占める非正規雇用の割合の推移

非正規雇用の増加という労働市場の構造自体の変化に起因する流動化は、人々の職業観にも変化を及ぼしている。図2-2は内閣府が実施している「国民生活選好度調査」における「希望する職業への転職が容易なこと」、「やりがいのある仕事や自分に適した仕事ができること」、「失業の不安がなく働けること」が、「現在どの程度満たされているか」という質問項目に対する「あまり満たされていない」と「ほとんど満たされていない」という回答の割合の合計を時系列に示したものである。この図からわかるように、人々のネガティブな職業観は景気に左右されながらも基本的には上昇し続ける。「希望する職業への転職が容易なこと」が「満たされていない」と感じる人々の割合は、バブル経済期にはいったん低下するものの、その後は上昇し、１９９６年以降は過半数に達している。これは、転職の増加にもかかわらず、労働者にとっては希

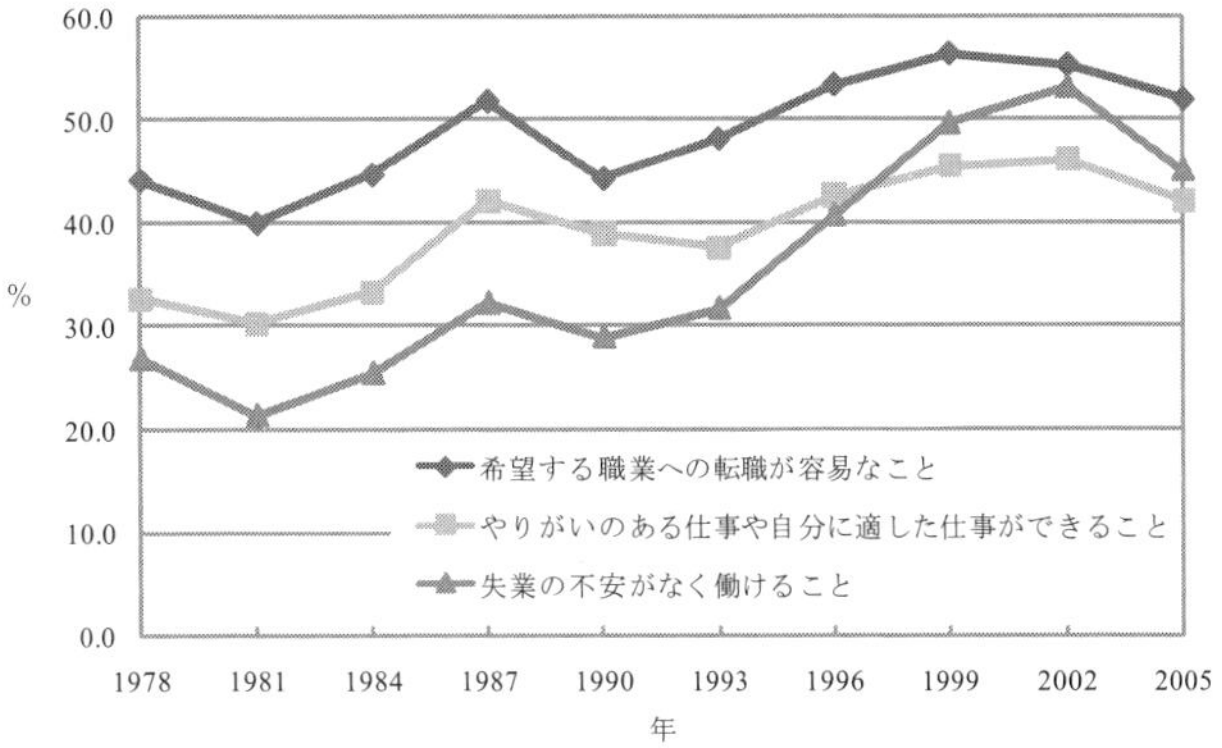

注：「あまり満たされていない」と「ほとんど満たされていない」という回答の割合の合計
出典：内閣府「国民生活選好度調査」

図２−２　職業生活に対する意識の変化

望の転職先ではなかったという不本意な移動が引き起こされていることを示唆している。さらに、近年には失業の可能性は労働者にとって大きな不安となっている。

以上のことから、労働市場の流動化は人々の転職に対する積極性の高まりの表れとは考えにくく、労働市場の構造やそれを取り巻く制度の変化によって引き起こされたものと考えるべきだろう。

日本型雇用レジームの変容と社会移動

このような労働市場の変容は、個人の職業キャリアのあり方にも変化を及ぼしてきた。このマクロな社会とミクロな個人をつなぐものは社会制度である。本章では、その制度としての日本型福祉─雇用レジームの変容に着目した議論を行う。「福祉─雇用レジーム」とは、人々の生活保障を福祉と雇用の両面から捉えようとする概念である（Imai 2009：2010）。エスピン＝アンデルセン（Espin-Andersen

1990）の福祉レジーム論は、福祉国家と社会のあり方に着目して、レジーム（体制）を大きく3種類に分類した。しかし、日本の場合、企業が多くの福祉機能を担ってきた。低い国家福祉機能を補完するかのように、企業が雇用を通じて人々の生活を保障してきたのである（宮本２００８）。したがって、日本の福祉レジームを的確に捉えるためには、福祉と雇用の両面を視野に入れた概念が必要になる。これが「福祉―雇用レジーム」である。

　日本型福祉―雇用レジームは、男性稼ぎ手モデル（single bread-winner model）を想定し、世帯主の雇用安定を通じて、人々の生活保障を提供してきた。正社員を対象とした終身雇用制と年功序列賃金、さらには企業による福利厚生、雇用形態別年金制度などがその表れである。高度経済成長の頃は、男性正社員の雇用安定を確保することができたため、この福祉―雇用レジームは機能していた。しかし、バブル経済崩壊後の経済停滞期においては、グローバリゼーションの進展と新自由主義の台頭もあいまって、終身雇用制と年功序列賃金が見直され、企業による福利厚生も縮小している。しかし、企業による生活保障機能が縮減したからといって、国家による福祉機能は必ずしも高まってはいない。悪化する財政状況のため、手厚い福祉サービスを提供できない状況にある。

　我々は、この日本型福祉―雇用レジームの変容が、現代日本における階層や不平等、社会移動の状況に変化を生み出している、と考える。[*2] 上述したように、このレジームは、男性正社員を想定して、さまざまな福祉システムを作り出してきた。このため、彼らの配偶者が低賃金・低福利厚生で不安定な非正規雇用（主にパートタイム）に従事していても、とりわけ大きな社会問題とはならなかった。[*3] しかしこのレジームが変容し、国家の福祉機能が高まらない現代日本社会においては、男性労働者をめぐってもさまざまな社会問題が噴出している。本章では、それらのうち正規雇用―非正規雇用の問題を取り上げる。

男性正社員、とりわけ雇用の安定性の高い大企業・公共部門の男性正規雇用者を中心とした日本型福祉―雇用レジームは、別の見方をすれば、女性や中小企業労働者、非正規雇用者をレジーム、ないしは労働市場の周辺に位置づけてきた。[*4] それゆえ、企業規模はさておき、男性―正規雇用と女性―非正規雇用という格差の構造ができ上がっていた。しかし、レジームの変容および雇用の流動化に伴い、図2-2でも見たように、男性―非正規雇用という社会的カテゴリーに属する人々が増加してきた。終身雇用制が弱体化する一方で、正規雇用と非正規雇用の格差は必ずしも縮小していないため、また男性稼ぎ手モデルを想定した福祉システムのため、男性非正規雇用者の増加が大きな社会問題となっている。

この問題と女性―非正規雇用の問題はコインの表裏の関係にある。男性稼ぎ手モデルを想定した日本型福祉―雇用レジームが変容したならば、男女格差は縮小する可能性がある。しかしいまのところ、女性雇用者

＊2　この点で、我々は新制度主義（Nee and Brinton 1998）の立場に立つ。

＊3　主婦のパートタイム雇用が大きな社会問題にならなかったのは、多くのフェミニストが批判するように、日本型福祉―雇用レジームが家庭内の性別役割分業を促進したからである。（たとえば上野（１９９０）を参照されたい）。

＊4　終身雇用制は必ずしもすべての労働者をカバーしているわけではない。このことについては野村（１９９４）とブリントン（Brinton 1993）を参照されたい。

の地位向上ではなく、男性雇用者の地位低下によって男女格差が縮小している可能性が高い。

ただし、日本型福祉―雇用レジームはその全体が変容しているわけではない。第1に、終身雇用制というレジームの中核は弱体化しつつある。しかし弱体化しているといっても、一様の変化ではない。稲田（２００８）が指摘するように、大企業における終身雇用制の弱体化のスピードは中小企業のそれよりも遅く、この意味で企業規模間の格差が拡大している。[*5] 第2に、正規雇用―非正規雇用の格差は依然として大きい。第3に、男性非正規雇用者が増加しているため、上述したように、奇妙な形で男女格差が縮小している可能性が高い。このように、レジームの中核部分は弱体化しているとはいえ依然として安定しており、周辺部分の弱体化が進行している。労働市場の流動化はこの周辺部分で急速に進行しているといえよう（佐藤２００９）。

このような社会変動を背景として、本章では正規雇用―非正規雇用をめぐる世代内移動の分析を行う。とりわけ現代日本の労働市場における不平等を語るとき、正規雇用―非正規雇用の格差の問題を避けて通るわけにはいかない。賃金、雇用の安定、福利厚生など多くの面で両者の間に格差がある。したがって非正規雇用に入ることは、さまざまな面で不利な扱いを受けることになる。

しかし、誰もが非正規雇用としての就業を経験するわけではない。社会階層・移動研究の視点から見ると、特定の階層に属する人々の方が他の階層に属する人々よりも非正規雇用に入りやすいといった、移動における階層間格差が存在する可能性がある。実際、ブリントン（Brinton 2008）や平田（２００８）によれば、初職が非正規雇用になりやすいのは、低学歴層や女性であることが指摘されている。しかし、出身階層であれ本人階層であれ、いつでも特定の階層に属する人々が非正規雇用に入りやすいのだろうか。我々は、日本型福祉―雇用レジームの変容に伴い、階層の影響力にも変化が確認されることを想定する。すなわち、レジームが機能していた高度経済成長期には、低階層出身者や低学歴者もそれなりに正規雇用に就くことができていたと考えられる。集団就職による中卒者の就職がその典型例である。また、学校と企業の実績関係を通じた就職過程も正規雇用へのスムーズな移行を促進していた（苅谷１９９１）。したがってこの時期には、非正規雇用への入職に対する階層の影響は小さかったと考えられる。これに対して、日本型福祉―雇用レジームが変容した現代では、上述したように、高階層の人々は依然として安定した状況にいるが、低階層の人々は非正規雇用に入りやすくなっていると考えられる。

ここまでは、非正規雇用への入職について検討したが、非正規雇用をめぐる問題は、それだけにとどまらない。非正規雇用者であることは、単に労働市場の周辺にいるというだけでなく、正規雇用への移動が困難であるがゆえに周辺から抜け出せないキャリアパターンが確立してしまうことをも含意する。近年では、規制緩和によって非正規雇用の増加が著しいが、非正規雇用から正規雇用への移行が容易ならば、正規雇用―非正規雇用間の収入や雇用条件の格差はそれほど大きな問題ではない。しかし、一般的にその移動は困難で

＊5　稲田は文中で「終身雇用」ではなく「長期雇用」という用語を用いている。

ある。太郎丸（２００９）によれば、正規雇用と非正規雇用との間に移動障壁が存在していることが示されており、正規雇用から正規雇用へ、非正規雇用から非正規雇用へ、という転職が多いことが明らかになっている。小杉（２００２）では、一度フリーターになると、そこからの離脱が困難であることが指摘されている。さらに、非正規雇用から正規雇用への移動も階層間格差を伴っている。たとえば、正社員登用制度などが徐々に整備されつつあるが、その移行過程においても階層の影響力は存在すると考えられる。同じ非正規雇用であっても、高卒と大卒という学歴の差があれば雇用主側はおそらく大卒者を正社員へ登用するだろう。これは最も単純な人的資本による選抜結果であり、世代内移動に階層の影響があることを示している。実際、玄田（２００８）によれば、高学歴などの労働供給側の要因や、専門性に基づく個別の労働需要の強さが非正規雇用から正規雇用への移動を促進することが明らかになっている。

ここで我々が注目するのは、先に述べた初職での非正規雇用への入職と同様に、非正規雇用から正規雇用への移動における階層の影響にも、日本型福祉―雇用レジームの変容に対応した変化が確認されるのではないかということである。具体的には2つの可能性が考えられる。第1に、レジームが機能していた高度経済成長期には、非正規雇用から正規雇用への移動は難しく選抜的だったため、階層の影響は大きかった。しかし、現代ではレジームが弱体化し、移動がより容易になったため、階層の影響は小さくなった。第2に、高度経済成長期には非正規雇用から正規雇用への移動が限定的だったがゆえに階層の影響は小さかった。つまり、いったん労働市場の中核部分から排除されると、誰でも中核に再参入することは難しかった。しかし現代では、レジームの弱体化によって高い人的資本を持つ高階層の人々のみが正規雇用に移動できるようになった。

一方、正規雇用から非正規雇用という移動の際にも同様の階層間格差が存在すると考えられる。なぜなら、正規雇用のポストを維持するには労働需要と供給がマッチしている必要があり、それに該当しない労働者ほど非正規雇用への移動が起こりやすいと考えられるからである。

本章では、以上の議論を踏まえて、高度経済成長末期から現代にいたるまでの中期的な時間軸の中で、初職非正規雇用への入職と正規雇用―非正規雇用間の転職を捉える。より詳細な分析戦略については次節で述べることにする。

2　分析戦略とデータ

本節では、上の議論から導かれる仮説を明示し、その仮説を検証するためのデータと手法について述べる。

仮説は、初職非正規雇用への入職、職歴過程における正規雇用から非正規雇用への移動と非正規雇用から正規雇用への移動に関するものである。まず初職非正規雇用への入職については、上述したように、高度経済成長期以降に階層変数の影響が強くなったと予想できる。初職入職時の主な階層変数としては、出身階層と本人学歴がある。したがって、次の仮説を導くことができる。

仮説1：初職入職時における非正規雇用への入職に対して、出身階層と本人学歴の影響は近年になるほど大きくなる。

職歴過程における正規雇用から非正規雇用への移動については、第1に全体として非正規雇用へ移動するリスクは近年になるほど高まっていると考えられる。第2にやはり階層変数の影響が近年になるほど高まっていると考えられる。階層変数としては、出身階層と本人学歴だけでなく、本人の職業も挙げられる。したがって仮説としては次のようにまとめられる。

仮説2：正規雇用から非正規雇用への移動リスクは近年になるほど大きくなる。
仮説3：正規雇用から非正規雇用への移動リスクに対する出身階層、本人学歴、本人職業の影響は近年になるほど大きくなる。

非正規雇用から正規雇用への移動については、上述したように2つの可能性がある。仮説としてまとめると、次のようになる。

仮説４-１：非正規雇用から正規雇用への移動リスクに対する出身階層、本人学歴、本人職業の影響は、近年になるほど大きくなる。

仮説４-２：非正規雇用から正規雇用への移動リスクに対する出身階層、本人学歴、本人職業の影響は、近年になるほど小さくなる。

以上の仮説を検証するために、本章では１９８５-２００５年ＳＳＭ調査データを用いた分析を行う。[*6] 初職に関する分析では、通常用いられている、個人が1ケースとなるデータを3時点分合併したものを用いる。正規雇用―非正規雇用間の移動に関する分析では、それぞれの時点のパーソンイヤーデータを合併したものを用いる。[*7] １９７５年以前のＳＳＭ調査データを用いない理由は、それ以前の調査データからは非正規雇用を特定できないためである。また、１９８５年ＳＳＭ調査以降、女性の職歴も把握することが可能になっているが、女性は男性に比べて労働市場にとどまる傾向が低く、Ｍ字型就業パターンに示されるように、職歴が結婚、出産、育児といったライフイヴェントに大きく左右される。本章では、世代内移動におけ

＊6　ＳＳＭ調査データの使用については２００５年ＳＳＭ調査研究会の許可を得た。

＊7　個人の職業的地位を捉える時間の単位は1年であるため、1年に何度も職を変えたりした場合は情報が抜け落ちてしまう。根本的な解決方法は存在しないため、1年に複数の職業的地位が存在した場合、最も遅い時期の職業的地位をその1年の代表的なものとしている。なお、２００５年ＳＳＭ調査のパーソンイヤーデータの作成は保田時男氏の作成したプログラムを用いた。記して感謝の意を表します。

る出身階層の影響とその時代変化に焦点を置くため、移動が出身階層以外にもさまざまな要因によって引き起こされる女性については扱わないこととする。また、本章では分析対象を被雇用者に限定する。なぜなら、初職から自営セクターに参入したり、転職して自営業主になるといった移動は、被雇用者として新規学卒で労働市場に参入したり、別の従業先の被雇用者として転職することとは明らかに移動のメカニズムが異なるためである。被雇用者層と自営業層を同時に分析対象に含めることは、それぞれの層の特徴をわかりにくいものにしてしまう可能性があるため、初職入職に関しては初職が被雇用者である者、転職に関しては転職前後の就業形態がいずれも被雇用者である者に限定している。

　本章では、出身階層や本人の社会的地位が、初職非正規雇用への入職や、正規雇用―非正規雇用間の移動に影響を与えるという従来からの視点に加えて、それらの影響の時代変化に着目する。そのため、初職入職や世代内移動のタイミングは非常に重要な変数になる。本章ではこの時代区分を、それぞれの時代における労働市場の状況を反映するように設定する。たとえば10年ごとなどのように機械的に区分すると、その時代における労働市場のコンテクストが曖昧になってしまうためである。具体的には、初職入職コーホート、世代内移動のタイミングで採用する時代区分を１９５５-１９７２年、１９７３-１９８６年、１９８７-１９９７年、１９９８-２００５年の４分類とする。これら４つの時代は、日本社会が経験してきた主な出来事ともほぼ一致し、１９５５-１９７２年は高度経済成長からオイル・ショックまでの期間、１９７３-１９８６年は安定成長期からプラザ合意を経てバブル経済へと突入する以前までの期間、１９８７-１９９７年はバブル景気とその崩壊、１９９８-２００５年はバブル崩壊後の山一證券の自主廃業に代表される大型倒産や各種の規制緩和、不良債権問題の表出などを含む時代であり、「失われた10年」と呼ばれる期間にほぼ相当する。

なお、本章では１９８５-２００５年ＳＳＭ調査のプールデータを用いるため、最も早く初職に就いたケースは１９２７年、最も早く世代内移動を経験したケースは１９２８年と、本章で分析する期間以前の情報も含まれている。しかし、戦前や戦後復興期における高い流動性や制度化されていない就業構造をこんにちの労働市場と同様に分析することは、多くの面で適切でないと考えられるため、分析対象となる時代の開始は高度経済成長の開始に合わせ、それ以前のデータは分析から除外する。[*8]

3　分析結果

初職非正規雇用に対する階層の影響とその変化

仮説1を検証するために、初職が非正規雇用か否かを従属変数とするロジット分析を行った（表2-2）。説明変数は、初職入職年、父職、本人学歴、父職と初職入職年の交互作用項、本人学歴と初職入職年の交互作用項である。分析対象は、１９５５年以降に入職した、初職が被雇用の男性である。なお、モデル１は交

＊8　このような理論的な問題に加えて、1954年以前の移動のデータはケース数が極端に少なく、分析の結果が不安定になってしまう。これも分析対象から除外する理由の1つである。

表2-2　初職が非正規雇用であることに関する2項ロジット分析結果

	モデル1 主効果のみ		モデル2 交互作用項含む	
	B	S.E.	B	S.E.
初職入職年（基準カテゴリ：1955-1972年）				
1973-1986年	.668 ***	.179	-.563	.565
1987-1997年	1.307 ***	.204	.645	.502
1998-2005年	2.308 ***	.248	1.630 **	.557
父職（基準カテゴリ：専門・管理）				
事務・販売	-.190	.268	-.344	.447
ブルーカラー	-.231	.237	-.534	.415
自営	-.331	.237	-.753 +	.405
農業	.054	.242	-.320	.373
学歴（基準カテゴリ：大学・大学院）				
中学	1.526 ***	.240	1.158 **	.360
高校	.670 ***	.185	.303	.344
短大・高専	.840 *	.388	-.182	1.054
父職と初職入職年の交互作用				
事務・販売*1973-1986年			.112	.767
事務・販売*1987-1997年			.155	.655
事務・販売*1998-2005年			.637	.647
ブルーカラー*1973-1986年			.568	.616
ブルーカラー*1987-1997年			.148	.664
ブルーカラー*1998-2005年			.944	.611
自営*1973-1986年			.853	.597
自営*1987-1997年			.646	1.151
自営*1998-2005年			.189	.820
農業*1973-1986年			1.091 +	.745
農業*1987-1997年			-1.293	.795
農業*1998-2005年			-.300	1.078
学歴と初職入職年の交互作用				
中学*1973-1986年			.649	.618
中学*1987-1997年			.351	.740
中学*1998-2005年			2.013	1.283
高校*1973-1986年			.652	.483
高校*1987-1997年			.449	.499
高校*1998-2005年			-.036	.596
短大・高専*1973-1986年			1.144	1.251
短大・高専*1987-1997年			1.772	1.237
短大・高専*1998-2005年			1.034	1.626
定数	-3.797 ***	.236	-3.159 ***	.348
-2 Log likelihood		1685.987		1663.173
n		3832		3832

注：+ 10%水準で有意、* 5%水準で有意、** 1%水準で有意、*** 0.1%水準で有意

互作用項を含まず、モデル2はモデル1に交互作用項を追加したものである。

　モデル1の分析結果から見てみよう。高度経済成長期（1955-1972年）に比べて初職入職年が近年になるほど、非正規雇用に入職する傾向が高くなる。労働市場全体で非正規雇用が増加していること、とりわけエントリーレベルでの正規雇用が縮小していることがこの結果に反映されている。また、学歴が低くなるほど非正規雇用に入職する傾向は高くなる。これは先行研究と一致する結果である。しかし、父職の統計的有意な影響はない。父職の影響は学歴に吸収されていると考えられる。

　次に交互作用項を追加したモデル2の結果を見てみよう。初職入職年と学歴の係数が小さくなっていることから、交互作用項がこれらの変数の影響を吸収していることがわかる。しかし、交互作用項の係数のほとんどは統計的に有意ではない。したがって仮説1は棄却される。このことは興味深いことを示唆する。表2-2の分析結果からわかるように、全体的に近年になるほど非正規雇用に入職する傾向が強くなっている。このことは、マスコミ等の報道と一致する。しかし、非正規雇用への入職に対する学歴の効果は高度経済成長期から現在にいたるまで変化していない。非正規雇用の量的な増加の背後で、学歴の不変な影響が存在していることになる。

非正規雇用への移動に対する階層の影響とその変化

　次に初職入職後の職歴過程における移動を分析する。まずは移動パターンについて見てみよう。[*9] 図2-3

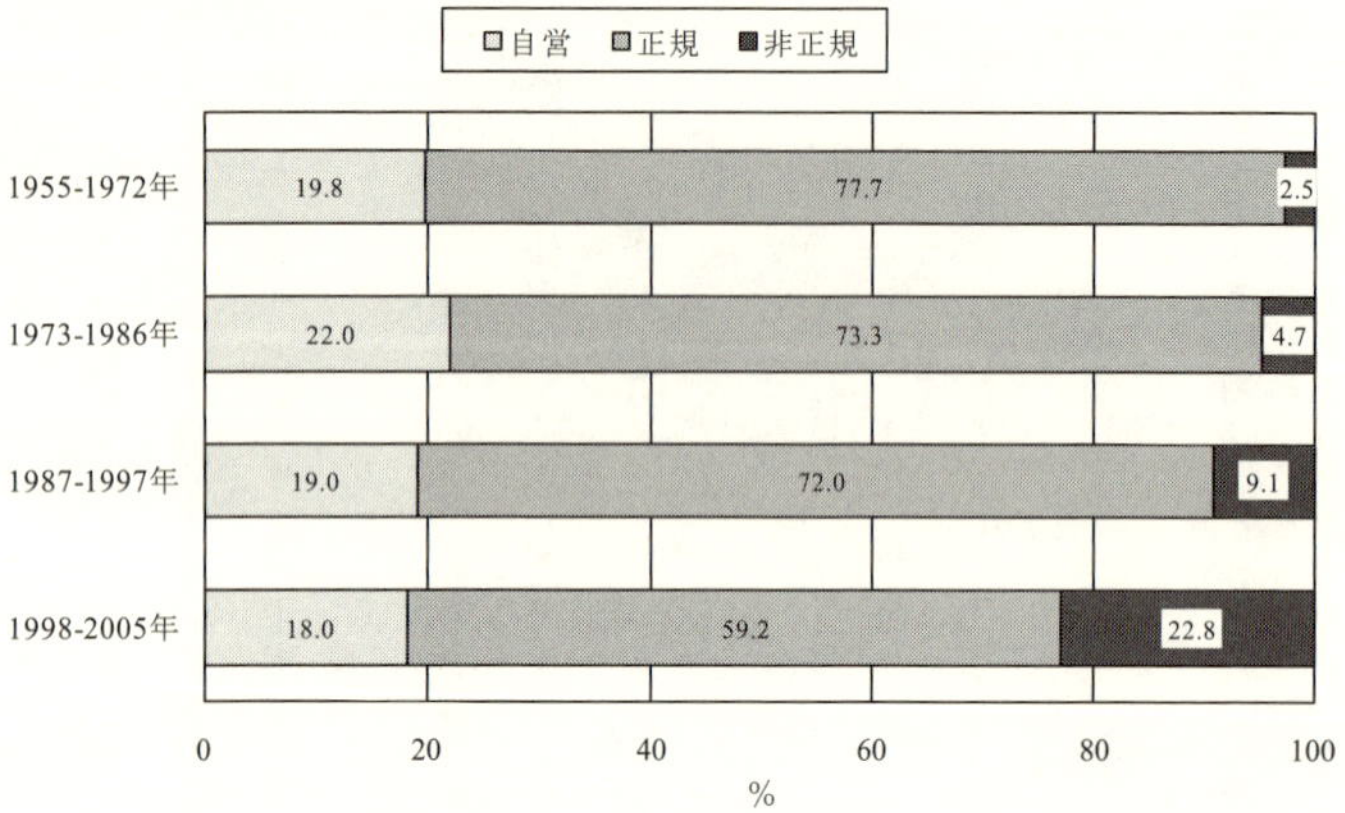

図2−3　移動時期別に見た正規雇用からの移動先割合

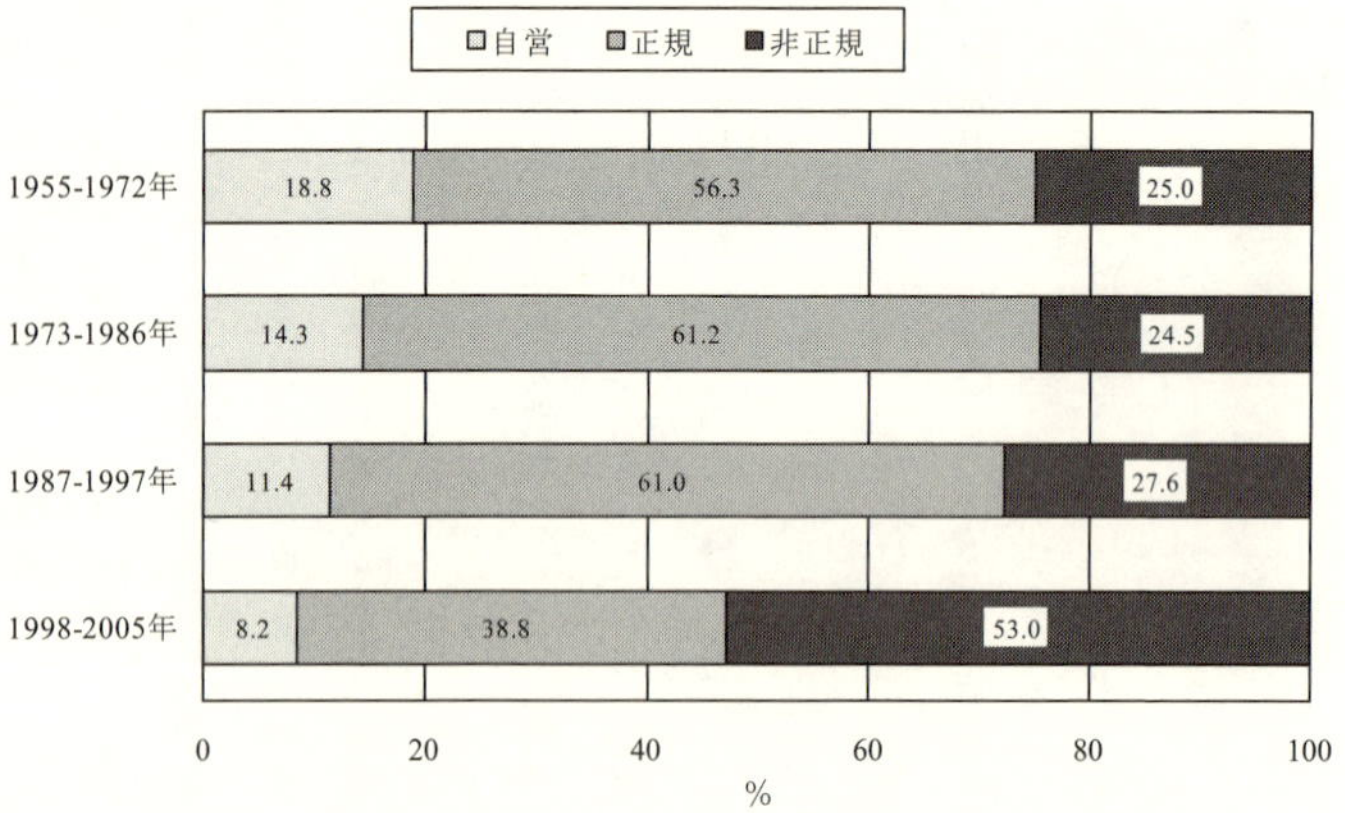

図2−4　移動時期別に見た非正規雇用からの移動先割合

表２‐３　正規雇用―非正規雇用間の移動に関する離散時間ロジット分析結果

	正規→非正規				非正規→正規			
	モデル1 主効果のみ		モデル2 交互作用項含む		モデル3 主効果のみ		モデル4 交互作用項含む	
	B	S.E.	B	S.E.	B	S.E.	B	S.E.
移動時期（基準カテゴリ：1955-1972年）								
1973-1986年	.606 **	.196	1.111	1.035	.137	.186	-.983	.926
1987-1997年	1.417 ***	.203	2.116 *	.993	.109	.202	.724	.771
1998-2005年	2.093 ***	.212	2.662 **	.986	-.218	.225	-.166	.810
移動時年齢（基準カテゴリ：40-49歳）								
29歳以下	1.999 ***	.263	2.004 ***	.264	1.182 ***	.230	1.145 ***	.235
30-39歳	1.095 ***	.278	1.096 ***	.278	.217	.271	.212	.275
50-59歳	1.574 ***	.277	1.602 ***	.278	-1.437 **	.463	-1.457 **	.466
60歳以上	3.515 ***	.285	3.595 ***	.286	-2.836 ***	.742	-2.976 ***	.747
父職（基準カテゴリ：専門・管理）								
事務・販売	-.209	.207	.754	.816	-.248	.250	.783	.663
ブルーカラー	-.009	.176	.868	.767	.080	.222	.649	.630
学歴（基準カテゴリ：短大・高専以上）								
中学	.294	.217	.063	.631	-.772 **	.263	-1.006	.704
高校	.241	.172	-.708	.606	-.147	.210	-.287	.673
前年職業階層（基準カテゴリ：専門・管理）								
事務・販売	.162	.197	.368	.820	.001	.291	-1.090	.799
ブルーカラー	.381 +	.201	.729	.848	-.061	.293	-.408	.790
父職と移動時期の交互作用								
事務・販売*1973-1986年			-1.531	.931			-.708	.844
事務・販売*1987-1997年			-1.192	.898			-2.468 **	.810
事務・販売*1998-2005年			-.624	.885			-.237	.872
ブルーカラー*1973-1986年			-1.240	.841			-.142	.759
ブルーカラー*1987-1997年			-1.156	.824			-1.447 +	.741
ブルーカラー*1998-2005年			-.582	.826			.005	.838
学歴と移動時期の交互作用								
中学*1973-1986年			.590	.779			.335	.846
中学*1987-1997年			.418	.741			-.205	.945
中学*1998-2005年			-.400	.733			-.142	.969
高校*1973-1986年			1.391 +	.723			.276	.782
高校*1987-1997年			1.025	.678			.350	.776
高校*1998-2005年			.845	.664			-.249	.798
前年職業階層と移動時期の交互作用								
事務・販売*1973-1986年			-.151	.934			1.803 +	1.050
事務・販売*1987-1997年			.082	.892			1.618 +	.941
事務・販売*1998-2005年			-.359	.875			.397	.985
ブルーカラー*1973-1986年			-.175	.960			.974	1.049
ブルーカラー*1987-1997年			-.388	.926			.152	.935
ブルーカラー*1998-2005年			-.340	.899			.077	.970
定数	-8.625 ***	.358	-9.275 ***	.962	-2.606 ***	.390	-2.541 ***	.660
-2 Log likelihood		3903.096		3883.365		1640.951		1608.006
events		325		325		263		263
spells		93525		93525		3719		3719

注：+ 10%水準で有意、* 5%水準で有意、** 1%水準で有意、*** 0.1%水準で有意

は前年に正規雇用に従事していて当該年に転職（従業先の変更を伴う移動）したケースの移動先の分布である。図からわかるように、近年になるほど、非正規雇用への移動の割合が高くなっている。一方、図２‐４は前年に非正規雇用に従事していたケースの移動先の分布である。１９９７年までに比べて１９９８‐２００５年では非正規雇用へ

＊９　従業先の変更を伴わない移動の場合、移動前と移動後の就業形態がほとんど同じなので、ここでは移動として扱わない。

の移動が急激に増加していることがわかる。この意味で、正規雇用でも非正規雇用に移動するリスクが近年で高まっている。

次に、このリスクに階層差があるか否かを検討しよう。表2-3のモデル1とモデル2は正規雇用から従業先の変更を伴う非正規雇用への移動を被説明変数とする離散時間ロジット分析である。対象となるリスクセットは、前年に正規雇用の男性ケースである。ケース数はパーソンイヤー単位で93525あり、それらのうち325ケースで当該年での従業先の変更を伴う非正規雇用への移動というイヴェントが発生している。モデル1の説明変数は、移動時期、移動時年齢、父職、学歴、前年職業階層である。モデル2では階層変数と移動時期の交互作用項を追加してある。

モデル1の結果から、図2-3からも予想されるように、移動時期が近年になるほど、非正規雇用への移動リスクが高まっていることがわかる。初職入職に関する表2-2の分析結果とあわせて解釈すると、新卒労働市場だけでなく、転職市場においても同様のリスクの高まりが確認できる。年齢については、職業キャリアが最も安定していると考えられる40-49歳に比べて若年層だけでなく、50-59歳でも移動リスクが高まっている。[*10] しかし、父職や学歴といった階層変数の影響は統計的に有意ではない。ただし、前年職業階層に関しては、統計的有意性は弱いものの、ブルーカラーの係数が正であることから、ホワイトカラー（専門・管理、事務・販売）とブルーカラーとの格差が見られる。

モデル1に交互作用項を追加したモデル2の結果を見ると、交互作用項の係数はほとんど有意ではない。

一方、移動時期と移動時年齢に関してはモデル1と同じパターンが見られる。

以上の分析結果から、仮説2は支持されるが、仮説3は棄却されることになる。つまり、正規雇用から非正規雇用への移動リスクが近年になるほど高くなっているが、そのリスクはほぼ年齢によって規定されており、出身階層や学歴、前年職業階層といった階層変数は、一貫して効果を持っていないと結論づけることができる。

正規雇用への移動に対する階層の影響とその変化

最後に、非正規雇用から正規雇用への移動の分析結果を示す。表2-3のモデル3とモデル4が非正規雇用から正規雇用への従業先の変更を伴う移動を被説明変数とする離散時間ロジット分析である。対象となるリスクセットは、前年に非正規雇用の男性ケースである。ケース数はパーソンイヤー単位で３７１９であり、それらのうち２６３ケースで当該年での従業先の変更を伴う正規雇用への移動というイヴェントが発生している。モデル3の説明変数は、モデル1と同様に、移動時期、移動時年齢、父職、学歴、前年職業階層である。モデル4では階層変数と移動時期の交互作用項を追加している。

モデル3の結果から検討しよう。移動時期の効果は統計的に有意ではない。移動時年齢では、40-49歳に

＊10　60歳以上の移動リスクが高いのは定年の影響だと考えられる。

比べて若い29歳以下では移動の可能性が高くなるのに対し、50歳以上ではその可能性が低くなる。表２－２では、近年になるほど初職で非正規雇用へ入職しやすくなっていた。したがって、近年の若年層にとっては初職で非正規雇用になるリスクは高いものの、その後に正規雇用へ移動する可能性も高いということになる。反対に、いったん非正規雇用になった中高年層にとっては、その後の正規雇用への移動可能性はかなり制限されていることがわかる。また、父職と前年職業階層の有意な影響はないが、学歴では中卒者で移動の可能性が低くなる。前年職業階層ではなく、学歴が非正規雇用から正規雇用への移動に影響している点が興味深い。転職時に学歴がシグナルとして機能していると考えられる。

モデル４はモデル３に階層変数と移動時期の交互作用項を追加したものである。移動時年齢の係数のパターンは変化がない。しかし、学歴の効果は統計的に有意ではなくなる。交互作用項の係数を見ると、父職と移動時期の交互作用は、事務・販売とブルーカラーともに１９８７－１９９７年で係数がマイナスになる。このことは、父職が専門・管理の非正規雇用者の方がそれ以外の非正規雇用者よりもこの時期に正規雇用への移動をしやすくなったことを意味する。この時期は、バブル経済の発生とその崩壊という社会の流動性が高くなった時期であり、専門・管理の父親の影響（父親の社会的ネットワークや情報、文化的志向など）が息子の転職に直接的な影響を持ったと考えられる。また、前年職業階層と移動時期の交互作用では、事務・販売は１９７３－１９８６年と１９８７－１９９７年で係数がプラスになる。高度経済成長後の日本型雇用慣行の弱体化やサービス経済化によって事務・販売職の流動性が高まり、非正規雇用の離職者が正規雇用に吸収されていったものと考えられる。しかし、1998-2005年では高度経済成長期と同じ水準になっている。もちろんその内実は異なる。高度経済成長期には日本型雇用慣行が確立し、非正規雇用から正規雇用への移動が難しかった。しかし、1998-2005年ではさらなるサービス経済化が事務・販売職の非正規雇用化を促進し、非正規雇用から正規雇用への移動を難しくしたと考えられる。

以上の分析から、仮説4-1も仮説4-2も支持されないことがわかる。階層変数と移動時期の交互作用は確認されたが、これらの仮説が想定していた単純な増加傾向ないしは減少傾向ではない。逆に、移動時期の社会的文脈と個人の階層特性が複雑に連関していることが明らかになった。

4 結び

本章では、戦後日本の労働市場の変化と個人の職業キャリアのあり方の変化について、社会階層論の視点から考察してきた。理論的背景として、福祉―雇用レジームの変容が個人の職業キャリアに作用するメカニズムを想定し、正規雇用―非正規雇用をめぐる世代内移動の分析を行った。具体的には、階層変数が3つのプロセス――初職非正規雇用への入職、正規雇用から非正規雇用への転職、非正規雇用から正規雇用への転職――に及ぼす影響とその影響の時代変化を分析した。その結果、階層変数の影響の変化はごく小さいか、または我々の予想よりも複雑な変化のパターンを示していた。したがって、設定した仮説の多くは支持されなかったが、それは同時に福祉―雇用レジームの変容自体が一様ではなく、それぞれの時代特有の社会的文脈と個人の階層特性が複雑に連関していることが明らかになった。

本章の分析結果を総合的に解釈すると、強い時代効果と階層間格差の安定性を強調することができるだろう。初職非正規への入職に関しては、図2-1で見たようにマクロな時代変化に対応した強い時代効果が確認されており、階層要因以上に社会変動の影響が大きいことがわかる。正規雇用から非正規雇用への移動についても同様に、近年になるほど非正規雇用への移動リスクが高まっており、この時代効果は父職や本人学歴よりもはるかに強力である。その一方で、初職入職における学歴の不変的な影響にも表れているように、相対的な階層間格差は時代によって大きく変化していない。したがって、戦後日本の労働市場では、市場全体に及んだ成熟社会へ向けた変化が起こっていたと考えることができる。

ただし、我々は、このような相対的な学歴間格差や職業間格差は大きく変化していないという状況を楽観的に解釈することはできない。なぜなら、相対的な格差には大きな変化が見られないものの、絶対的にはすべての人々が非正規雇用という不安定雇用へと移動するリスクは高まっているからである。原（２００２）は、望ましい流動化社会の姿を、「安心してキャリア上の冒険に乗り出していける社会」と表現した。こんにちの日本の労働市場は、「望ましい流動化社会」とは異なる方向へと変化しているのかもしれない。

参考文献

Brinton, Mary C., 1993, *Women and the Economic Miracle: Gender and Work in Postwar Japan*, Berkeley: University of California

Press.

Brinton, Mary C., 2008, "After the Bubble: Young Men's Labor Market Entry Experiences in the 1990s and Beyond," 太郎丸博編『若年層の社会移動と階層化』（２００５年ＳＳＭ調査シリーズ11）、13‐35.

Esping-Andersen, Gosta, 1990, *The There Worlds of Welfare Capitalism*, Cambridge: Polity Press.（＝２００１、岡沢憲芙・宮本太郎監訳『福祉資本主義の三つの世界――比較福祉国家の理論と動態』ミネルヴァ書房.）

玄田有史、２００８、「前職が非正社員だった離職者の正社員への移行について」『日本労働研究雑誌』５８０：61‐77.

原純輔、２００２、「産業化と階層流動性」原純輔編『流動化と社会格差』ミネルヴァ書房、18‐53.

原純輔・盛山和夫、１９９９、『社会階層――豊かさの中の不平等』東京大学出版会.

平田周一、２００８、「非正規雇用の増加と格差の拡大――流動化と多様化は本当か」佐藤嘉倫編『流動性と格差の階層論』（２００５年ＳＳＭ調査シリーズ15）、１３３‐１５２.

Imai, Jun, 2009, "The Expanding Role of Temporary Help Agencies in Japan's Emerging External Labor Market," *Japanese Studies*, 29-2: 255-271.

Imai Jun, 2010, *The Transformation of Japanese Employment Relations: Reform Without Labor*, Basingstoke, UK: Palgrave Macmillan.

稲田雅也、１９９８、「長期安定雇用はいつ成立したのか――世代別と時点別にみたその制度化過程の研究」佐藤俊樹編『近代日本の移動と階層――１８９６‐１９９５』（１９９５年ＳＳＭ調査シリーズ２）１９９５年ＳＳＭ調査研究会、65‐

８６.
稲田雅也、２００８、「長期雇用の推移——ポスト高度経済成長期世代と『終身雇用』」高田洋編『階層・階級構造と地位達成』（２００５年ＳＳＭ調査シリーズ２）、９９-１１０.
苅谷剛彦、１９９１、『学校・職業・選抜の社会学』東京大学出版会.
小杉礼子、２００２、『自由の代償／フリーター——現代若者の就業意識と行動』日本労働研究機構.
宮本太郎、２００８、『福祉政治——日本の生活保障とデモクラシー』有斐閣.
Nee, Victor and Mary C. Brinton, 1998, *New Institutionalism in Sociology*, New York: Russell Sage Foundation.
野村正實、１９９４、『終身雇用』岩波書店.
佐藤嘉倫、２００９、「現代日本の階層構造の流動性と格差」『社会学評論』59(4)：６３２-６４７.
盛山和夫、１９８８、「職歴移動の分析」１９８５年社会階層と社会移動全国調査委員会編『社会階層の構造と過程』（１９８５年社会階層と社会移動全国調査報告書第1巻）１９８５年社会階層と社会移動全国調査委員会、２５１-３０５.
太郎丸博、２００９、『若年非正規雇用の社会学』大阪大学出版会.
上野千鶴子、１９９０、『家父長制と資本制——マルクス主義フェミニズムの地平』岩波書店.

第3章 日本型学歴社会の来歴と行方
——高学歴社会における「学歴インフレ」——

片瀬一男

新聞によると、京都のあるタクシー会社が今年の春、大学卒を五十名募集しているそうである。この「学士ドライバー」は普通の、ありきたりの、野暮な運転手にはならない。一種のコンサルタント——一番こった和菓子屋、離婚問題専門の弁護士、お経のうまいお坊さん——何でも客の注文に応じて、直ぐ連れて行けるような、電話帳の産業編を暗記したような、新型の運転手になるそうだ。

R・P・ドーア『学歴社会——新しい文明病』岩波書店、vii頁。

1　学歴社会の来歴

日本型学歴社会の特徴

日本社会が「学歴社会」といわれて久しい。学歴社会とは、一般に「社会的地位への人員配分の基準として、さらには社会的報酬の分配の基準として、学歴が重視される社会」（藤田１９８３：76）と定義される。こうして学歴という業績主義的な地位配分の基準が、出自（出身階層や身分）といった属性主義的な基準にとって代わることは、これまでの社会階層研究が明らかにしてきたように、近代の産業社会にみられる普遍的現象である。その一方で、日本は国際的にみても学歴の経済的・社会的効用がとくに高い社会とはいえず、先進社会のなかでも日本が顕著に職業達成における学歴主義化が進んでいるとはいえないことも指摘されてきた（藤田１９８３：石田１９９９）。それにもかかわらず、日本では他の国とは異なり「学歴社会」であるという言論のジャンルが広く成立し、それがかえって大衆的規模での教育拡大をもたらしている、とされる（苅谷１９９５）。[*1] とりわけ日本では明治期以降「学歴社会化が国策として強力に推進されたという点において、自分たちが「学歴社会を生きている」という自意識は格段に強烈であった」（原・盛山１９９９：46）。そして、この「自意識」が再帰的に大衆的な高学歴志向を生むことで学歴社会を支えてきた――ここに「日本型学歴社会」の特徴があるということもできる。

戦後における高学歴化の局面

こうして日本人が「学歴社会を生きている」という「自意識」を強めた背景には、戦後日本における急速な高学歴化があったと考えられる。戦後日本の教育拡大については、尾嶋（２００２）が４つの時期に区分して記述している。それによると（図3-1参照）、まず第Ⅰ期（高等教育進学年が１９５４-１９６４年）は、戦前生まれのコーホート（世代）が進学時期を迎えた時代で、大学・短大進学率が緩やかな上昇を続けたが、男女間の格差が比較的みられた時期にあたる。第Ⅱ期（同１９６５-１９７９年）は、「団塊の世代」を先頭にして、急激に進学率が高まる「進学率上昇の第１局面」（尾嶋２００２：１２８）である。この時期の終わりには、高校進学率は男女とも９割を超え、高等教育進学率も男子で４割、女子で３割を超えた。その背景には、高度経済成長にともなう労働力需要の高まりや、「団塊の世代」の進学期を迎えた高等教育政策の転換があった[*2]。ただし、この時期における女子の高等教育進学率の上昇を支えたのは、大学進学よりも短大進学であり、「短大＝女子向き進路」というジェンダー・トラックが確立した時期である。これに対

＊1　ただし藤田（１９９７）は、教育行政が中央集権的か分権的か、教育システムの編成が平等主義的かエリート主義的かという2つの軸を組み合わせて、教育システムの4類型を区別している。この区別によれば、日本社会は韓国とともに、教育行政が中央主権的で教育システムが平等主義によって構成された「学歴主義」の社会に分類される。

＊2　具体的には、ベビーブーム対策として１９６２年に私立大学・短大の学部・学科の新増設が許認可制から届出制になったうえに、国がこうした私立大学・短大に対して定員増を求めたことが指摘されている（米澤２００８）。こうして戦後の高等教育の拡大は、政策的にも私学セクターを中心に成し遂げられることになる。

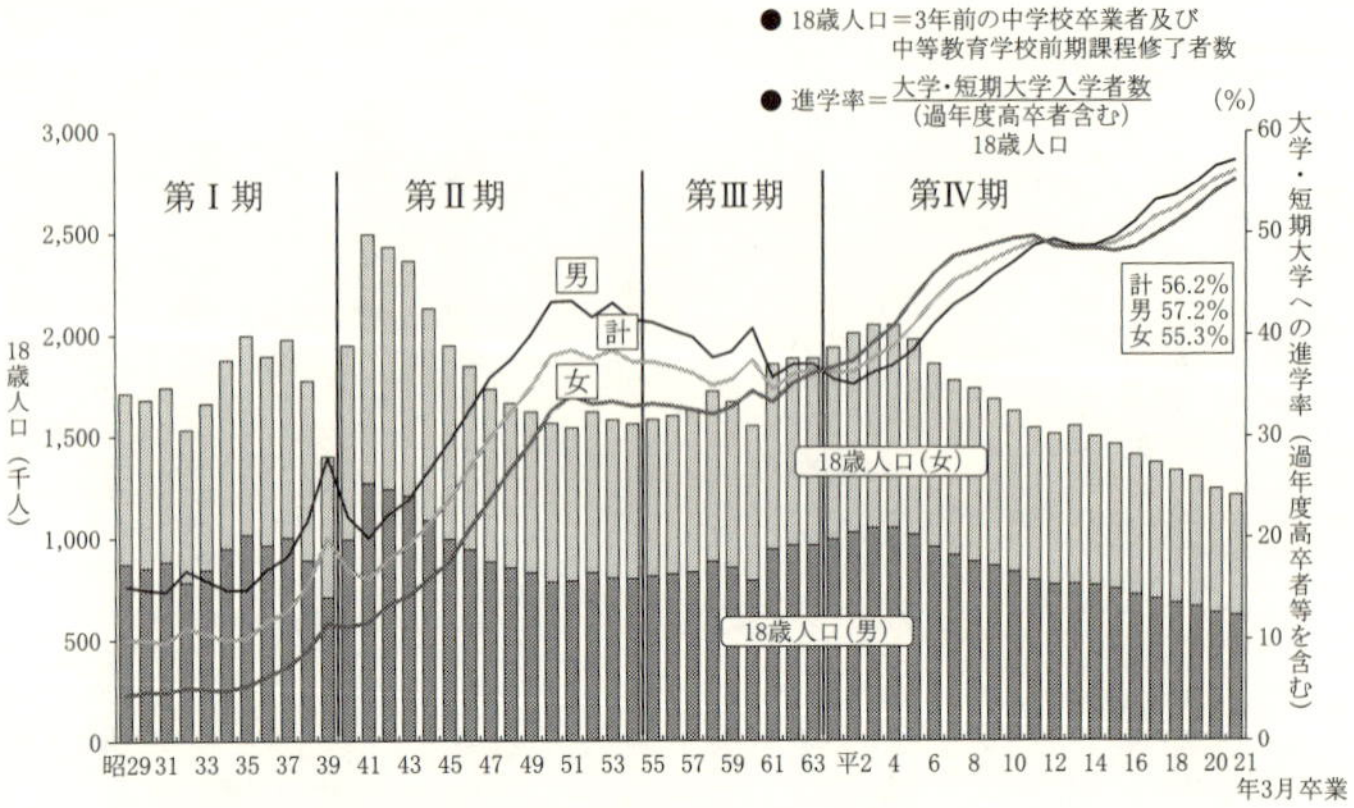

出典：平成21年度『学校基本調査』（文部科学省）

図３－１　大学・短期大学への進学率の推移

して、第Ⅲ期（同１９８０－１９８９年）は、高等教育の抑制政策のもとで進学率が停滞する時期である。高等教育進学率は、とくに男子で停滞もしくは低下の様相をみせたが、女子では緩やかに上昇傾向を示した。最後の第Ⅳ期（同１９９０年以降）は、第２次ベビーブーム世代が大学・短大へと進学する時期にあたり、臨時定員増や大学・学部の新設により、大学の収容定員が急増している。そして、とくに１９９５年までは女子の高等教育進学率が高まるが、「それをリードしたのは第Ⅱ期とは異なり、四年制大学への進学であった」（尾嶋２００２：１２９）とされる。これが戦後日本における高学歴化の第２の局面である。

そして、この第２局面の教育拡大を経ることで、日本の高等教育も「ユニバーサル段階」に到達した。すなわち、平成17年版の文部科学省「学校基本調査」によれば、２００５（平成17）年３月の高等教育進学率（過年度高卒者も含む大学・短大進学者数を当該年度の18歳人口で除したもの）は51・5％（男子53・1％、女子49・9％）と、日本で初めて過半数を超えた。こうして高等教育進学率が50％を超えた状態は「ユニバーサル段階」と呼ばれる。「ユニバーサル段階」とは、トロウ（Trow 1973＝1976）のいう高等教育発展段階の最終局面を意味している。すなわち、トロウ（Trow 1973＝1976）は、高等教育の発展段階を①エリート段階（高等教育進学率15％未満）、②マス段階（同15％以上50％未満）、③ユニバーサル段階（同50％以上）に分けた。そして、エリート段階では、高等教育は「少数者の特権」だが、マス段階では「相対的多数者の権利」となり、ユニバーサル段階に至ると「万人の義務」となると論じた。この議論が日本に翻訳・紹介された当時（1976年）、アメリカの高等教育は「ユニバーサル段階」にすでに到達していたが、日本はまだ「マス段階」にあった。しかし、その後、日本でも高等教育進学率は上昇を続け、2005年についに日本の高等教育も「ユニバーサル段階」に到達したのである。[*3]

新学歴社会の段階？

さらに近年になって日本では学歴社会が新しい段階に入ったとの議論もある。たとえば、吉川（200

＊3　ただし、米澤（2008）によれば、日本の高等教育の拡大からみると、50％以上を「ユニバーサル段階」とするというトロウの量的判断基準はあまり意味をもたないという。というのも、高等教育に専修学校専門課程も含み、成績や家計を統制すると、進学率50％は「越えがたい障壁」とはいえず（米澤2008：137）、成績上位層では90％前後まで進学率はとくに大きな障壁にぶつからずに伸びていくという。

９）は、戦後の日本社会における長期の高学歴化の趨勢によって、大卒層と非大卒層の比率がほぼ同数の５割となり、今後もこの状態が続く「学歴分断社会」ともよぶべき段階に入ったという。すなわち、日本社会は「高学歴化の途上にあった昭和の学歴社会から、学歴が高い水準で横ばいを続けている平成の学歴社会へと変化した」（吉川２００９：25）。ここでいう平成の「学歴分断社会」とは、職業や所得、資産・財産などの格差が学歴とりわけ大学卒業者と非大学卒業者の間の分断線によって生じてくる社会を意味する。そして、吉川（２００９）は「社会階層と社会移動に関する全国調査（ＳＳＭ調査）」データなどの分析も踏まえて、親の学歴（大学卒と非大学卒）によって子どもの学力や教育・職業達成に差異が生じることを「学歴分断社会」の特質の１つとしている。こうして高学歴化が高原状態を迎え、子どもからみると、高学歴化した親世代の学歴を超えられなくなった「学歴分断社会」においては、進学行動はもはや高い地位を求める将来への投資行動というより、親世代より学歴が低下するリスクを回避する防衛行動となったと指摘した。

　なぜ日本はこのような高学歴社会になったのであろうか。日本における学歴社会の来歴については、これまで歴史的資料にもとづいて考察されてきた。そして、資格試験制度や官僚任用試験の制度化と関連づけられて論究されたり（天野１９８３）、学校制度を利用した社会階層との関連から検討されてきた（菊池２００３）が、本章では戦後の高学歴化の趨勢に絞って２００５年ＳＳＭ調査データの分析から学歴社会がどのように成立し、それが何をもたらしたのかを「学歴インフレ」に注目して検討していく。学歴社会は人々の地位達成に影響をもたらしただけでなく、学校教育それ自体にも少なからぬ影響を与えている。高学歴化による学歴の希少価値の低下すなわち「学歴インフレ」や、それにともなう「学歴かせぎ」のための進学行動・受験中心の学校教育の蔓延もそうした影響といえる。こうした高学歴社会化のインパクトをとらえることで、日本型学歴社会の行方についてもみていくことにしたい。

2　近代化と学歴インフレ

近代化の後発効果

学歴インフレの発生については、ドーア（Dore 1976＝1978）が近代化の「後発効果」に着目して命題化している。彼は、イギリス、日本、スリランカおよびケニアにおける学歴主義の制度化過程を歴史的に概観したうえで、近代化の後発効果の命題を次の3点に要約している。すなわち、近代化の開始が遅いほど、(1)学校の修了証書が求職者の選別に利用される範囲が広くなる、(2)学歴インフレの進行が早くなる、(3)真の教育の犠牲において、学校教育が受験中心主義に傾く（Dore 1978＝2008:103）。

これらの命題によれば、まず近代化がもっとも早い時期に始まったイギリスにおいては、産業革命後の経済成長に先立って国家による教育施策が強化されることなく、会計士や法務実務者のような専門的職業の従事者も、見習修行から実務を通じて訓練するというコースが支配的であった。そして、国家が産業界の人材育成に関与するのは近代化がある程度、達成されてからであったために、公的な教育修了資格（学歴）が就業機会に関与する範囲も限定的であった。これに対して、日本をはじめ後発近代化を遂げた社会では、近代化の初期段階より国家が先進社会から科学技術を導入しつつ、単線型もしくはピラミッド型の教育体系の発展を主導した。そして、ピラミッドの頂点に立つ高等教育機関も、まずは国家の官僚機構に、やがて産業組織に人材を供給する役割を期待されてきたために、学歴が就業や昇進の機会を規定するという学歴社会が成立しやすかった。こうして「後発諸国では、学校制度の誕生と学歴による選別を基本とする職業制度の成立が往々にして同じ時期に起こる」（Dore 1976＝1978:116）。しかも、近代化の開始が遅く急激であるほど、伝統部門と近代部門の間の所得や威信の格差が大きくなるため、この深化した「二重構造」の「断崖を登ろうとする欲求が強まる」（Dore 1976＝1978:109）。こうして国民の教育意識が高揚し、高等教育進学者が急速に増加していく。しかし、その結果、供給される高等教育卒業者の量は、しばしば産業化によって提供される近代的職業のポストを上回ることになる。こうして「学歴インフレは、近代部門の求人数より学校制度の方が急速に拡大することから生じる」（Dore 1976＝1978:108）。戦前期の日本でも、１９３０年代の不況期にはすでに大卒者の過剰供給が生じ、学歴インフレの兆し（「大学は出たけれど」）が指摘されるようになったが（竹内１９９９）、さらに戦後はアメリカの教育制度の導入と高度経済成長による人材需要が高等教育の爆発的な拡大をもたらしたために、経済成長が失速した１９７０年代には「供給主導型」の学歴インフレ、すなわち大学卒業者の就職難や営業・販売職やブルーカラー職への入職が注目されるようになった（潮木１９７８）。

戦後の教育拡大と学歴インフレ

こうして戦後の日本社会は、先にもみたように、急速な高学歴化を実現してきたが、その一方で、高等教育卒業者の過剰供給による学歴の希少価値の低下、すなわち学歴インフレも、尾嶋（２００２：１２８）のいう「戦後における進学率上昇の第1局面」すなわち第Ⅱ期（高等教育進学年が１９６５-１９７９年）の頃から指摘されてきた。潮木（１９７８）によれば、１９６０年当時、全体で２９０万人いた大卒労働力は、１９７０年には５５４万人と増加している。そして、各職業の学歴構成が60年代当時とまったく変わらなかったとした場合、職業構造の変動によってもたらされる大卒者の雇用機会の拡大は１５９万人にとどまり、現実に発生した大卒者の増加分の6割程度しか吸収できなかった。その結果、日本の大学卒業者の入職先を１９６０年と１９７０年で比較してみると、従来の大卒者の入職先であった専門的・技術的職業や事務的職業が減少し、販売的職業が大幅に増加した。そして、１９７０年代には増加する大卒者のうち専門的・技術的職業や、将来的に管理職に昇進しやすい事務職に入職できた者は6割程度にとどまっている。さらにこの時期、急増した大卒者のなかには、従来は中卒者や高卒者が占めていたブルーカラー的職業に吸収される者も現れ始めた。実際、１９６０年にはブルーカラー的職業のうち大卒者の占める比率は１・３％にすぎなかったが、ブルーカラー的職業における大卒者比率がこのままだったと仮定すると、70年までの10年間で「絶対数で一七二万人だけ増加したとしても、この程度の増加では、せいぜい二万人程度の大卒者しか吸収されなかったはずである。ところが現実には、その一六倍の三三万人の大卒者が、この職業で吸収されている」（潮木１９７８：97）。

　また所得の点でみても、70年代には高等教育卒業者と非卒業者の賃金格差は縮小している。さらにアメリカと学歴別生涯賃金を比較してみても、日本の学歴間の格差は小さく、かつその縮小の進行も早い。その結果、日本の高等教育の学歴収益率は、日本の高等教育の拡大が学費の高い私学セクターを中心に拡大してきたこともあり１９６０年代の時点ですでに９・０％と低い（アメリカは13・６％、イギリスは12・０％）。[*4]

　こうした大卒者の伝統的な労働市場の崩壊にともなって、大卒者の職業観も変容せざるをえなくなった。そして、高学歴社会における新しい職業観の方向性の１つとして、潮木（１９７８：１３３-１４４）は、「脱学歴化」もしくは「学職分離」とでも呼ぶべき志向性を指摘している。それは、大卒学歴が自動的な昇進を保障するという可能性に見切りをつけ、大学での専攻分野とはまったく関係ないが、何らかの形で自律性を確保できる仕事に就いて満足感を得るという選択肢（たとえば、大学で哲学を専攻したがタクシー運転手に就くこと）である。こうして、学歴インフレが進行すると、ある種の「学歴離れ」が進行することが、すでにこの時点で予想されていたのである。

　では、２００５年のＳＳＭ調査からみて、日本の高等教育出身者における学歴インフレはどのように進行していたのであろうか。以下では日本における学歴インフレの進行状況を高等教育出身者の初職達成と管理職到達という点から検討する。

３　日本における学歴インフレの進行

初職達成からみた学歴インフレ

まず最初に日本における高等教育経験者の初職にはどのような変化がみられるか、２００５年のＳＳＭ調査からみていこう。図３-２ａは男性、図３-２ｂには女性の高等教育卒業者の初職の推移を10年刻みの５つの出生コーホート別に示したものである。[*5]

まず男性からみると、専門職への入職者は１９３４-１９４５年出生コーホートでは36％ほどあったが、１９４６-１９５５出生コーホートで26％と減少する。この出生コーホートが大学を出て初職に入職した期間には、２回にわたるオイルショックによって日本が低成長期に入った時期が含まれる。潮木（１９７８）が学歴インフレの進行を指摘していた時期もほぼこの時期にあたる。しかし、１９５６-１９６５出生コー

＊４　なお、潮木（１９７８）によれば、高等教育の収益率は、国民一人当たりの国民所得や高等教育普及率と関連を示し、経済発展が遅れて所得の少ないガーナ（37・０％）、メキシコ（29・０％）などで高く、また人口10万人あたりの高等教育在籍者が多いノルウェー（７・７％）やイスラエル（８・０％）で低い。つまり、大学在籍者の少ない発展途上国ほど、学歴の希少価値によって経済収益率は高くなる。しかし、実際には高等教育の収益率は各社会の学歴観・平等観にも影響され、北欧のように再配分政策によって平等化がはかられる場合には高等教育の収益率が低下するが、個人が教育で獲得した知識・技能が私有財産とみなされ、個人に帰属される社会ほど収益率も高くなるという（潮木１９７８）。

＊５　職業分類はＳＳＭ職業分類によったが、図３-２ａ、ｂでは熟練・半熟練・非熟練および農業をマニュアル・農業として合併した。また、高等教育経験者は大学院・大学・短大・高専での教育を経験した者である。

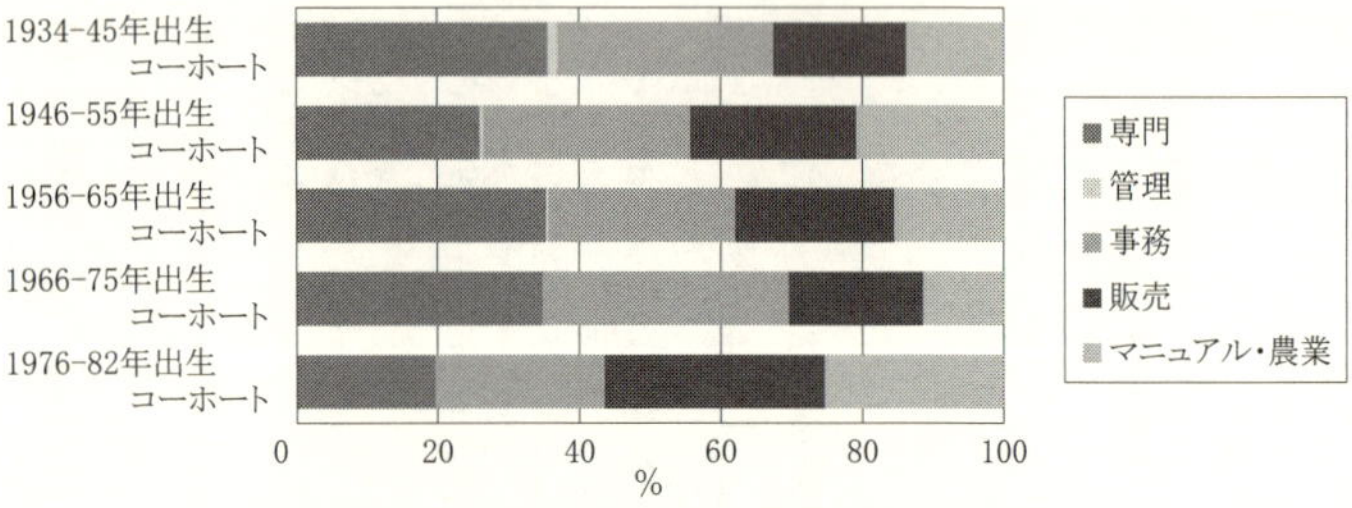

図３－２ａ　高等教育経験者の初職の推移（男性）

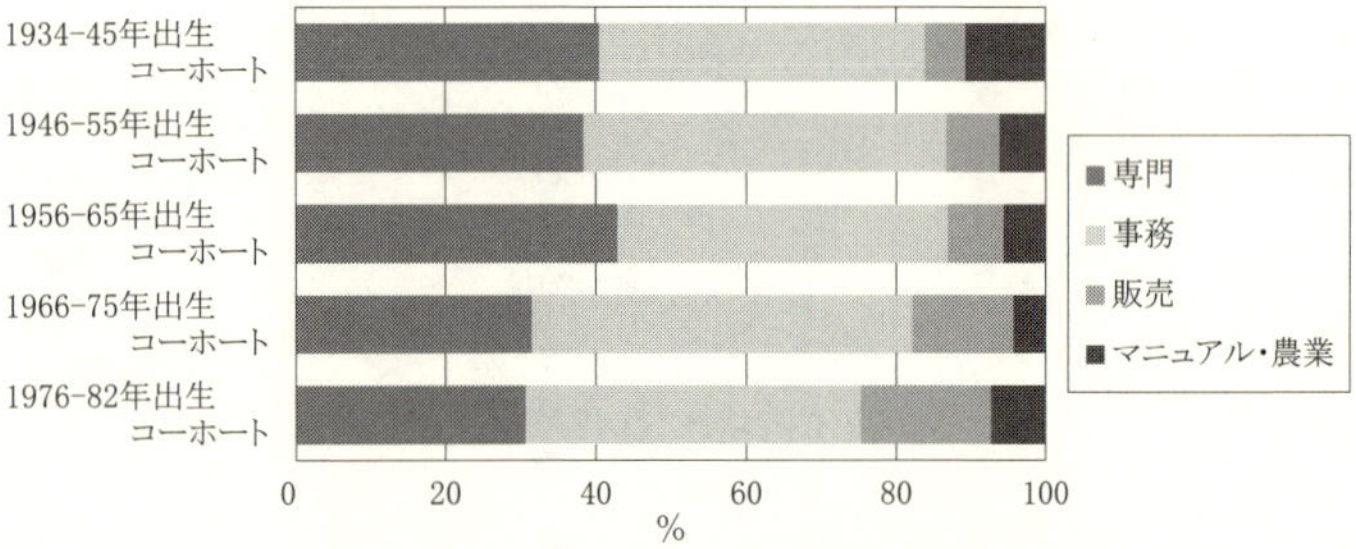

図３－２ｂ　高等教育経験者の初職の推移（女性）

ホートから１９６５－１９７５出生コーホートにかけては、初職での専門職への入職は再び35％程度と以前の水準を回復するに至った。ところが、１９７６－１９８２出生コーホートになると、専門職入職率は、20％と急減している。このコーホートが労働市場に参入した時期はバブル崩壊後の長期不況にあたり、若年労働市場が逼迫していた。またこの１９７６－１９８２年コーホートでは１９６６－１９７５年コーホートに比べ事務職への入職者が９ポイント減る一方で、販売職への入職者が12ポイント、またマニュアル職への入職者が14ポイント増えている。以上のことから、日本の男性の高等教育出身者において学歴インフレが進行したのは、比較的、近年のことで、バブル崩壊後の長期不況の時期であったといえる。つまり、SSMデータからみるかぎり、戦後日本の学歴インフレは、潮木（1978）が注目していたオイル・ショック後にその兆しはみえたものの、それが本格的に進行したのはポストバブル期の長期不況期においてであるといえる。

これに対して、図3-2bに示した女性についてもみると、専門職への入職の減少と販売職への入職の増加は、男性より早い時期、すなわち1966-1975年コーホートからはじまっていた。したがって、女性の高等教育経験者においては、男性よりも早い時期に学歴インフレがはじまっていたとみることもできる。

では、実際に高等教育を受けたことが初職での専門職の達成に及ぼす効果の大きさには、コーホートによる違いはあったのだろうか。このことを確かめるために、初職での専門職への入職を従属変数とした二項ロジスティック回帰分析を行った（表3-1）。この分析手法は、2値型の従属変数（今回の分析では初職で専門職に入職したか否か）に対するそれぞれの独立変数の規定力の強さを比較する分析手法である。今回の分析における独立変数はいずれもダミー変数[*6]とし、モデルIでは、女性に比べて男性であること（男性ダミー）、非高等教育学歴に比べて高等教育を受けたこと（高等教育ダミー）、コーホートとしては1976-1982年出生コーホートに属することに比べて1934-1945年出生コーホートに属すること（C1ダミー）から1966-1975年出生コーホートに属すること（C4ダミー）が、初職での専門職の達成に対して、どの程度の効果をもたらすか推計した。その結果、1934-1945年出生コーホートへの所

表3‐1　初職での専門職入職に関する二項ロジスティック分析

		モデルⅠ		モデルⅡ	
		B		B	
男性ダミー（基準は女性）		-0.564	***	-0.644	***
高等教育ダミーH（基準は非高等教育学歴）		1.911	***	0.840	**
C1(1934-45　年出生コーホート)ダミー	基準はC5（1976-82　年出生コーホート）	0.039		-1.236	***
C2(1946-55　年出生コーホート)ダミー		0.365	*	-0.422	
C3(1956-65　年出生コーホート)ダミー		0.728	***	-0.066	
C4(1966-75　年出生コーホート)ダミー		0.637	***	0.200	
C1×H　交互作用項	基準はC5×H 交互作用項			2.336	***
C2×H　交互作用項				1.190	***
C3×H　交互作用項				1.180	***
C4×H　交互作用項				0.598	*
定数		-2.851	***	-2.095	***
-2　対数尤度		3824.356		3767.096	
Cox & Snell R^2		0.105		0.113	
Nagelkerke R^2		0.194		0.210	

注：***:p<0. 001, *:p<0. 01, *:p<0. 05

属を除いて、いずれの変数も統計的にみて有意な効果をもっていた。そして、女性であるほど、また高等教育を受けていること、コーホートでは１９７６‐１９８２年出生コーホートに比べ１９４６‐１９５５年から１９６６‐１９７５年出生コーホートに属することが初職での専門職への入職に有利に働いていることがわかった。

次に、高等教育が初職に及ぼす効果にコーホートによる違いがあるか確かめるために、モデルⅡではこのモデルⅠに各コーホートと高等教育経験との交互作用項（Ｃ１×Ｈ、Ｃ２×Ｈ、Ｃ３×Ｈ、Ｃ４×Ｈ）を入れて分析を行った。ここで交互作用項の効果が統計的に有意になると、一方の変数の水準（この分析ではコーホート）によって他方の変数（この分析では高等教育経験）が及ぼす影響に差異があることになる。この分析でもダミー変数を用いているので、基準となるのはもっとも若い１９７６‐82年出生コーホートと高等教育経験との交互作用項である。モデルⅡの交互作用効果はいずれも有意であり、1976-1982年出生コーホートに比べてより以前の出生コーホートに属するほど、高等教育が初職での専門職への入職に有利に働いていることが示された。このことは、逆にいえば、最も若い1976-1982年出生コーホートにおいて、初職での専門職入職に対して高等教育学歴の及ぼす効果が有意に低下したことを意味する。そして、このことは、先の図3-2a、bでみたように、学歴インフレがバブル崩壊後に入職した1976-1982年コーホートで顕著にみられたという知見と一致している。

管理職到達からみた学歴インフレ

次に高等教育経験がその後の昇進にもたらす影響という点から学歴インフレの進行についてみておこう。

表3-2は、高等教育を経験した男性について40歳以前に管理職に到達した比率を

表3-2　高等教育経験者の40歳時以前の管理職到達率（男性）

出生コーホート	%
1934-45年	19.1
1946-55年	12.8
1956-65年	12.9

＊6　一般に回帰分析では独立変数も量的変数（連続変数）として分析が行われるが、質的変数（離散変数）を独立変数として行う場合には「ダミー変数」が用いられる。たとえば性別という質的変数には男性と女性という2値があるが、これをダミー変数とする場合、男性を1、女性を0としたダミー変数を分析に用いると、0となった女性を基準に1となった男性であることの効果を推計できる。また、変数の数より1つ少ないダミー変数を投入し、0とした変数を基準に他の変数の効果をみることができる。表3-2のコーホートの場合、第1コーホートから第5コーホートまであったが、投入したのは第1から第4コーホートまでであるから、最も若い第5コーホートを基準としてそれ以前のコーホートが専門職入職にどれだけの効果をもっているかみている。

表３－３　40歳時以前の管理職到達に関する二項ロジスティック分析（男性）

		モデルI		モデルII	
		B		B	
高等教育ダミーH（基準は非高等教育学歴）		1.553	***	1.487	***
C1（1934-45 出生コーホート）ダミー	基準は C3（1956-65年出生コーホート）	0.470	*	0.434	
C2（1946-55 出生コーホート）ダミー		-0.062		-0.176	
C1×H 交互作用項	基準は C3 ×H 交互作用項			0.039	
C2×H 交互作用項				0.169	
定数		-3.439	***	-3.399	***
-2 対数尤度		882.205		882.084	
Cox & Snell R^2		0.036		0.036	
Nagelkerke R^2		0.090		0.090	

注：***:p<0.001,*:p<0.05

出生コーホート別に示した。１９３４-１９４５年出生コーホートでは、40歳以前に管理職を経験する率は19％ほどいたが、それ以降のコーホートでは13％程度に減少している。したがって、早期の管理職への昇進からみるかぎり、学歴インフレは、潮木（１９７８）が指摘したように、１９７０年代前後に労働市場に参入した高等教育出身の出生コーホート（１９４６-１９５５出生コーホート）からはじまっていたともみることができる。

そこで、先と同様、40歳時以前の管理職到達に対する高等教育学歴の効果にコーホートによる差異があるか二項ロジスティック回帰分析によって確認しておこう。まずモデルIでは従属変数は40歳時以前に管理職に到達したか否かであり、独立変数は高等教育を受けたかどうか、およびコーホートとしては１９５６-１９６５出生コーホートに属することに比べて１９３４-１９４５年出生コーホートに属すること（Ｃ１ダミー）と１９４６-１９５５年出生コーホートに属すること（Ｃ２ダミー）である。このモデルでは高等教育を受けたことが40歳時以前の管理職到達に有利に働いていることに加えて、１９５６-１９６５年出生コーホートに比べて１９３４-１９４５年出生コーホートに属すること（Ｃ１ダミー）に属することが40歳以前の管理職到達に有利に働いていることがわかる。次に、先と同様、モデルⅡではコーホートと高等教育学歴との交互作用項を投入したが、どの出生コーホートとも高等教育経験は有意な交互作用は認められなかった。したがって、40歳以前の管理職到達に関しては高等教育経験の及ぼす影響にはコーホートによる差異はみられなかったことになる。

４　日本型学歴社会の行方——学歴インフレのスパイラル

本章では、日本型学歴社会の来歴と趨勢を解明するために、戦後日本における学歴インフレの進行をみてきた。その結果、日本の高等教育出身者の初職達成についてみれば、近年になって急速に専門職への入職者が少なくなる一方で、サービス・販売職やマニュアル職への入職が増加していることがわかった。そして、こうした傾向は、先の図３‐２ａと図３‐２ｂでみたように、男性では最若年の１９７６‐１９８２年出生コーホートにおいて、女性では１９６６‐１９７５年出生コーホートからみられた。また高等教育が専門職に入職するうえで有する効果も、表３‐１のロジスティック回帰分析の結果からみて、もっとも若い１９７６‐１９８２年出生コーホートで有意に低下していた。このコーホートの就職時期には、バブル崩壊後の長期不況の時期が含まれる。つまり、日本における学歴インフレの進行は、ＳＳＭ調査データにおける専門職への入職状況からみるかぎり、潮木（１９７８）が注目したオイルショック後の安定成長期というより、１９９０年代以降のポストバブル期において顕著に生じていることになる。ただし、高等教育を経験した男性の40歳以前の管理職昇進に着目すると、潮木（１９７８）の指摘するように、１９７０年代前後に入職したコーホートから低下していたことになる。また表3-3の結果からは、高等教育が40歳以前での管理職到達に及ぼす効果にはコーホートによる差異はみられなかった。

とくに初職での専門職入職に対する高等教育学歴の有利さが低下した最若年のコーホートが就業した時期は、若年労働市場の量的逼迫だけでなく、その質的変容すなわち学歴代替と非正規化が進行していた（片瀬・佐藤２００６）。またこの時期には、いわゆる「第２次ベビーブーム世代（団塊ジュニア）」が労働市場に参入している。こうした若年労働市場の縮小と変容に高等教育出身者の供給過剰が重なれば、高等教育出身者が従来の専門職や事務職から販売・マニュアル職へと入職先を変え、学歴インフレが進行していくことは想像に難くない。高学歴化が高原状態を迎え、高学歴化した親世代の学歴を超えられなくなった学歴社会の成熟段階においては、進学は高い地位を求める将来への投資行動というより、親世代より地位が低下するリスクを回避する防衛行動となったといわれる（吉川２００９）が[*7]、若年労働市場の構造的変容によって今後は高等教育を経験した者でも親より職業的地位が下降する可能性がでてくるだろう。

こうした学歴インフレの問題は、後発近代化をとげたアジア諸国だけでなく、若年失業者問題を抱えた近年の欧米社会においても深刻である。[*8] たとえば、デュラ＝ベラ（Dura-Bellat 2006＝2007）は、フランス社会においては、格差社会に潜む「能力主義という幻想」が学歴インフレを招来していると指摘している。そして、近代化の後発効果の帰結として学校教育が受験中心主義に傾くというドーア（Dore 1976＝1978）の議論を引きながら、学歴社会における学位の価値の低下は、教育の功利主義的な「手段化」や学習の「儀礼化」をさらに加速させるとしている。それによると、教育が知識・教養の取得による批判的思考力の形成に資するというリベラル・アーツの伝統をもたない後発近代社会で教育拡大が生じると、「学歴かせぎ」のために「教育内容は、しばしば滑稽な形で教育本来のおもしろさを犠牲にして、試験対策を重視することになる」(Dura-Bellat 2006＝2007:116)。こうして、「学歴社会という新しい文明病」(Dore 1976＝1978) は、後発近代社会に特有のものではなく、フランスのような先進社会でも、近年のように若年労働市場の逼迫によって就職が「不確実」になると、知的関心のない学生が親よりも地位が下降することをおそれて大学に殺到する。そして、「多くの生徒は確固たる知的動機からではなく、就職先が見つからないから、学校に通っ

＊7　なお、吉川（２００９）のいう「学歴分断社会」に関して、教育意識の点では、若い世代における二極化がみられることが、すでに１９９５年ＳＳＭ調査データの分析によって指摘されていた（本田（沖津）１９９８：中村２０００）。それによると、学歴インフレによって全体として「教育熱」は低下しているが、とくに若い世代では、高等教育卒業者やホワイトカラーでは高学歴志向が強いものの、高卒およびブルーカラー層ではそれが低下している。そして、子どもの教育に関して、教育をクールに利用する層と、それに意味を見出さない層が分化している可能性がある、という。こうして「若い世代の「教育熱」の中身は、教育システムの階層的閉鎖性を認知し、それを前提とした教育戦略を抱くものとなっている」（中村２０００：１７１）。この知見は、２００５年ＳＳＭ調査データの分析（中村２００８）によっても再確認され、とくに２００５年に新たにサンプルに加わった20代の高卒者において、従来と比べても高学歴志向の低い者がみられることが指摘されている。

＊8　こうした学歴インフレの問題は、教育経済学では「過剰教育（over-education）」の問題として論じられている。そして、一定の年数を超えた教育を受けた者においては、それまでの教育年数までにみられた所得における収益率の伸びが減少するので、就職後の仕事満足度が低下し、職場のモラールにも悪い影響を及ぼすという（Rubb 2003:Belfield 2010）。

ている」。しかし、「就職といった目的が達成されないことが判明するや否や、勉強に対するすべての動機は瞬時に失われる」（Dura-Bellat 2006＝2007:118）。[9]

日本でもいわゆる「ゆとり教育」による教科内容の削減や、少子化による「大学全入時代」[10]の到来によって、大学生の学力低下（西村２００１）や、中高生の学習意欲の低下と階層間格差の拡大（苅谷２００１）が指摘される。こうして「ユニバーサル段階」に入った大学では、学生の学力低下に加えて、高等教育機関の間およびその内部での多様性が増大していく。その結果、昨今の大学のキャンパスには、従来のようにアカデミックな志向をもった学生もいるが、「学生消費者主義」（Riesman 1980＝1986）のもと「規範としての教養主義」（筒井１９９５）が解体し、「教養がないと恥ずかしい」という矜持をもたない学生が増大した。そして、竹内（２００７）の指摘するように、大学はかつては学生を教養や学問にむけて「背伸び」をさせていたが、大学の学生消費者主義への迎合やポピュリズム的な大学改革によって、もはや無教養を「これでいいのだ」と受容する文化が蔓延しつつある。

これに加えて、一時はもち直したにみえた学卒者の就職状況が、２００８年後半にアメリカの金融危機からはじまった世界同時不況によって、再び「超氷河期」といわれるようになると、学生の功利主義的な資格志向や早期の就職活動の開始によって大学教育の空洞化がさらに加速されている。こうして、成熟段階に到達した日本社会における学歴インフレの進行は、今後の日本の教育のあり方にも影を投げかけているといえるだろう。大学進学が親世代より地位が低下するリスクを回避する防衛となった「学歴分断社会」（吉川２

００９）において、大学を卒業しても親の地位に到達できない学歴インフレが蔓延すると、学生の就職不安は日本の大学教育の脅威ともなっているのである。そして、大学で学ばない学生の学力低下によって卒業生の質が落ちると、高等教育出身者の増大による学位の希少価値の相対的低下に加えて、学歴の実質的な価値も低減することになる。ポストバブル期に顕在化した日本の学歴インフレは、教養や専門知識の習得をともなわない「学歴かせぎ」のための進学行動をもたらし、ますます学歴の価値を失墜させるインフレのスパイラルを加速させかねないといえるだろう。

＊9　こうした傾向は、１９８０年代のアメリカでも学生の「消費者主義」との関連で指摘されてきた。たとえば、リースマン（Riesman 1980＝1986）は、「消費者主義」に支配されたアメリカの大学の学生たちの基本的な社会的性格を「受動性」とりわけ自分の教育に積極的に参加しないことに見出している。彼らは、１９６０年代の「対抗文化」が消費社会のなかで大衆化した時期に大学に入学しているので、しばしばアカデミックな志向を欠き、功利主義的な学歴・資格取得を重視している。そのため知識や教養に対する知的関わりよりも、いかに効率的に（言い換えれば、最小限の努力で）単位を取得し、学歴を得るかに関心を集中させているという。

＊10　文部科学省は２００４年の時点で3年後には少子化により「大学全入時代」が到来することを予想していが、その後の景気回復により入学希望者が増えたために（実際、２００７年度の大学入試センター試験では、4年ぶりに受験生が増加し、２００６年度に比べ４８１３人多い５１１２７２名が受験した）、文部科学省の予想は修正され、「大学全入時代」は２００８年度以降になるともいわれていた（『朝日新聞』２００７年1月19日および2月8日）。ところが、２００８年秋のサブプライム・ローンは破綻による世界同時不況により、２００８年度の大学入試センター試験の受験者は５００４３８７名と再び減少した（http://www.dnc.ac.jp/old_data/suii1.htm）。このように近年の大学入学希望率は経済動向に左右されることが多い。

〈付記〉

本章作成にあたっては、２００５年ＳＳＭ調査研究会からデータの提供を受けた。

参考文献

天野郁夫、１９８３、『試験の社会史——近代日本の試験・教育・社会』東京大学出版会.

Belfield, Clive,2010,“Over-education: What Influence Does the Workplace Have?” *Economics of Education Review*, 29(2):236-245.

Dore, Ronald P.,1976,*The Diploma Disease: Education, Qualification and Development*, George Allen & Unwin Ltd.（＝１９７８、松居弘道訳『学歴社会——新しい文明病』岩波書店）.

Dura-Bellat,Marie,2006,*L'Inflation Scolaire: Les Désillusiona de la Meritocraitie*,Édition du Seuil et la République des Idées（＝２００７、林昌宏訳『フランスの学歴インフレと格差社会——能力主義という幻想』明石書店）.

藤田英典、１９８３、「学歴の経済的社会的効用の国際比較」『教育社会学研究』38：76-93.

藤田英典、１９９７、「学歴主義の社会学」天野郁夫編『教育への問い——現代教育学入門』東京大学出版会：１５７-１９０.

原純輔・盛山和夫、１９９９、『社会階層——豊かさの中の不平等』東京大学出版会.

本田（沖津）由紀、１９９８、「教育意識の規定要因と効果」苅谷剛彦編『教育と職業—構造と意識の分析』１９９５年ＳＳＭ調査シリーズ11：１７９-１９７.

石田浩、１９９９、「学歴取得と学歴効用の国際比較」『日本労働研究雑誌』41（10）：46‐68.

苅谷剛彦、１９９５、『大衆教育社会のゆくえ――学歴主義と平等神話の戦後史』中央公論社.

苅谷剛彦、２００１、『階層化日本と教育危機――不平等再生産から意欲格差社会《インセンティブディバイド》へ』有信堂高文社.

片瀬一男・佐藤嘉倫、２００６、「若年労働市場の構造変動と若年労働者の二極化」『社会学年報』35：1‐18.

吉川徹、２００９、『学歴分断社会』筑摩書房.

菊池城司、２００３、『近代日本の教育機会と社会階層』東京大学出版会.

中村高康、２０００、「高学歴志向の趨勢――世代の変化に注目して」近藤博之編『日本の階層システム３　戦後日本の教育社会』東京大学出版会：１５１‐１７３.

中村高康、２００８、「高学歴志向の趨勢に関する二時点データの比較分析――年齢・世代・時代と階層の効果の基礎的考察」中村高康編『階層社会の中の教育現象（２００５年ＳＳＭ調査シリーズ６）』２００５年ＳＳＭ調査研究会：21‐33.

西村和雄編、２００１、『学力低下と新指導要領』岩波書店.

尾嶋史章、２００２、「社会階層と進路形成の変容――90年代の変化を考える」『教育社会学研究』70、１２５‐１４２.

Riesman,David,1980,*On Higher Education: An Academic Enterprise in an Era of Rising Student Consumerism*, Jossey-Bass.（＝１９８６、喜多村和之ほか訳『リースマン　高等教育論――学生消費者主義時代の大学』玉川大学出版部.）

Rubb,Stephen,2003, "Overeducation: A Short or Long Run Phenomenon for Individuals?" *Economics of Education Review* 22:389-394.

竹内洋、１９９９、『学歴貴族の栄光と挫折』中央公論新社.

竹内洋、２００７、「中堅大学よ！負け犬になるな――東大・京大との分断化を決定づける「これでいいのだ」文化」『中央公論』２００7年2月号：41-49.

Trow,Martin,1973,"Problem in the Transmission from Elite to Mass Higher Education."OECD(ed.),*Politics for Higher Education.*（＝１９７６、天野郁夫・喜多村和之訳「高等教育の構造変動」『高学歴社会の大学――エリートからマスへ』東京大学出版会：５３-１２３.）

筒井清忠、１９９５、『日本型「教養」の運命――歴史社会学的考察』岩波書店.

潮木守一、１９７８、『学歴社会の転換』東京大学出版会.

米澤彰純、２００８、「高等教育システムの拡大・分化と教育達成」米澤彰純編『教育達成の構造（２００５年ＳＳＭ調査シリーズ５）』２００５年ＳＳＭ調査研究会：１１３-１３９.

第4章 女性の労働と性別役割分業
——ジェンダーと職業的平等の変化——

神林博史・三輪　哲・林　雄亮

1　性別（ジェンダー）と不平等

性別は、社会における不平等の形成を考える上で非常に重要な役割を果たしている。なぜなら、性別はそれ自体が直接的に不平等を生み出すと同時に、教育達成や職業的キャリアと結びつくことで間接的に不平等を生み出すからである。

男女間での賃金格差を例に考えてみよう。よく知られているように、平均的な賃金は女性より男性の方が高い。この男女間の差は、２つの理由から生じる。⑴性別による直接的な不平等。典型的には、男性であること・女性であることを理由として賃金に差が生じる場合。⑵性別による間接的な不平等。賃金に影響する様々な要因、たとえば雇用形態、学歴、労働時間、勤続年数、役職などが男女で異なるために、結果として性別によって賃金に差が生じる場合。前者は性別による差別に他ならないが、後者は直接的な差別というよりは「男性が主な稼ぎ手となり、女性は家庭のことに専念するか、家計を補助するために働く」という性別に基づく役割分業（性別役割分業）の影響が累積した結果と考えることができる。このように、性別役割分業は、賃金のみならず現在の日本における男女間の様々な社会経済的不平等に関与している。

性別が重要なのは、以上のように不平等の生成に深く関わっていることに加えて、それが生得的な属性だという点にある。学歴や職業は本人の意思や能力によって――もちろん、様々な制約によってつねに本人の望むようにできるとは限らないが――決めることができる。しかし、性別は本人の出生の時点ですでに決定されており、これを変更することは、基本的にはできない。その意味で性別による不平等は、身分制的な不平等に近いものがある。

社会科学では、性別を「ジェンダー」と「セックス」に区別する。ジェンダーとは、社会的・文化的な観点から見た性の区別、セックスとは生物学的な観点から見た性の区別のことである（セックスとジェンダーの関係は、厳密にはもう少し複雑なのだが、本章ではこの点についてはこれ以上立ち入らない）。社会科学において性別による不平等が問題となる場合、基本的にそれはジェンダーによる不平等であるとみなされる。この見解の根底には、社会における男女間の様々な不平等は、社会的・文化的な側面によって規定されている面が大きい――ゆえにそれらの修正によって改善することができる――という考え方がある。もちろん、容姿やある種の能力がそうであるように、社会経済的不平等をもたらす生物学的要因は確かに存在する。男女間の不平等に関しても、セックスすなわち生物学的な性差がある程度は影響しているかもしれない。しかし、より重要なのはジェンダーであろう。もし、男女間の社会経済的不平等のすべてが生物学的な要因で説明できるとすれば、その不平等度は世界中どこでも同程度になるはずである。しかし現実には、国や地域・社会によって男女間の不平等の中身やその程度にはかなりの違いがある。それは、男女間の不平等が社会的・文化的な要因によって強く規定されているからに他ならない。

　ジェンダーによる不平等は、賃金の男女間格差のような社会経済的な不平等にとどまらず、より広く深い影響を社会にもたらす。日本社会は現在、少子高齢化問題に直面しているが、これにはジェンダーの問題が密接に関係している。すでによく知られているように、少子化の主な原因は未婚化・晩婚化である。そしてその背後には、女性の高学歴化、女性および男性の職業キャリアや働き方、家族のあり方などの問題が存在する。日本の将来を語る際に、少子高齢化に伴う人口変動の影響を考慮することはもはや常識である。その意味で、ジェンダーに関係する不平等の問題は、日本社会の今後を考える上で重要な意味を持つことになる。この章では、ジェンダーに関わる不平等のうち、主に女性の労働に関わる問題について、現在までの変化の状況と今後の展望を検討する。

2　日本社会における性別役割分業

性別役割分業と近代家族

「男は仕事、女は家庭」という性別に基づく役割分業によって特徴づけられる家族のことを「近代家族」と呼ぶ。こうした家族のあり方を、古い・伝統的なものとイメージする人もいるかもしれないが、「近代」家族という名称が示すように、このタイプの家族が人々の間に広まり、標準的な家族形態とみなされるようになったのは、近代社会の成立以降である。

もちろん、職業を持たず家庭のことに専念する既婚女性は、近代以前から存在した。しかし、そうしたライフスタイルは、ごく一部の豊かな層にのみ可能なものであった。江戸時代末期、日本の労働人口の約８割は農民であったといわれている。そして農家においては既婚女性も重要な労働力であり、彼女たちは男性とほぼ同じように働き、その上で家事・育児も行っていた。それが当時の女性の「普通の」生き方であった。

明治時代後期以降、産業化の進展とともに、いわゆる「新中間層」が誕生する。新中間層とは「中小地主・商人・手工業者などの小生産手段を所有して自営する旧中間階級にかわって、生産手段は有しないが管理労働の末端をになう階層」（千本１９９０：１９２）のことで、サラリーマンや官吏（公務員）がその典型とされる。

「サラリーマン」は、現在では広く正規雇用労働者全般を指すイメージで用いられることもあるが、この言葉（和製英語）が登場した１９２０年代には、大企業勤務の事務系労働者を指す言葉だった（田中２００２）。専業主婦は、主にこの層の世帯に浸透していった。ある研究によれば、１９１６年から１９４５年頃までに就職した世代の農業・自営・ブルーカラー層の妻の有職率が68％だったのに対し、大企業ホワイトカラーの妻の有職率は21％だった（中村２０００）。つまり「サラリーマンの妻＝専業主婦」という図式は、戦前から存在していたことになる。しかし、大企業勤務のサラリーマンは、当時は珍しい存在であった。１９２６年から１９３５年の間に就職した男性のうち最初の職業が大企業ホワイトカラーだった人は全体の４・６％にすぎず、公務員と合わせても約１割程度にとどまっていた（中村２０００）。したがって社会全体から見ると、彼らの妻である専業主婦もまだ少数派であった。

高度経済成長と女性の主婦化

日本で専業主婦が「普通の女性の生き方」になったのは、日本が高度経済成長期を迎えた１９６０年代以降である。（高度経済成長期における主婦化の進行については、上野（１９９０）、落合（２００４）、田中（２０００）、杉野・米村（２０００）、大沢（２００２）などを参照。）

高度経済成長によって産業構造が大きく転換し、第２次・第３次産業に従事する人々が増えていった。さらに、当時の好景気と生産需要の高まりによって都市部では慢性的な労働力不足が発生し、大量の労働者が地方から大都市圏へと流入した。その典型が、いわゆる「集団就職」である。こうした人手不足と経済成長

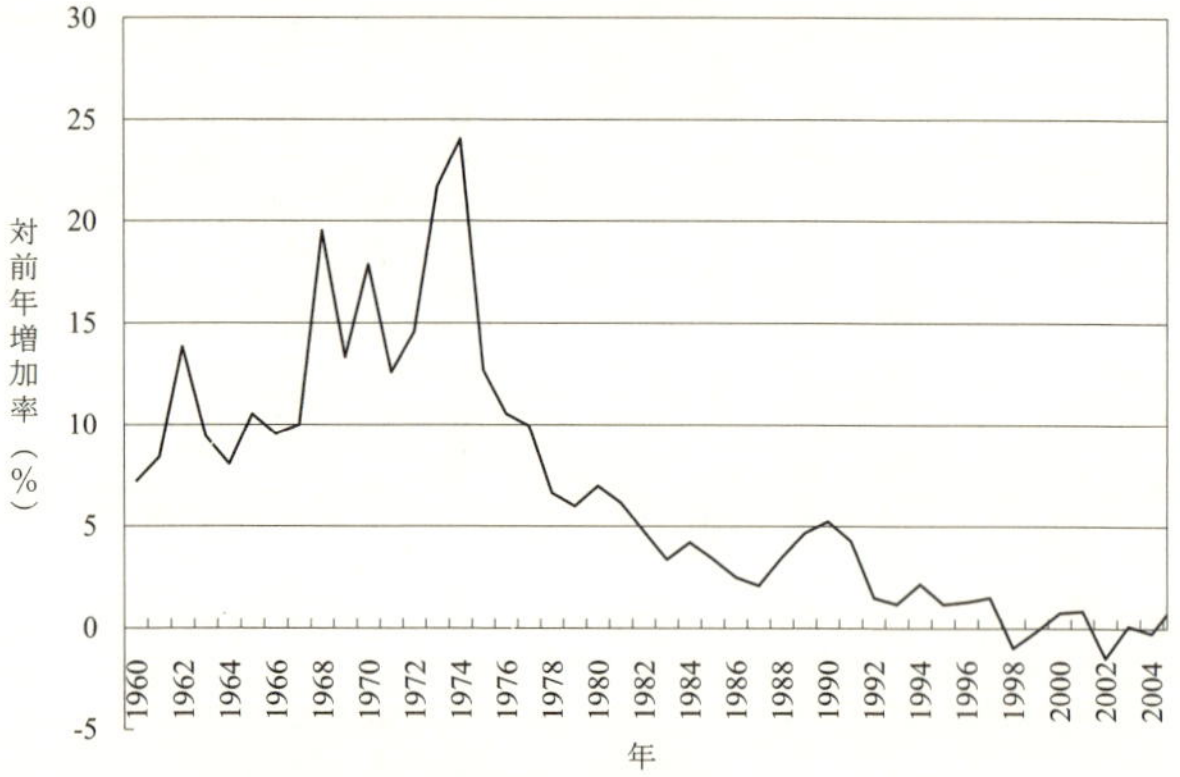

出典：厚生労働省「賃金構造基本統計調査」

図４－１　男性の平均給与額の対前年増加率（1960–2006年）

のおかげで、労働者の平均賃金は上昇した。図４－１は、男性の平均給与額[*1]（月額）の対前年増加率をまとめたものである。高度経済成長期から１９７０年代中頃まで、賃金は大きく伸び続けていたことがわかる。

　専業主婦を可能にする最も重要な条件は夫の経済力、すなわち妻が働かなくても家族が生活できる程度の賃金を獲得できることにある。[*2]家計に余裕がなければ、好むと好まざるとにかかわらず、妻も何らかの形で働かざるを得ない。高度経済成長における平均賃金の上昇によって、専業主婦は普通の家庭でも実現可能なライフスタイルとなった（賃金の高い高学歴男性を稼ぎ手とする世帯が中心であったが）。

　専業主婦の普及を促進するもう１つの重要な要因が、働く場所と生活する場所の分離（職住分離）である。都市人口が増大するにつれて、地価の安い郊外に居住する人が多くなるが、このことは「夫は仕事、妻は家事・育児に専念」という性別役割分業を促進させる。なぜなら、性別役割分業は働く場所と住む場所が離れ、ある程度の通勤時間を伴う仕事に従事する人々に合理的なライフスタイルだからである。農業や自営業のように、働く場所と住む場所が同じかごく近い場所にあるなら、夫婦でともに働き、妻（もしくは夫）は仕事の合間に家事・育児を行うことができる。しかし、職場と生活の場が分離し、通勤に時間がかかる環境では、仕事の合間に家に戻って家事育児を行うことは非常に困難である。したがって、夫婦のどちらかが家にいて、もう一方が働く、というのが合理的な選択になる。平均賃金の男女間格差、企業内でのキャリア展望の男女間格差、社会的な通念として家事・育児には女性が向いているとされていたこと、などを考慮すると、妻が家に残るのが必然となる。

こうした性別役割分業は、男性社員をフル活用できるという点で、企業にとっても都合がよかった。このため企業側も、性別役割分業を促進させる方向で雇用システムを作り上げていった。たとえば、終身雇用・年功賃金制に代表される「日本的雇用慣行」は、将来の幹部候補生である大卒男性を囲い込むことを主な目的としていたため、女性は最初からこの制度の適用対象外であった。

以上のように、専業主婦の一般化は社会の近代化、とりわけ産業構造の変化・経済成長・都市化（とそれに伴う居住地の郊外化）によってもたらされた。

＊1　正確には、「平均決まって支給する現金給与額の月額」。

＊2　「男性が家族を養うべきである」という価値観のもとに、既婚男性に大目の賃金が支払われるシステムを「家族賃金制」と呼ぶ。家族賃金制については、木本（1995）などを参照。

性別役割分業規範の変化

かつて、専業主婦は女性の憧れの的であった。なぜならそれは、前近代的な仕事と家事の二重負担から解放された、豊かで近代的な女性の生き方に見えたからである。そのため、少なからぬ女性が自ら進んで専業主婦になった。しかし専業主婦が一般化するにつれて、それが女性にとって必ずしも理想的な生き方ではないらしいことも、彼女たちが実感するところとなった（もちろん、専業主婦で幸せだという女性も少なくなかったが）。1970年代以降、公私における様々な領域での男女の平等や女性の社会的自立を求める動きが、（日本も含め）世界的に高まってゆく。こうした男女平等意識の高まりに加えて、経済が低成長期に入ったことによって男性の給与水準が相対的に低下したこと、企業が安い労働力である非正規雇用労働者の活用を積極的に導入しはじめたこと、夫婦の平均子ども数が2人になり子育てが比較的早期に終えられるようになったこと、等の理由により、結婚・出産によって専業主婦になった女性がパートタイム労働者（非正規雇用労働者）として再び働くという、主婦の「パート化」が女性の標準的なキャリアの1つになった（上野1990）。

1980年代以降も主婦のパート化は衰えることはなく、性別役割分業に関する人々の意識もしだいに変化していく。1985年には男女雇用機会均等法が改正され、「男は仕事、女は家庭」は、無批判に受け入れられる社会的規範とはいえなくなっていった。こうした流れは基本的に現在まで続いており、結婚したら

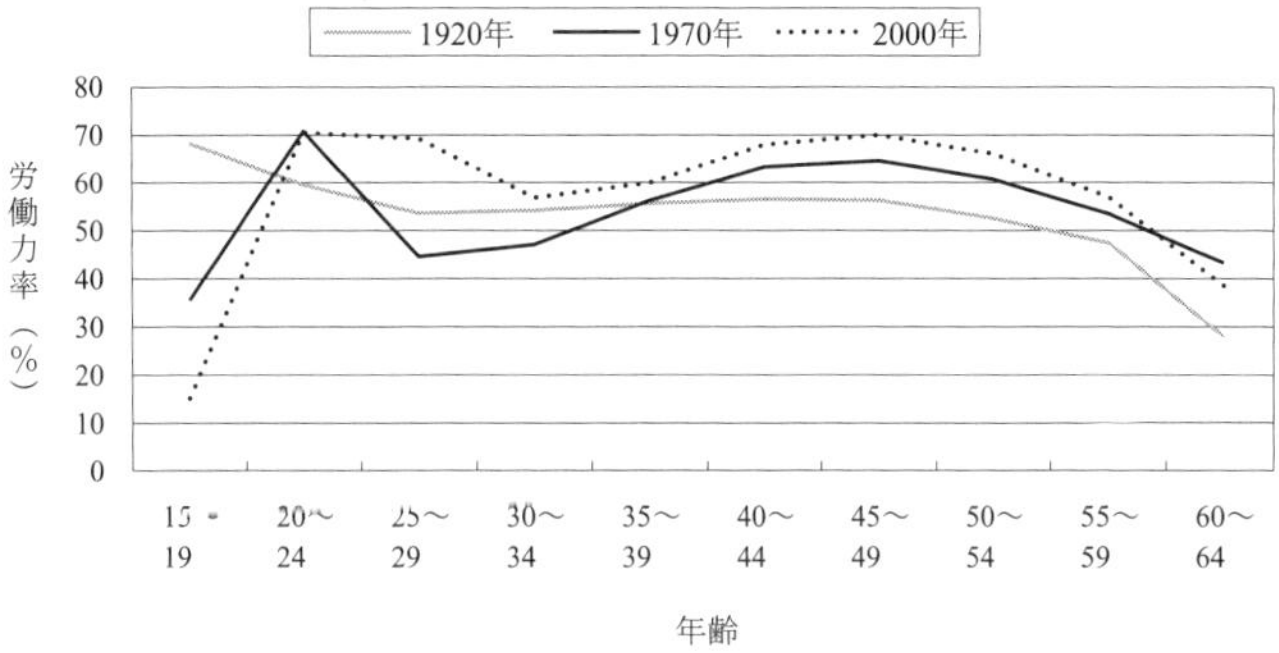

出典：総務省「国勢調査」

図4-2　女性の年齢別労働力率の変化（1920-2000年）

家庭に入ることを希望する女性はかつてより少なくなっている。

3　戦後日本におけるジェンダー間格差の推移

女性の労働参加と労働状況

ここまでの説明で明らかなように「女性は結婚したら専業主婦になる」という生き方は、昔から一般的だったわけではない。このことを、女性の労働に関する各種統計データから確認しておこう。

国勢調査データから作成した年齢層別の女性の労働力率のグラフが図4-2である。１９７０年と２０００年には、いわゆる「M字型曲線」のパターンが見られる。女性が結婚・出産をむかえ家庭に入ることが多くなる20代後半から30代前半は、しばしば「M字の谷」と呼ばれる。このM字の谷が最も深かった時期、すなわち結婚した女性が専業主婦化する傾向が最も強かったのが、１９７０年から１９８０年にかけての時期である。80年代以降、M字の底は上がり続け、２０００年のデータでは、かなり平坦に

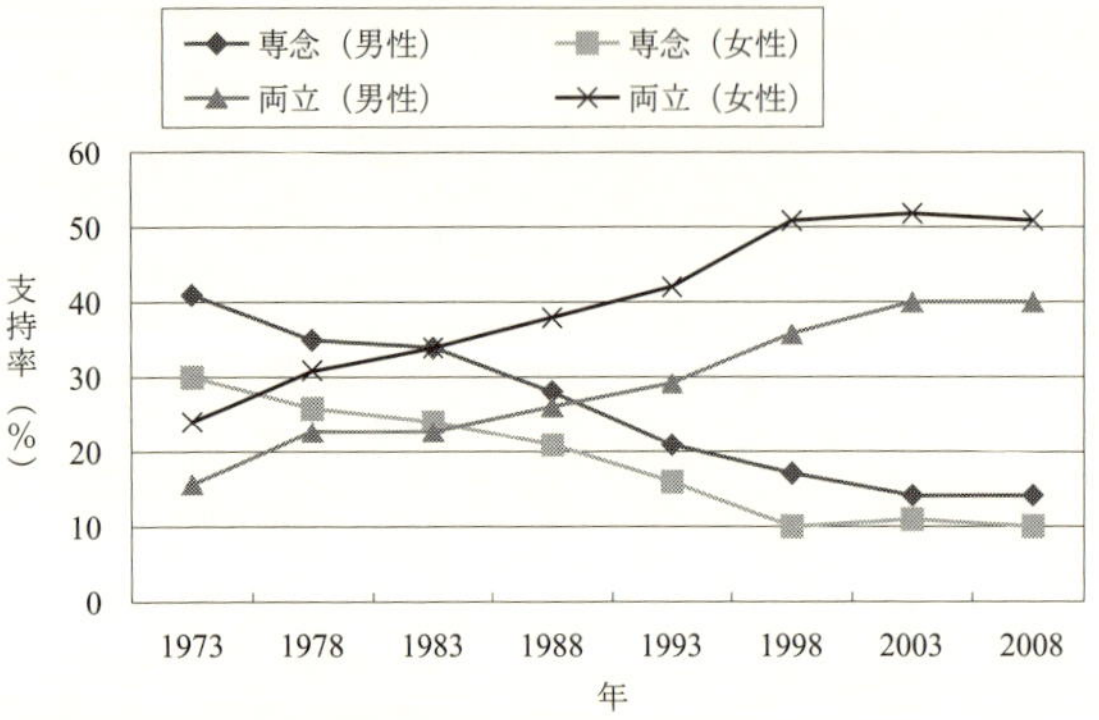

出典：ＮＨＫ放送文化研究所（2010）p.39

図４－３　性別役割意識（結婚した女性の職業についての意見）の変化

近くなってきたことがわかる（結婚しても働く女性が増えたというだけでなく、女性の晩婚化・未婚化の影響も無視できない要因である）。

図4-2には第1回国勢調査が行われた１９２０（大正９）年のデータも掲載しておいた。すでに説明したように、結婚して専業主婦になる女性は、当時はまだ少数派だった。１９２０年では、女性の労働力参加は15歳から19歳がピークになっているが、これは当時の女性の平均的な学歴が低かったことに由来する。その後、20代後半から40代後半までがほぼ平坦、それ以上の年齢層で労働力率が徐々に減少するというパターンになっており、M字型とはかなり異なっている。このことからも、専業主婦が古くから一般的だったわけではないことを確認できる。

図4-3は、ＮＨＫ放送文化研究所が１９７３年から行っている「日本人の意識」調査における、結婚した女性が職業を持ち続けることに関する意識の変化をまとめたものである。ここ

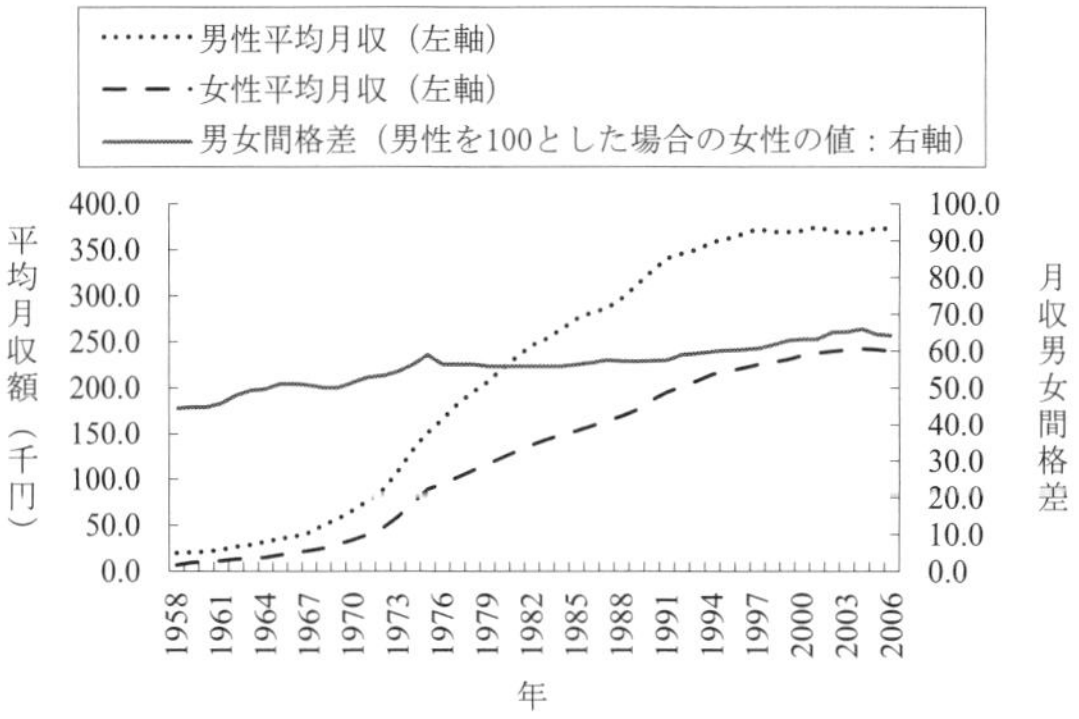

出典：厚生労働省「賃金構造基本統計調査」

図4-4　男女間賃金格差の変化

では「結婚したら、家庭を守ることに専念したほうがよい」（専念）と「結婚して子どもが生まれても、できるだけ職業をもち続けた方がよい」（両立）という意見の支持率を示したものである。この30年ほどの間に「専念」の支持率は大きく低下、「両立」の支持が大きく増加し、少なくとも意識の上では「男は仕事、女は家庭」という時代ではなくなった。*3

　このように、意識は大きく変化した。では、実際の男女間の不平等はどの程度変化したのだろうか。１９５８年から２００６年までの労働者の平均月収*4の推移と、その男女間格差（男性平均を１００とした時の女性平均の値）を示したのが、図4-4である。

*3　同調査では様々な意識を尋ねているが、１９７３年から２００８年までの間に最も変化の大きかった意識の多くは、ジェンダーに関わるものであった（NHK放送文化研究所２０１０）。

*4　正しくは、一般労働者の「きまって支給する現金給与額」の平均。ここでは、学歴、年齢階級、男女別の長期時系列表の「学歴計・全年齢」の数値をもとに計算した。

男女間賃金格差は、１９５８年の44・7から２００６年の64・2まで着実に縮小している。ただし、日本の男女間賃金格差は先進国の中では大きい方なので、格差が縮小しているといっても手放しに評価できるものではない。

働き方についてはどうだろうか。図4-2で確認したように、M字型曲線の底は上昇しており、多くの女性が働くようになっている。とはいえ、どういう仕事に就き、どういう形で働いているかが問題である。図4-5は、２００５年国勢調査データをもとに、男女別に職業の構成を比較したものである。女性に事務職やサービス職が多く、労務職に男性が多いといった特徴があることがわかる。このように性別によって就く職業が偏ることを「性別職域分離」と呼ぶ。

性別職域分離については、そのすべてが性差別的で悪いというわけではない。たとえば、労務職の一部には、体力的な理由などから女性の継続的な就労が困難な仕事がある。その一方で、身体的・物理的な理由から女性に不向きというわけでもないのに、女性が少ない職種もある。管理職は、その代表である。図4-6に１９５０年以降の管理職の男女比率をまとめた（ここでの管理職は、基本的に企業の課長職以上の地位を指す）。女性の管理職も増えてはいるが、50年以上の時を経ても、管理職には圧倒的に男性が多いことがわかる。管理職は社会的な影響力が大きく、報酬も高い職種である。こうした労働市場の中核的な位置に、女性がなかなか入り込めない実態が見えてくる。

職業（職場でどういう仕事をしているか）とは別に、雇用形態（どういう形で雇われているか）も重要で

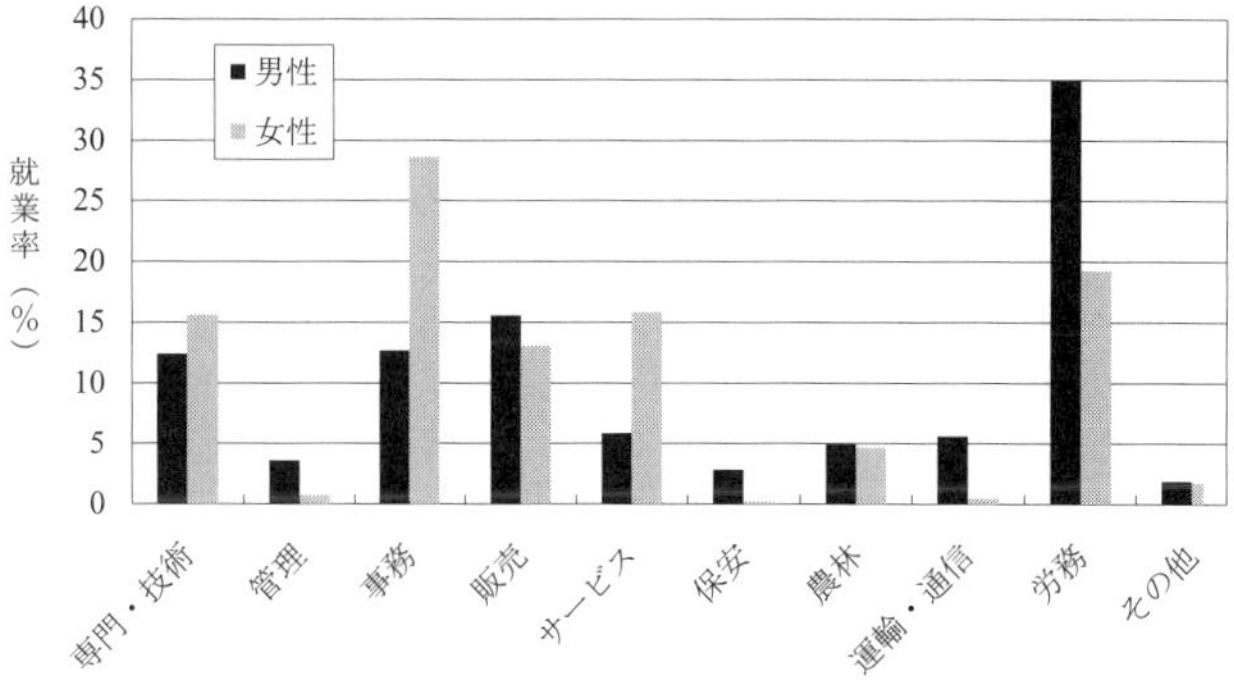

出典：総務省「国勢調査」

図4-5　職業構成の男女比較（2005年）

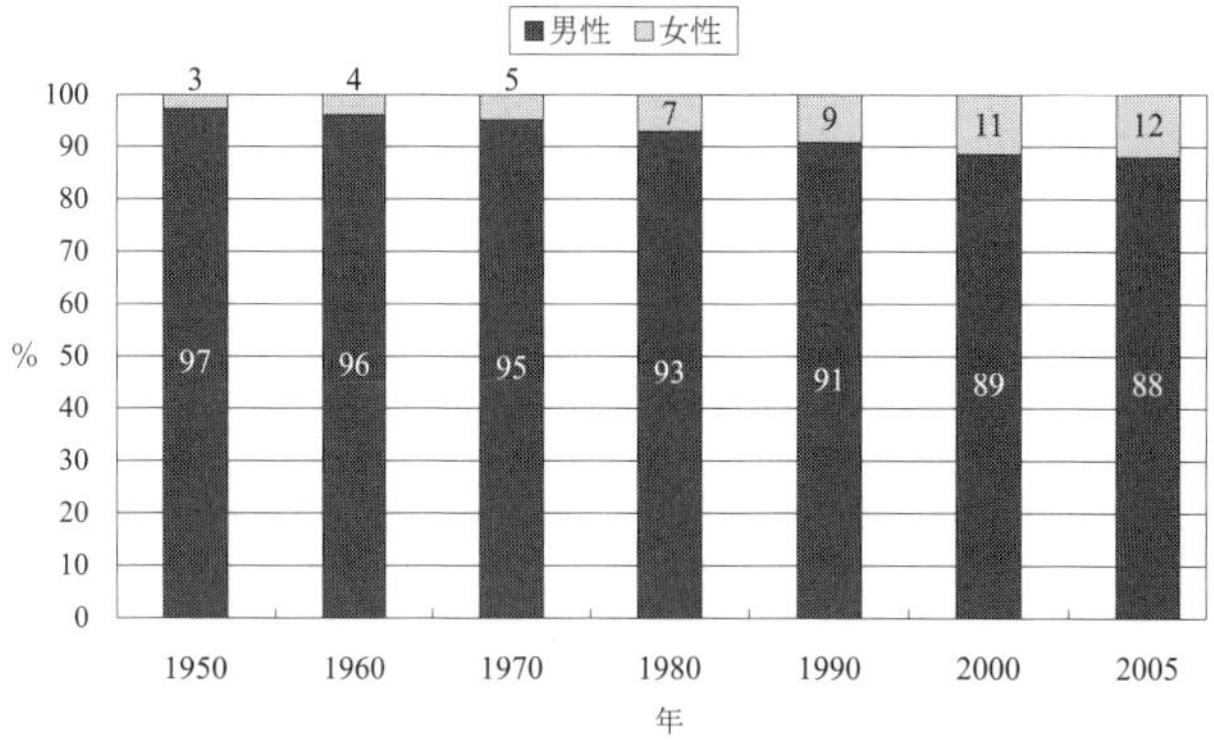

出典：総務省「国勢調査」

図4-6　管理職の男女構成比

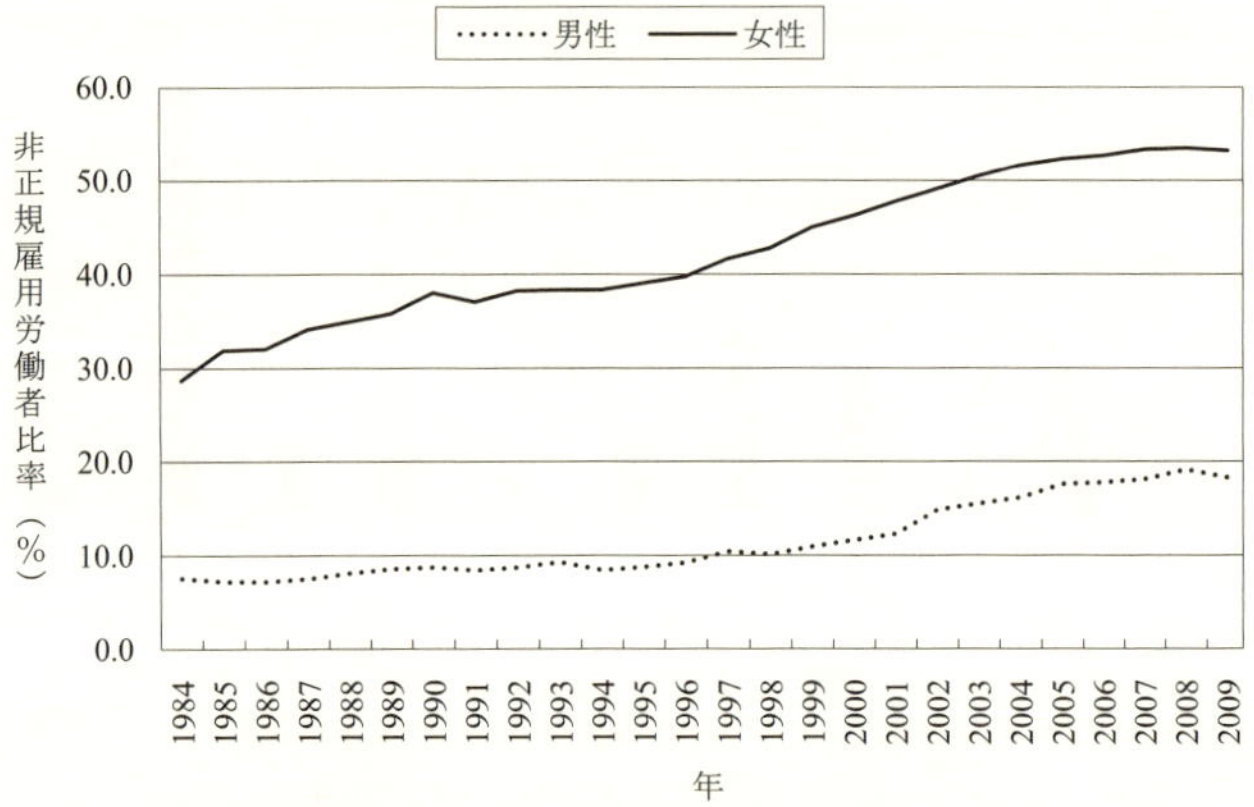

出典：総務省「労働力調査」

図4－7　男女別の非正規雇用労働者比率の変化（1984–2009年）

ある。いわゆる正規雇用と非正規雇用の問題がこれに該当する。非正規雇用労働者の待遇の低さや就業の不安定性については、改めて説明するまでもないだろう。

図4-7は、労働者に占める非正規雇用労働者の比率を男女別に示したものである。１９８０年代以降、非正規雇用労働者は着実に増加している。これは基本的には経済のグローバル化によるものである。非正規雇用労働者の比率には、大きな男女差がある。女性は、いまや半数以上が非正規雇用労働者である。女性の非正規雇用労働者がこれだけ多いのは、一度家庭に入った女性が再就職する場合に、実質的に非正規雇用でしか就職できない（正規雇用での就職が極めて困難である）という事情がある。

以上の事実を踏まえると、女性は一時期より働くようになったとはいえ、正規雇用にはなりにくく、なったとしても管理職のように責任と影響力の強い仕事にはなかなか就けない。すなわち、女性は労働市場の中核的な部分には近

表4－1　入職年別の初職構成（ＳＳＭ調査）

数値：％

	入職年	専門	管理	事務	販売	ブルーカラー・農業	合計	（実数）
男性	1976-1985 年	16.6	0.4	24.9	17.0	41.0	100.0	(922)
	1986-1995 年	18.8	0.2	21.0	18.2	41.8	100.0	(581)
	1996-2005 年	14.9	0.0	18.1	23.5	43.4	100.0	(221)
女性	1976-1985 年	23.0	0.0	48.1	12.6	16.4	100.0	(954)
	1986-1995 年	22.3	0.0	45.1	16.9	15.7	100.0	(674)
	1996-2005 年	24.9	0.0	42.1	16.2	16.8	100.0	(297)

づけず、周辺的な部分に追いやられている。その意味では、男女間の職業的な不平等は、女性の労働力率の上昇にもかかわらず、あまり解消しているとはいえない。

このような職業生活における男女間の不平等・不公正の解消を目的とし、勤労婦人福祉法の改正法として１９８５年に成立したのが男女雇用機会均等法である。具体的には、採用・昇進・定年・解雇等の雇用管理の各ステージにおける直接的・間接的な性差別の禁止、妊娠・出産等を理由とする不利益取扱いの禁止等が掲げられている。では、この男女雇用機会均等法以前と以降で、男女間の職業的不平等は緩和しているのだろうか。

表４-１は、「社会階層と社会移動」全国調査（ＳＳＭ調査）の１９８５年から２００５年までのデータを用いて、初職の分布（25歳以下で被雇用の初職に就いた者に限る）を男女別、入職年別（１９７６-１９８５年、１９８６-１９９５年、１９９６-２００５年の３分類）に示したものである。１９７６年-１９８５年の世代が男女雇用機会均等法以前、１９８６-１９９５年、１９９６-２００５年の２世代が、機会均等法後世代にあたる。

表４－２　出生コーホート別40歳時の従業上の地位（ＳＳＭ調査）

数値：％

出生コーホート	正規職	非正規職	経営者・役員・自営業主	家族従業者	無職	合計	（実数）
1936-1945 年	22.9	18.5	9.2	16.4	33.0	100.0	(1283)
1946-1955 年	27.8	26.4	6.0	11.0	28.8	100.0	(1108)
1956-1965 年	27.3	31.5	4.8	7.3	29.1	100.0	(578)

表４－１を見る限り、男女ともに事務職の減少、販売職の増加が確認できるが、その他の職業については男女ともほとんど変化が見られず、入職年による女性の職業構成の変化は確認することができない。したがって、機会均等法は何の変化ももたらしていないように見える。

初職の構成比率に変化が見られないとしても、その後の職業的なキャリアについては変化が生じているかもしれない。そこで、職業キャリアの中盤における女性の職業的地位に着目しよう。表４－２は、女性の40歳時の就業状況を出生コーホート別（１９３６－１９４５年、１９４６－１９５５年、１９５６－１９６５年の３分類）に示したものである。最も早い生まれの１９３６－１９４５年出生コーホートの女性は、男女雇用機会均等法成立時にはすでに40歳を超えており、それ以降の２つのコーホートでは、均等法成立時には20代または30代となる。したがって、男女雇用機会均等法が女性の職業生活のあり方に変化をもたらしているなら、最も早い出生コーホートと、それ以降のコーホートの間で、何らかの大きな違いが観察されるはずである。

正規職の比率は先の２つのコーホート間で５ポイントほど高まったが、その後は上昇していない。その背後で増加が著しいのはパート、アルバイト、派遣

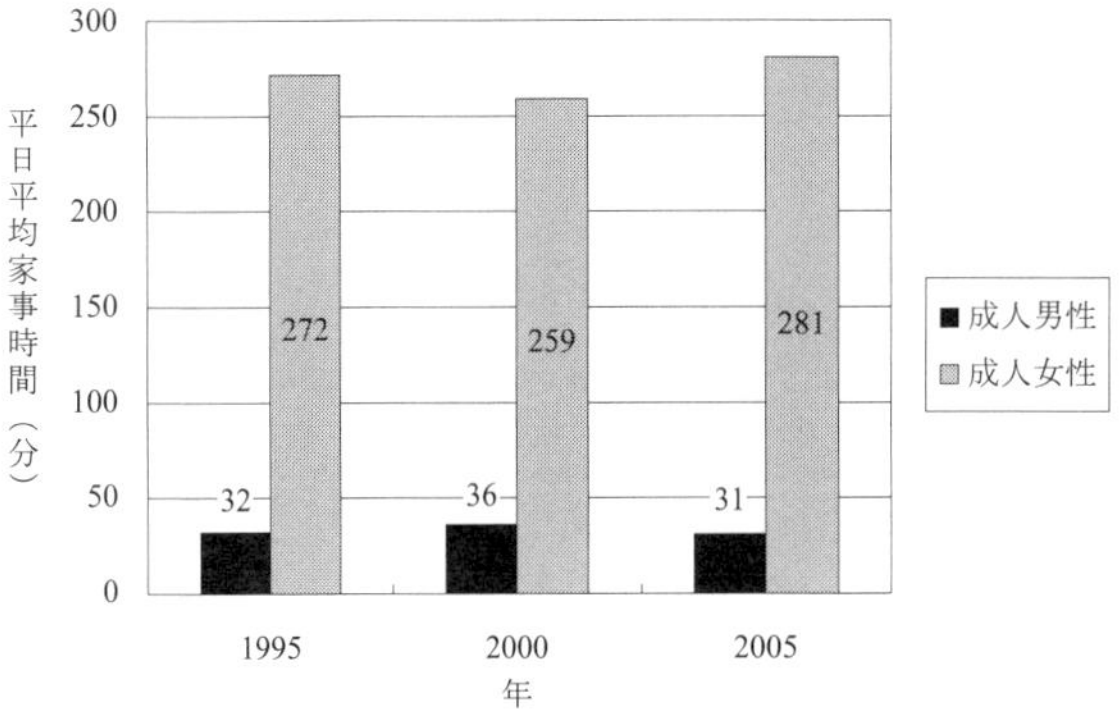

出典：ＮＨＫ放送文化研究所「生活時間調査」

図4−8　成人男女の家事時間

社員等といった非正規職である。無職者の比率も大きく低下したとはいえず、女性の労働はいまだに労働市場の周辺部分に位置づけられているか、そもそも男性と同等の働く機会を得ているとは言い難い。有職者のみに限定して40歳時に課長級以上の役職を持つ女性の比率を分析すると、早い生まれのコーホートから順に4・5%→3・1%→4・7%と非常に低い水準にとどまっていた。以上のことから、やはり男女間の職業的不平等は機会均等法によっては改善されていないといえそうである。

私生活における不平等とワークライフバランス

私生活における男女間の不平等についてはどうだろうか。女性の労働参加は進んだが、このことは、それをサポートすべく男性も家事・育児をするという傾向を高めたのだろうか。図4−8は、ここ10年ほどの成人男性および女性の平日における平均家事時間を示したものである。

男女の家事分担の間には大きな隔たりがあり、なおかつその

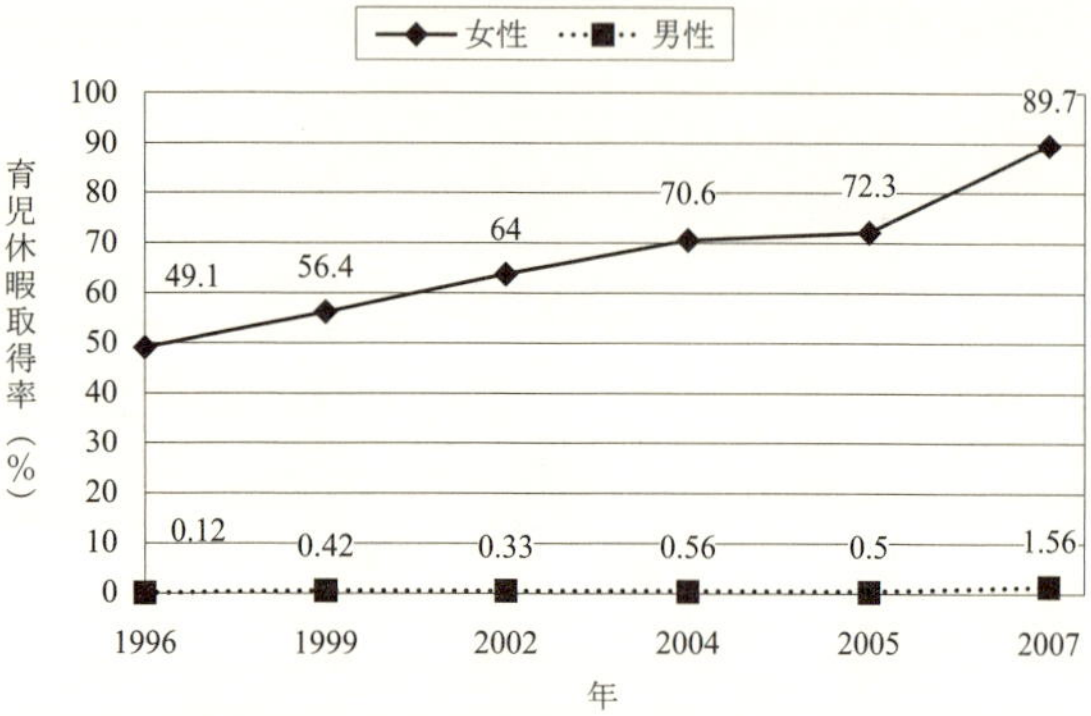

出典：厚生労働省「雇用均等基本調査」

図4-9　育児休暇取得率の変化

差が縮小していないことがわかる。日本の男性の家事時間の短さは国際的に見てもかなり短い。

もう1つ、育児に関しても確認しておこう。図4-9は、育児休暇の取得率の変化を男女別にまとめたものである。女性の育児休暇取得率は順調に伸びているが（このことは子どもが生まれても仕事を継続する意思のある女性が増えているということを意味する）、男性はほとんど横ばいである。１９９６年から２００７年の間に男性の取得率が10倍になってはいるが、出発点の値が低すぎるので10倍の増加といっても何ら評価できない。この男性の育児休暇取得率の低さは、国際的に見ても際立っている。たとえば、男性の育児休暇取得率が高い国として知られているスウェーデンの２００４年の数値は、民間企業における取得率が79・２%、公的機関における取得率が75・７%である（内閣府経済社会総合研究所２００５）。

このように、積極的に女性が働くようになった一方で、男性が家庭での負担を積極的に受け入れるようになったわけではないようである。図4-3で女性の仕事と家庭の両立を支持する意見が増加していることを確認したが、実態としては男性の仕事と家庭の両立が実現されているとはいえない。女性の労働力参加率の上昇は、あくまでも性別役割分業の枠組みの内部にとどまっており、それを崩すには至っていない。

近年、「ワークライフバランス」という言葉が注目されている。ワークライフバランスとは「仕事と生活の調和」のことである。ジェンダーに関してワークライフバランスが実現された状態とは、「性や年齢などにかかわらず、誰もが自らの意欲と能力を持って様々な働き方や生き方に挑戦できる機会が提供されており、子育てや親の介護が必要な時期など個人の置かれた状況に応じて多様で柔軟な働き方が選択でき、しかも公正な処遇が確保されている」（内閣府「仕事と生活の調和」サイト）[*5]という状態である。日本では、ワークライフバランスは少子化問題の文脈で語られることが多いが、本来は人々の生き方の問題を扱う包括的な概念である。

労働・雇用における男女間の平等を考えるとき、どのような状態が達成されれば平等が達成されたといえるだろうか。専業主婦が完全に消滅し労働力率あるいは就業形態や職業構成の男女比が全く同じになる状態が、最も望ましいという考え方もあるだろう。他方、専業主婦を望む女性は専業主婦に、専業主夫を望む男性は専業主夫に、家計の補助になる程度に働きたいという女性（男性）はそのような形態で働き、職業的

＊5　「仕事と生活の調和とは（定義）」の「⑶多様な働き方・生き方が選択できる社会」から引用。http://www8.cao.go.jp/wlb/towa/definition.html（2011年5月現在）

キャリアを重視したい女性は結婚・出産しても働き続ける、というように性別に関係なくそれぞれの個人の希望にそった生き方・働き方を実現することが望ましいとすることもできる。ワークライフバランス、あるいは「男女共同参画社会」は基本的に後者の発想に立つ考え方である。

結婚と不平等

ここまでの議論は、基本的に既婚男性および女性を対象としてきた。しかし、平均初婚年齢は上昇し続けており、未婚率も上昇し続けている。

この未婚化・晩婚化趨勢の背景要因の1つは、女性の高学歴化である。高い学歴を得て生産能力を高めた女性たちは、仕事を辞めて稼得を放棄することを避けるようになった。仕事を辞めることにつながりやすい結婚は、彼女らにとっては魅力の低下を免れない。経済学的な説明をするならば、機会費用が大きいからである。残念ながら、日本社会は結婚後も女性が働き続けやすい社会とは言い難く、高学歴女性が自分の稼得と引き換えに結婚を選ぶとするならば、パートナーとなる男性に従来以上の経済力を求めるのが自然といえる。

しかしながら、男性の中に条件を満たすものが十分にいるかといえば、そうではないだろう。近年の非正規雇用の増加や不況による雇用の不安定化、さらには賃金水準の低下などにより、結婚したくてもできない人々が生み出されている。

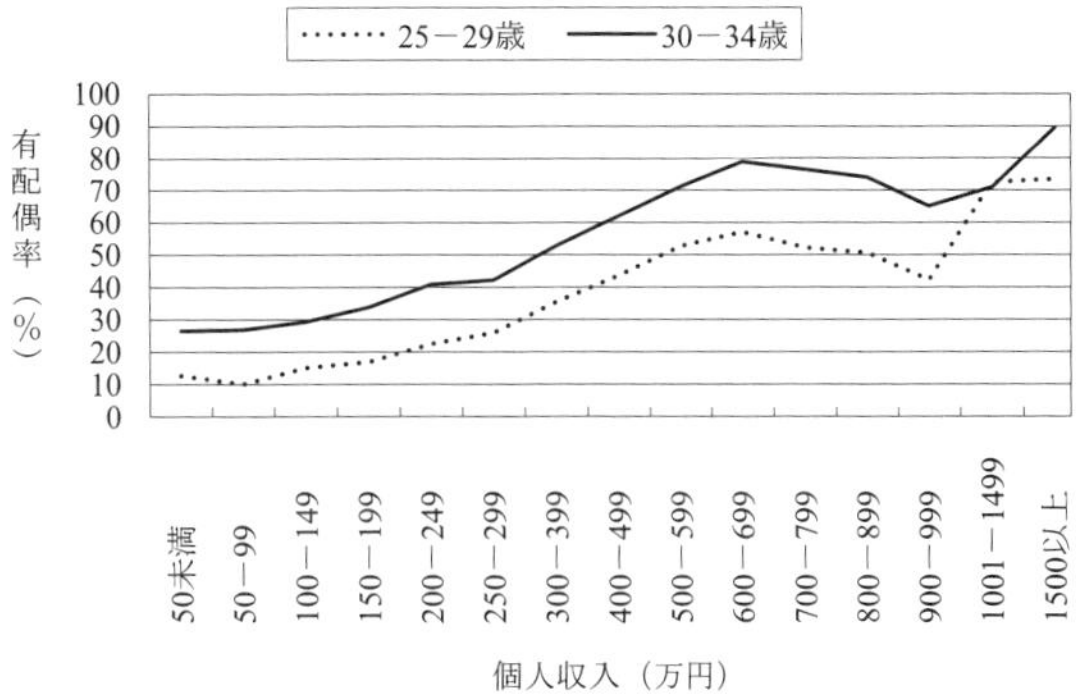

出典：労働政策研究・研修機構（2005）『若年就業支援の現状と課題』
p91　表Ⅱ－１－10

図4‐10　若年男性の年収別有配偶率（男性）

図4‐10は若年層男性の年収と未婚率の関係である。男性の年収が低いほど結婚できない傾向が明確である。この傾向は、男女それぞれにおいて異なる要因から生じるものと考えられる。女性に関しては、配偶者候補となる男性に対し、いまなお一定水準以上の経済力を要求している者がほとんどである（水落２０１０）。その一方、男性に関しては、経済的不安が結婚をためらわせる理由となり（三輪２０１０）、経済的地位の低い男性は結婚以前に交際機会に恵まれない（中村・佐藤２０１０）。つまり、女性に対する男性の相対的優位が弱まる中で、女性から課される経済力の「ハードル」を超えられない蓋然性が高まったのだ。

　このようにして、未婚男性内部における経済的不平等は結婚と結びつくことになり、単なる個人の選択の問題にとどまらず社会的問題となるわけである。「男は仕事、女は家庭」という意識は、男性が安定した仕事について、安定的に収入を得ることを前提としていた。すでに確認したように、性別役割意識は低下傾向にあるが、それとはまったく異なる次元でも、男性が主たる稼ぎ手となるモデルは崩れつつある。結婚するかしないかということに社会経済的な不平等が影響する一方で、誰と誰が結婚するのか、言い換えると相手の選択についても不平等が存在する。たとえば、高学歴の男性は高学歴女性と結婚しがちであるし、その逆に低い学歴の者同士の結婚もまたよくあることである。他にも、同じような職業同士の男女の結婚、家柄がつりあうような結婚などもしばしば見られる。これらの例のような、地位の似た男女が結婚することを、社会学では同類婚と呼ぶ。

学歴同類婚の傾向については、時代間で大きな変化はないとされる（志田ほか２０００）。だがそれでも、学歴による就業や収入の安定性に関する格差が拡大すれば、世帯の不安定性も増す点に注意が必要である。夫婦いずれもが非正規雇用の共働きになる可能性は、低学歴同士のカップルにおいて相対的に高くなることが、その典型事例となろう。そのように結婚を通じて形成された不平等は、子どもがいるケースでとりわけ深刻な事態へとつながりやすい。現に、日本において幼い子を持つ世帯の貧困リスクが高いことが指摘されている（白波瀬２００９）。

悩ましいことに、貧困は一代では終わらず、世代間で再生産される。貧困世帯に生まれ育った子どもは、養育環境、教育環境に恵まれず、成人になって以降の貧困リスクも高くなりがちであるからだ。配偶者選択の不平等と、結婚後の社会経済的不平等とそこから始まる負の連鎖に至る過程が、不幸にも結びついていることが理解されるだろう。以上の議論から確認されるように、結婚と不平等とは、女性の社会階層を論じる際の鍵となる視点を提供するものなのである。

4　ジェンダーの不平等はどのように形成されるか

ジェンダー格差の理論

ここまでに確認してきたように、日本における様々な男女間格差は緩やかには改善している。しかし、欧米諸国と比較した場合、日本の男女間格差は総じて大きい（白波瀬２００９）。

こうしたジェンダー間の不平等は何によって生み出され、維持されているのだろうか。図4-3で確認したように、人々の性別役割意識はここ40年ほどの間にかなり平等化している。かつては、人々の意識が変化すれば男女間の平等も達成される、と素朴に考えられていた時期もあったのだが、前節で様々な角度から検討したように、男女間の職業的不平等は根強く残存しており、性別役割分業の枠組みは依然として維持されているように見える。このことは、男女間の不平等を単に個人レベルの意識の問題とするだけでは説明できないことを示している。

では、どう考えればよいのか。大きくいうと、２つの考え方があるだろう。１つは、男女間の不平等を究極的な単一の原因に求める考え方である。たとえば、特権的な立場にある男性（の一部）が、自分たちの既得権益を保持するために、様々な制度を駆使して性別役割分業の維持に努めているという考え方（いわゆる「家父長制」論の単純なヴァージョン）がそれにあたる。[*6]

２つ目は、単一の究極的な原因が存在するのではなく、様々な要因が複雑に絡み合う中で不平等が形成・維持されているという考え方である。日本社会の経済発展の歴史的な経緯の中で、個人、家族、企業、行政といった様々なレベルの行為主体が、自分たちの利益を考えて行動してきた。そうした相互作用の結果として、不平等の解消がなかなか進まないと考えることもできる。ここでの「自分たちの利益」は、経済的な利益だけでなく、生活における便利さ・快適さや、「いままでのやり方を変えるのは面倒だから変えない」といった不作為による便益など、広い意味で用いる。この章では、２つ目の考え方に基づく説明を試みよう。なお、以下の議論の枠組みは川口章のモデルに依拠している（川口２００８）。

統計的差別

まず、性別役割分業と企業の女性雇用方針の関係を考えてみよう。結婚したら女性は家庭に入るというライフスタイルが普及すると、必然的に企業における女性の離職率は高く、平均勤続年数は短くなる。したがって、長期雇用を通じた人材育成を図りたい企業にとっては、女性社員を男性社員と同じように扱うのは合理的ではない。離職確率の高い女性社員に投資しても、無駄になる可能性が高いからである。したがって、長期間働く可能性が高い男性社員に企業経営の中核的な役割を担ってもらい、長期間働く可能性が低い高い女性社員には、補助的な作業をしてもらった方がよい。実際、お茶くみや簡単な事務作業などが、かつての女性社員の仕事の典型的なイメージであった。企業がこうした処遇を続けると、女性が職業的なキャリアを展開させてゆく可能性は拡大せず、女性の離職確率および平均勤続年数が男性に劣る傾向が維持される。その事実が、ますます企業側の男性を中心に雇用するという傾向を強化する。

このように、企業がある属性（この場合は性別）によってグループを比較し、それぞれのグループの平均的な性質をもとに採用や待遇などの判断を行い、その結果として特定のグループ（この場合は女性）が不利な扱いを受けることを「統計的差別」と呼ぶ。[*7] 統計的差別は、「女に仕事はできない」といった単純な偏見に基づく差別とは異なる。企業側はあくまでも客観的なデータからグループの特性を分析し、それによって合理的に判断を下している。たとえば、職場における仕事の内容が男女で異なり、女性に簡易な仕事が割り振られるのは、人事担当者が「女はダメ」という偏見に基づいているわけではなく「自社で長く働いてくれる可能性の高い社員に重要な仕事を経験させることで、将来を担ってもらいたい」という企業経営上きわめて正当かつ合理的な動機によって、仕事を振り分けた結果であると考えることができる。

とはいえ、これはあくまでも企業側の論理である。統計的差別が行われる際に考慮されるのは、労働者個人の特性ではなく、集団としての特性である。女性の離職確率が高いといっても、中には男性と同じように長期間働くことを希望する女性も存在する。そうした意欲のある女性にとっては、「女性は長く働く可能性

＊6　家父長制論については、上野（１９９０）、瀬地山（１９９６）を参照。
＊7　最も基本的な文献はフェルプス（Phelps 1972）。男女間の職業的な不平等に即した解説および分析としては、川口（２００８）および山口（２００９）がわかりやすい。

が低いから」という理由で採用されなかったり重要な仕事が与えられなかったりするのは、やはり理不尽である。しかし、企業側がそうしたやる気のある女性を見つけ出すのも、時間とコストがかかるので難しい。したがって、集団としての特性に着目することになる。

ただし、こうした統計的差別における「合理性」は短期的なものにすぎず、長期的には企業にとって不利益をもたらす可能性も指摘されている。統計的差別を行う企業は優秀な人材を逃す可能性が高いので、企業の生産性は低下する。したがって長期的には、差別的な企業は市場において淘汰されるはずである。しかし、ある国における労働市場に存在するすべての企業が統計的差別を行えば、すべての企業の生産性が同じように低下するだけで差別的な企業の淘汰が進まず、統計的差別が存続するかもしれない。これは女性だけでなく社会全体にとっても望ましいことではないが、現在の日本社会はこのような望ましくない均衡状態に陥っていると考えることもできる。

企業間のビジネス慣行

性別役割分業は、労働者と企業の関係だけでなく、企業間の関係にも影響する。性別役割分業の下では、男性は家事育児を担わなくて済むので、その分仕事に専念できる。その結果として、ワークライフバランスの実現を考慮しないビジネス慣行が企業間で支配的になる（川口２００８）。具体的には、頻繁に行われる転勤、単身赴任、膨大な残業、急な出張、夜間や休日に行われる接待や営業などである。

いったんこうした慣行が定着してしまうと、理解のある経営者が自社の制度をワークライフバランスに配慮したものに変更したいと考えたとしても、その実現は難しい。なぜなら、この慣行から離脱する企業は取引のチャンスを逃し、結果として企業の利益を減少させる可能性が高いからである。したがって、ワークライフバランスを無視したビジネス慣行が不合理に思えたとしても、多くの企業がこれに従って動いている以上、一部の企業だけがここから離脱することは困難である（川口２００８）。同じことが労働者個人のレベルでもいえるだろう。仕事中心の生活を改め、家庭や私生活を大事にしたいという男性社員がいるとしよう。他の男性社員が私生活無視の慣習に従って働いている中で、彼だけがそこから離脱すると、企業間取引の場合と同じ理由で、仕事業績が低下する可能性が高い。業績が低下すれば、地位や収入の低下を招くだけでなく、解雇の危険すらある。したがって、従来のビジネス慣行に疑問を持つ男性がいたとしても、１人でそこから離脱することは難しい。

これとは別に「男性が自分たちの既得権を守るためにわざと女性を排除するようなビジネス慣行を用いている」という見方もできるだろう。いずれにせよ、こうしたワークライフバランスの欠如した労働慣行は男女間の職業的な不平等を生み出すだけでなく、少子化の原因の１つとも指摘されている。その意味で、こうした慣行は、かつては社会にとって利益をもたらしてくれたかもしれないが、もはやそうではない可能性が高い。

社会保障制度

大沢真理は、日本の社会保障制度の特徴として、次の3点を指摘している。(1)「家族だのみ」。生活はまず家族で支えあうものという考え方がとられ、その際に家族は「夫は仕事、妻は家庭」という性別分業を行うことを暗黙の前提となっている。(2)「男性本位」。社会保障は、男性雇用者のニーズを中心に世帯単位で設計されている。(3)「大企業本位」。社会保険制度は大企業の労使にとって有利になっており、税制もそれを助長してきた（大沢２００２：67）。

こうした社会保障制度のあり方もまた、性別役割分業の維持に寄与している。なぜなら、制度が存続する以上、人々がそれに合わせたライフスタイルを選択すれば、相応のメリットが得られるからである。

たとえば、妻がパートタイム労働者の世帯ならば、いわゆる「１０３万円の壁」を意識しない人は少ないだろう。「１０３万円の壁」とは、夫が配偶者控除を受けられるかどうかの基準となる、妻の年収のことである。妻の年収が１０３万円を超えると、夫は配偶者控除を受けられなくなる。その結果、夫の年収が同じであっても、夫婦共働きの世帯の方が、そうではない世帯よりも世帯収入が低くなる場合がある。したがって、女性はパートタイム労働にとどまってそこその額を稼ぐのが、世帯全体としては合理的ということになる。この制度は、現在では批判が多いものの、導入された当時（１９６１年）はそれなりに合理的なものだったのだろう。そして、制度ができ上がってしまうと、それが時代に合わなくなったとしても、人々の働き方を水路づけ、結果として性別役割分業を維持する役割を果たすのである。

性別役割分業を変えてゆくために

以上のように、性別役割分業は、家庭、企業、制度の相互関係によって維持されていると考えることができる。特権的な立場にある男性が、自分たちの利益を守るために性別役割分業の維持を企んでいるという考え方も完全に間違いではないかもしれないが、こうした見方は、ともすれば「すべて男が悪い」という安直な陰謀論に陥りやすい。この2つの考え方のどちらが正しいのか、完全な決着はついてはいないが、個々の行為者・行為主体が自らの（比較的短期の）利益を求めて行為した結果、性別役割分業が維持されているとする方が、より現実に即しているのではないかと筆者たちは考えている。

性別役割分業が様々なレベルの行為者の相互作用によって維持されているのだとすれば、個人レベルでの意識改革を行ってもそれだけでは不十分であり、一部の良心的な企業がワークライフバランス改善の取り組みを行ってもそれだけでは不十分であり…というように、個別の対策を散発的に打ち出すだけでは、全体の大きな構造を変えることは難しいことが見えてくる。社会に強い影響力を持つ行為者（現実的には政府になるだろう）が、性別役割分業を形成・維持するしくみをよく理解した上で、不平等を生み出す複数の要所を同時にコントロールするような制度を作り上げることが必要かもしれない。

5　少子高齢化・グローバル化の中のジェンダー問題

バブル経済の崩壊以降、日本経済はグローバル化による国際競争の激化と少子高齢化の急激な進展（いずれも社会全体の不平等の形成に大きな影響を与えている）の中で、有効な打開策を打ち出せないまま停滞し続けているように見える。このままでは、世界経済の動きから取り残されるのではないかという不安を感じる人も少なくないだろう。

日本経済が力を取り戻すためには何が必要だろうか。生産性の向上と労働人口の確保が重要であることが、しばしば指摘される。そのために必要なことは何か。考えうる対策は多いが、性別役割分業に由来する労働慣行を見直すことも、その１つとして必要であろう。たとえば、女性の中断型キャリアを減少させ、（これは女性だけでなく男性もだが）非正規雇用の地位や待遇を改善し、統計的差別をなくし、ワークライフバランスを改善していくことは、結果として優秀な女性が働き続けることを促進するので、社会全体としての生産性を向上させるだろう。また、女性労働者の増加という形で労働人口も確保できるし、少子化対策としても、ある程度の効果は期待できる。ただし、将来の労働力を確保するために子どもの数を増やすというのは、自然な発想ではあるが、それには個人・家族レベルでも社会レベルでも相応のコストがかかるので、単純に子どもを増やせばよいというものではない（神永２０１０）。むしろ、赤川（２００４）が指摘するように、少子化が進行することを前提とした社会制度を考えるべきだろう。現在の日本社会では、ワークライフバランスは専ら少子化対策として語られる傾向があるが、本来はより広い意味での人々の自由な生き方・働き方を目指すもののはずである。

かつての男女平等の主張は「一部の女性だけが利益を得るための主張」と誤解されてきた面があるし、いまなおそのように誤解している人もいる。しかし、ワークライフバランスの説明の中で触れたように、性別役割分業を見直すことは、働く女性にとってよいというだけでなく、男性にとっても、あるいはこれから生まれてくる世代も含めた日本社会全体にとっても、メリットを有するはずである。小手先の政策や不徹底な改革では、長きにわたる日本社会・日本経済の停滞を打破することはできないであろうし、かつて成功した方法をもう一度繰り返してみても、現在直面している問題は解決できないだろう。こうした感覚を持つ人は、確実に増えているように思われる。そして、性別役割分業の見直しと、ワークライフバランスの確保は、このことと密接に関わっている。

もちろん、ワークライフバランスの実現や性別役割分業の平等化が、現在の日本社会や経済が抱えている問題のすべてを解決してくれるわけではない。ワークライフバランスの実現は、日本社会が必要としているはずの大きな変革の一部をなすに過ぎない。とはいえ、性別役割分業およびそれと分かちがたく結びついた様々な慣習・制度の見直すことが、これからの日本社会を生きるすべての人々にとって重要な課題であることは、間違いないだろう。

〈付記〉

ＳＳＭ調査データの利用にあたっては、２００５年ＳＳＭ調査研究会の許可を得た。

参考文献

赤川学、２００４、『子どもが減って何が悪いか！』ちくま新書．

千本暁子、１９９０、「日本における性別役割分業の形成―家計調査をとおして」荻野美穂ほか編『制度としての〈女〉―性・産・家族の比較社会学』平凡社：１８７-２２８．

神永正博、２０１０、『未来思考―10年先を読む「統計力」』朝日新聞出版．

川口章、２００８、『ジェンダー経済格差』勁草書房．

木本喜美子、１９９５、『家族・ジェンダー・企業社会』ミネルヴァ書房．

三輪哲、２０１０、「現代日本の未婚者の群像」佐藤博樹ほか編『結婚の壁―非婚・晩婚の構造』勁草書房：13―36．

水落正明、２０１０、「男性に求められる経済力と結婚」佐藤博樹ほか編『結婚の壁―非婚・晩婚の構造』勁草書房：１２９-１４３．

内閣府経済社会総合研究所、２００５、「スウェーデン企業におけるワーク・ライフ・バランス調査―従業員の育児休業にどう対応しているのか―」研究報告書等 No.14 http://www.esri.go.jp/jp/archive/hou/hou020/hou014.html（２０１１年４月現在）．

中村牧子、２０００、「新中間層の誕生」原純輔編『日本の階層システム１　近代化と社会階層』東京大学出版会：47-63.
中村真由美・佐藤博樹、２０１０、「なぜ恋人にめぐりあえないのか―経済的要因・出会いの経路・対人関係能力の側面から」佐藤博樹ほか編『結婚の壁―非婚・晩婚の構造』勁草書房：54-73.
ＮＨＫ放送文化研究所編、２００５、『日本人の生活時間２００５―ＮＨＫ国民生活時間調査』日本放送協会出版.
ＮＨＫ放送文化研究所編、２０１０、『現代日本人の意識構造［第７版］』日本放送協会出版.
落合恵美子、２００４［１９９４］、『21世紀家族へ［第３版］』有斐閣.
大沢真理、２００２、『男女共同参画社会を作る』日本放送協会出版.
Phelps, Edmund S., 1972, "The Statistical Theory of Racism and Sexism," *American Economic Review* 62(4): 659-661.
瀬地山角、１９９６、『東アジアの家父長制―ジェンダーの比較社会学』勁草書房.
杉野勇・米村千代、２０００、「専業主婦層の形成と変容」原純輔編『日本の階層システム１　近代化と社会階層』東京大学出版会：１７７-１９５.
志田基与師・盛山和夫・渡辺秀樹、２０００、「結婚市場の変容」盛山和夫編『日本の階層システム４　ジェンダー・市場・家族』東京大学出版会：１５９-１７６.
白波瀬佐和子、２００９、『日本の不平等を考える―少子高齢社会の国際比較』東京大学出版会.
田中秀臣、２００２、『日本型サラリーマンは復活する』日本放送協会出版.
田中重人、２０００、「性別分業を維持してきたもの―郊外型ライフスタイル仮説の検討」盛山和夫編『日本の階層システム

４　ジェンダー・市場・家族』東京大学出版会：９３－１１０．
上野千鶴子、１９９０、『家父長制と資本制―マルクス主義フェミニズムの地平』岩波書店．

山口一男、２００９、『ワークライフバランス―実証と政策提言』日本経済新聞社．

第5章

日本の所得格差

―人口高齢化と格差拡大のメカニズム―

白波瀬佐和子

1 はじめに

1960年代、敗戦の復興から成し遂げた日本の経済成長は「ミラクル」と呼ばれ、池田前内閣は所得倍増計画を提唱して、貧しさを脱するためには一丸となって働き日本を成長させるほかないとした。国の経済発展はその国を構成する一人ひとりの生活水準の向上として直接的に結びつけられ、人々は経済成長に向かってまっしぐらに突き進むことになる。企業戦士としての夫を支える専業主婦の家庭がいつしか日本の家

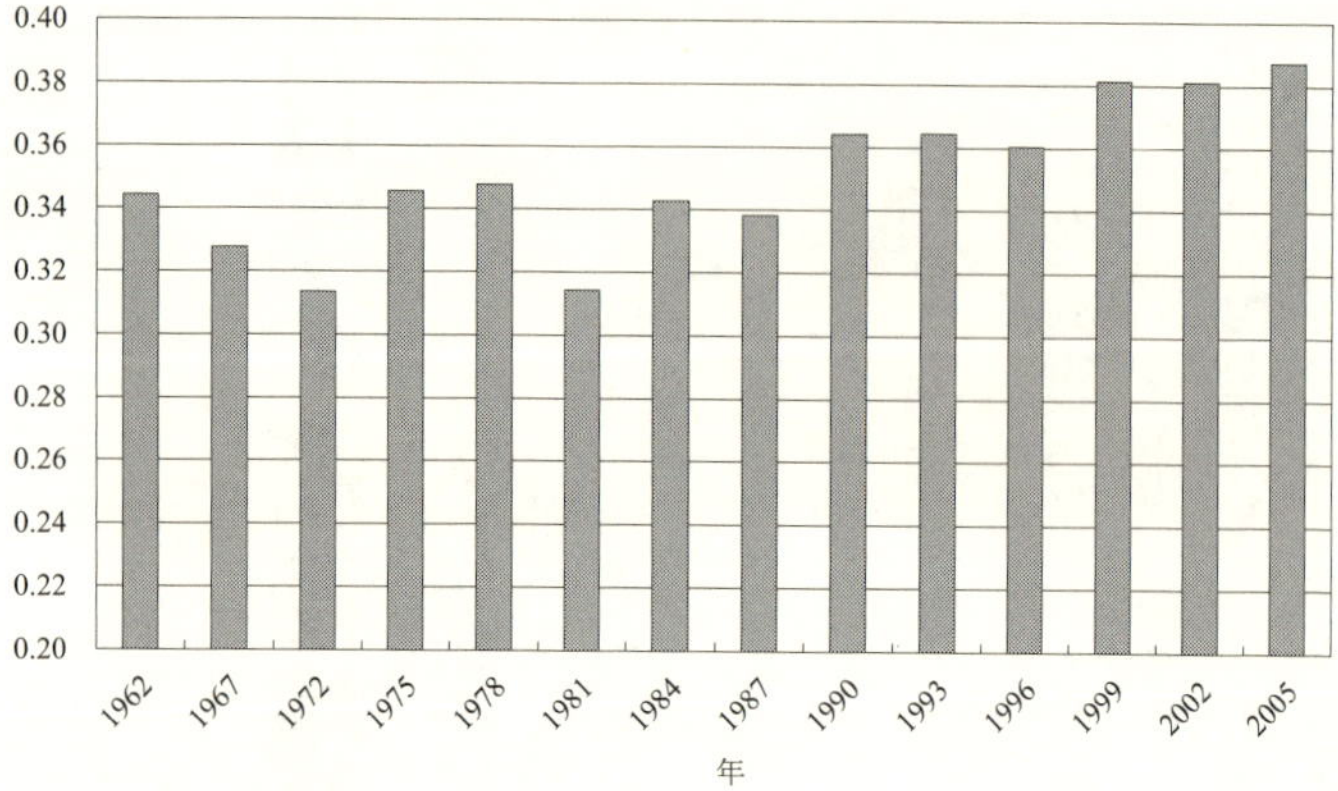

出典：所得再得分配調査

図5−1　所得格差（ジニ係数）の推移

族の象徴かのようになった。見向きもせずに成長に向かって走るさまは、働き蜂にたとえられた。そこでは、一人ひとりの生活は国の繁栄に直結しており、全体が豊かになればみなも豊かになれる。パイの拡大は、一人ひとりの分け前を均等に大きくし、人々は自らの社会階層上の地位を中くらいと位置づけた。一億総中流社会論の登場である。

それから20年ほど経って、日本は格差論に沸く。平等だといわれてきた世の中は過去のもので、日本も格差社会になった。「一億総中流社会、ニッポン」から「格差の国、ニッポン」へとそのラベルが塗りかえられる。そこで、一連の格差論への高揚に対して警告を鳴らしたのが、経済学者大竹文雄である。経済格差が拡大したというけれど、それは日本を構成する人口構造が大きく変化したためで、いわゆる人口高齢化を考慮に入れると経済格差の程度は実質的に大きく変わっていない（大竹２００５）。大竹の言い分は、当時の小泉政権の新保守主義路線にうまく乗っかる形で、巧妙に利用されることになる。

図5-1は、厚生労働省が実施している所得再分配調査から算出されたジニ係数の推移である。1980年以降、所得格差は概して拡大傾向にあることを図5-1からも確認することができる。しかしながらその変化の程度は一様ではなく、ここでの変化を日本の格差拡大と結論づけるための確固たる根拠になるかは検討の余地がある。

大竹（1994：2005）、大竹・齊藤（1999）は、所得拡大を強調する議論に対して待ったをかけ、社会を構成する人口構造の変化を考慮すると所得格差の拡大はそれほど認められないとした。大竹らの貢献は、一人歩きする格差拡大言説に実証データをもってブレーキをかけたという点にある。しかしながら、人口高齢化と所得格差拡大の関係が指摘された一方で、そのメカニズムについては十分議論されていない。そこで本章では人口高齢化と所得格差との関係を詳しくみることで、近年の日本における所得格差の変化メカニズムを明らかにしていきたい。

高齢期の経済格差について大きく2つの考え方がある。1つは、高齢世帯の収入構造に着目する考え方であり、もう1つは高齢期に到るライフコースに着目する考え方である。前者によると、公的、私的移転が生計の主たる収入源となる高齢期は、雇用収入を中心とする稼動所得によって経済的水準が規定される現役期よりも所得格差は小さい（Pampel 1981: Hurd and Shoven 1985）。もう1つは高齢期をこれまでのライフコースの集大成期と捉え、現役期における有利さ／不利さが蓄積されて高齢期の格差が一層大きくなる（Crystal and Shea 1990）。ライフコースの概念を用いて、人々の有利さ／不利さをこれまでの人生の蓄積であるとみなしたのはエルダー（Elder 1995）である。ここでは、時間的に早い結果が後の結果を左右するというモデルを想定する。

本章で議論されるテーマは3つある。1つは世帯変動に注目した高齢化と所得格差の関係について、2点目はアメリカ、イギリス、台湾、スウェーデンとの比較からみた高齢世帯の所得格差の日本的特徴について、そして、日本における高齢世帯主の就労に注目した高齢世帯の収入構造と所得格差の関係についての3点である。本章で分析するデータは、日本については国民生活基礎調査[*1]、諸外国についてはルクセンブルグ所得データである。

2　日本の所得格差と人口高齢化の関係

日本の所得格差が拡大した背景には、人口の高齢化がある。所得格差の大きい高齢層の占める割合が大きくなったために、全体の所得格差が拡大した。所得格差との関連で議論される高齢化とは世帯主年齢を指すことが多く、人口の高齢化と厳密には異なる。所得データの多くは世帯を単位に収集されており、その世帯を代表するのが世帯主である。高齢者年齢分布と世帯主年齢分布は同じではない。

図5-2に示すとおり、全体人口に占める65歳以上人口割合と全体世帯に占める65歳以上世帯主割合の程度は異なる。全体人口に占める65歳以上高齢者割合は65歳以上世帯主割合に比べると低い。また、65歳以上

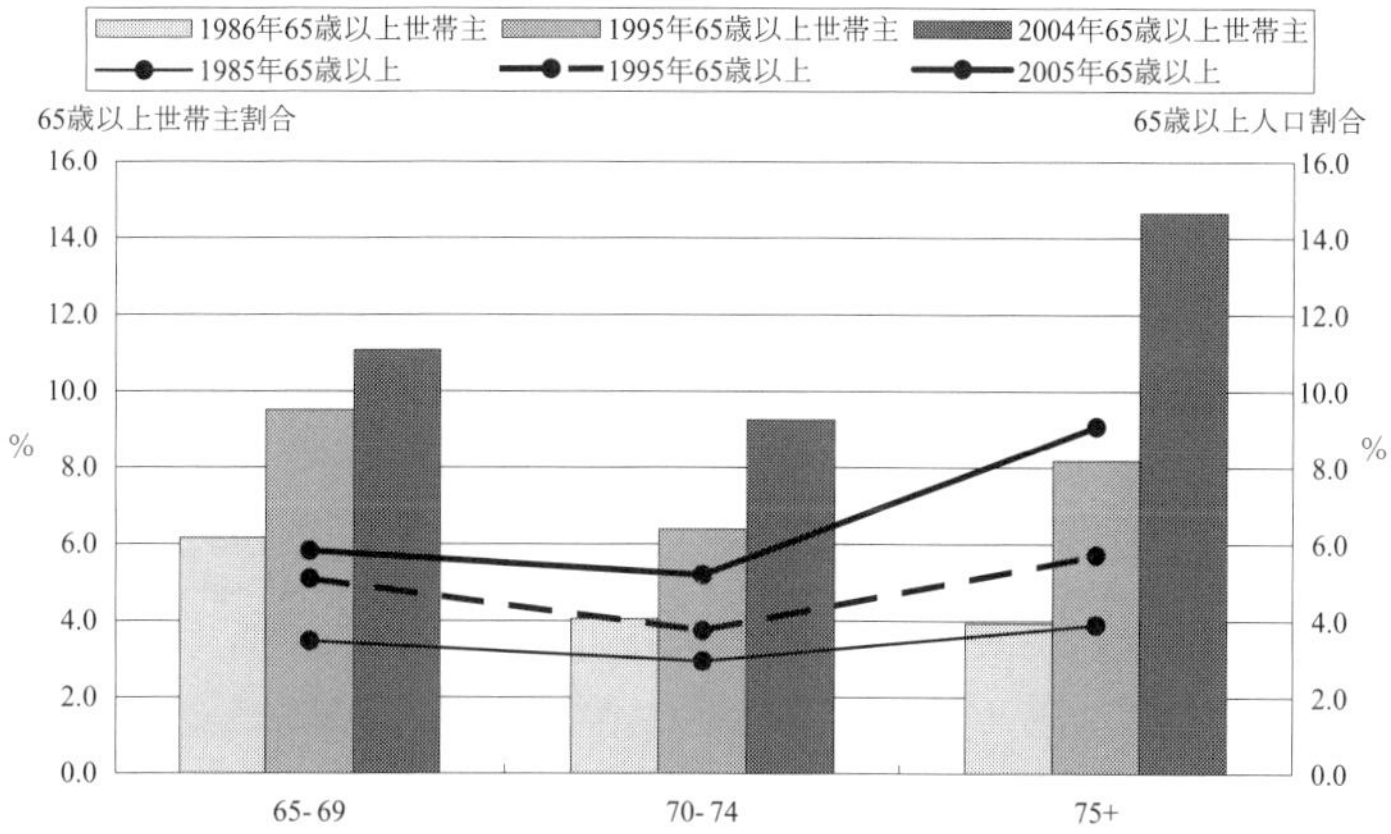

出典：国民生活基礎調査、国勢調査

図５－２　65歳以上人口割合と65歳以上世帯主割合

人口割合の上昇もさることながら、65歳以上世帯主割合の大きな上昇が１９９０年半ばから認められる。この高齢世帯主世帯割合の上昇は、三世代世帯の減少に伴う高齢単身世帯と高齢夫婦のみ世帯の上昇と関連している。高齢者が自らの世帯を形成することで世帯サイズが縮小して高齢世帯主の割合が上昇した。

言い換えれば、人口高齢化に伴う所得格差の拡大は、一人くらし（その多くが高齢女性）や高齢夫婦のみ世帯の上昇に代表されるように、高齢層の世帯サイズが縮小したことと密接に関係している。また、高齢世帯主世帯の所得格差が拡大したかというとそう単純ではなく、高齢層の高い所得格差をみるにあたっては大きく２つの視点がある。１つは高齢世帯主世帯の所得格差が高齢世帯

＊1　本章の分析は、基盤研究（Ｓ）「少子高齢社会の階層格差の解明と公共性の構築に関する総合的実証研究」（科研番号２０２２３００４）の一環として実施された。

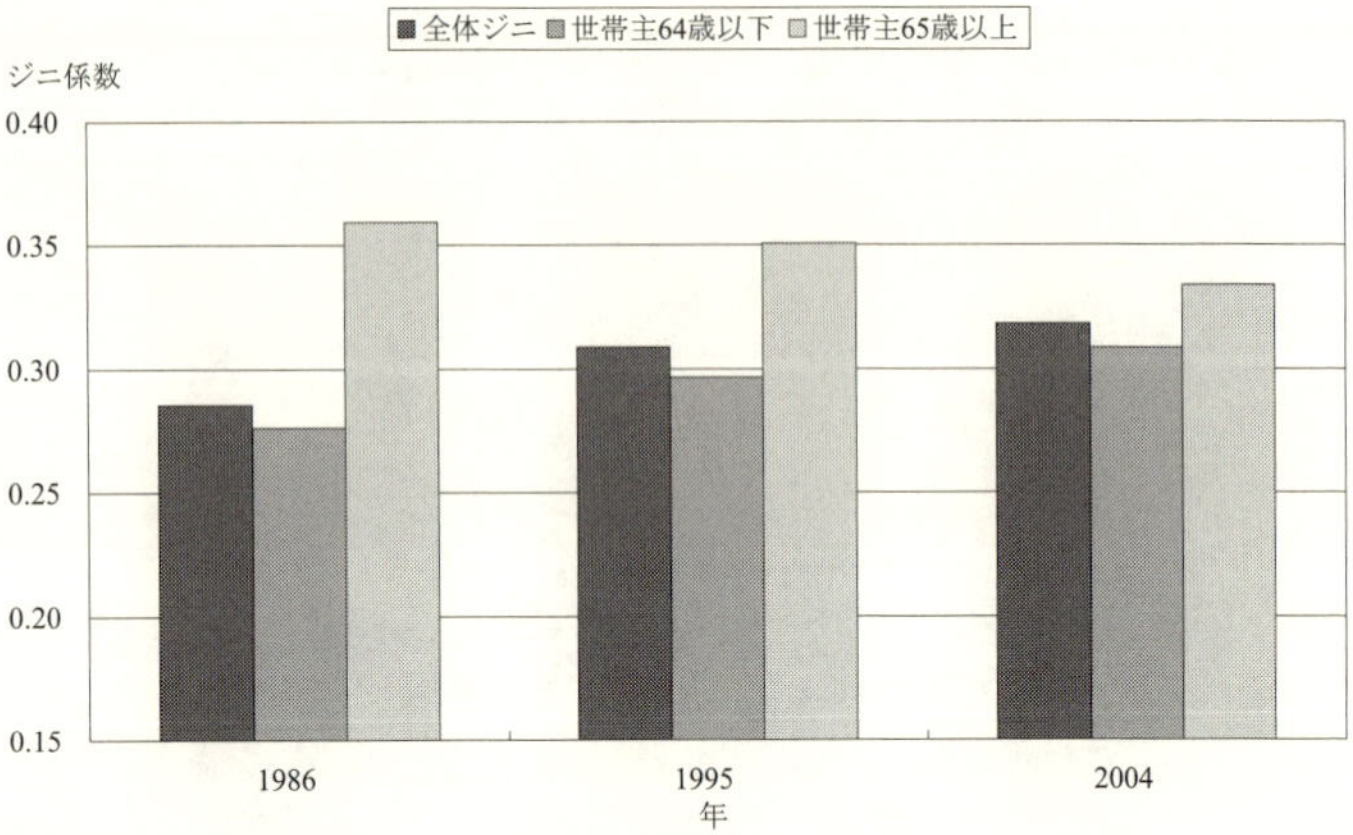

出典：国民生活基礎調査

図5－3　高齢世帯主別　所得格差の変化

主以外の世帯の格差よりも大きく拡大したか、という時系列的な変化の大きさの違い。もう1つは、高齢世帯主以外の世帯における所得格差と高齢世帯主世帯の所得格差の程度の差である。前者は時系列的な変化に着目し、後者は高齢世帯主か否かでの所得格差の違いに着目する。人口高齢化が所得格差を拡大に関与したという言い分は、後者を中心とした議論である。

前者の所得格差の時系列変化については、高齢層と非高齢層の間で、その程度のみならず変化の方向に違いがある。図5-3は、高齢世帯主世帯と非高齢世帯主世帯のジニ係数の変化である。全体のジニ係数は、１９８６年．２８６から２００４年．３１８へと上昇している。世帯主年齢によって、64歳以下の壮年層と65歳以上の高齢層に分けてジニ係数をとってみると、壮年層の間では、１９８６年．２７７から２００４年．３０９と上昇しておりそれは全体ジニの変化の方向と同じである。一

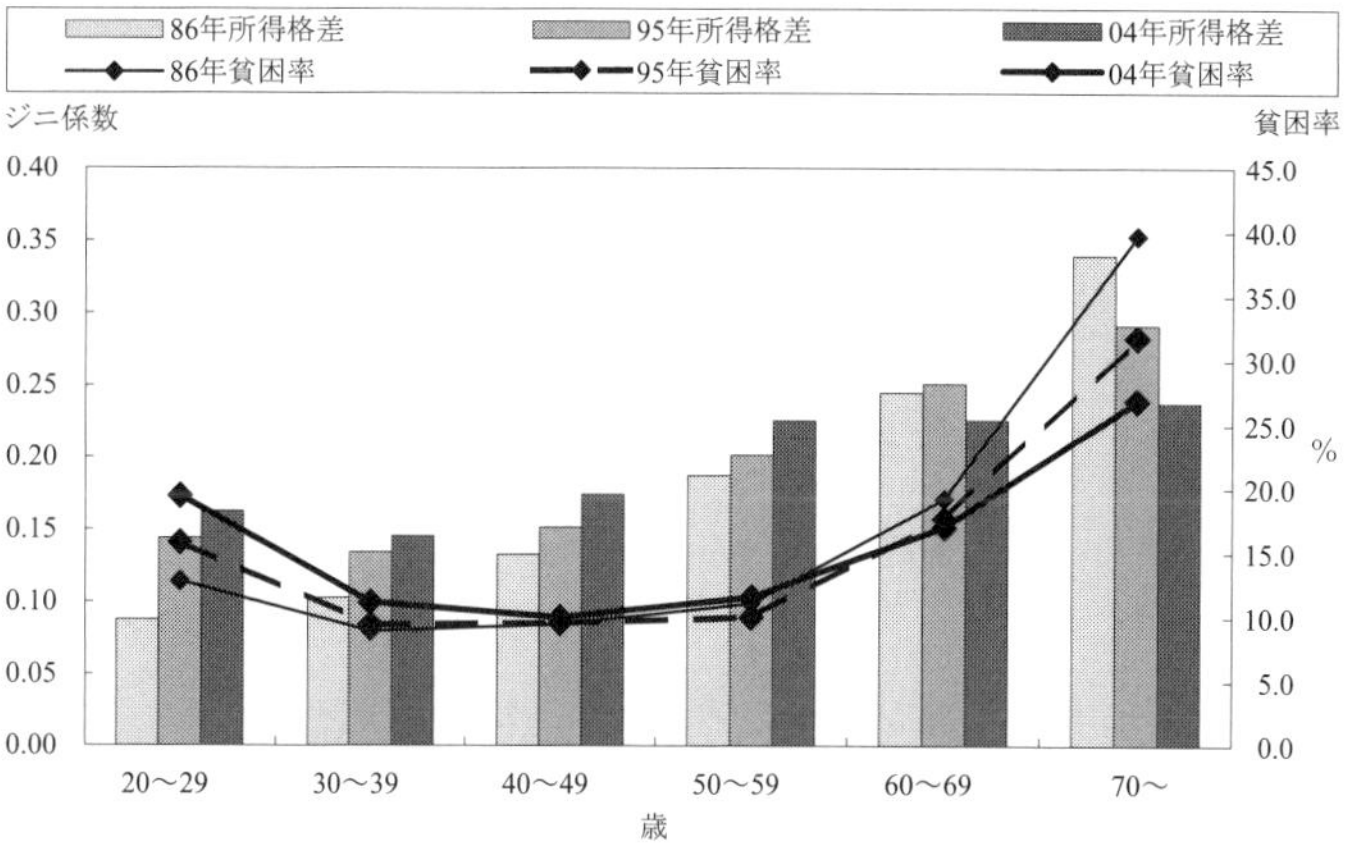

出典：国民生活基礎調査

図5-4　世帯主年齢別　所得格差と貧困率の推移

方、高齢層のジニ係数をみると、1986年．359から2004年．334へと減少している。つまり、高齢層の所得格差の変化の方向は世帯全体、さらには壮年層の所得格差の変化とは逆である。それでも全体の所得格差が拡大したのは、高齢層の所得格差ほうが壮年層よりも大きく、全体世帯のうち1つに高齢層の占める割合が大きくなったと考えられる。さらに壮年層の所得格差も拡大しており、全体世帯に占める壮年世帯主世帯割合は高齢化の影響から相対的には減少傾向にあるものの、そこでの所得格差は拡大傾向にあり社会全体の所得格差拡大に貢献している。

　所得格差が拡大したといっても、もともと所得格差の大きい層のサイズが拡大した側面と、特定の年齢層内で所得格差が拡大した側面の2つが考えられる。どちらの側面が全体の所得格差拡大に大きく貢献したかは、区別して考えなくてはならない。世帯主の年齢階層別に所得格差の変化をみると（図5-4）、60代、70代以上の高齢層の格差が縮小傾向にあるのに対し、20代の若年世代の格差が拡大している。また、世帯主年齢別に相対的貧困率（以降、貧困率）をみても同様のパターンが認められ（図5-4）、若年貧困率が上昇した背景には非正規雇用者や無業者の増加がある。しかしながら、若年層の晩婚化や未婚化に伴い若年世帯主割合自体が減少傾向にあり、たとえ若年世帯主層で所得格差が拡大したといえども全体に与える効果は限定的である（白波瀬・竹内２００９）。近年の所得格差の拡大は依然として世帯主年齢が高齢化したことによって説明される部分が大きい。また、壮年世帯主層において所得格差が拡大しようとも、全体の所得格差拡大を説明するのは、主として、所得格差が相対的に大きい高齢世帯主層の増加による。しかし、今後も壮年層内の所得格差拡大が今後も継続するようであれば、全体の所得格差の拡大が高齢化によってのみ説明されなくなる。そこでは、生産人口年齢層（15～64歳）における所得格差が一層重要な意味を持ってくるであろう。

3　高齢化と世帯変動：高齢者はどこにいるのか？

高齢化といってもその中身は多様である。どのような高齢者がいるのか。そして何よりも、どの世帯に属しているのかは一様ではない。高齢者といえども、どのような生活の場（世帯構造）にいるかによって彼／彼女らの経済的な福利度（ウェル・ビィーイング）が違ってくる。かつて高齢者は子世代と同居することで、基本的生活保障を獲得してきた。それは日本型福祉社会と呼ばれ、家族にはわが国の福祉政策の根底を

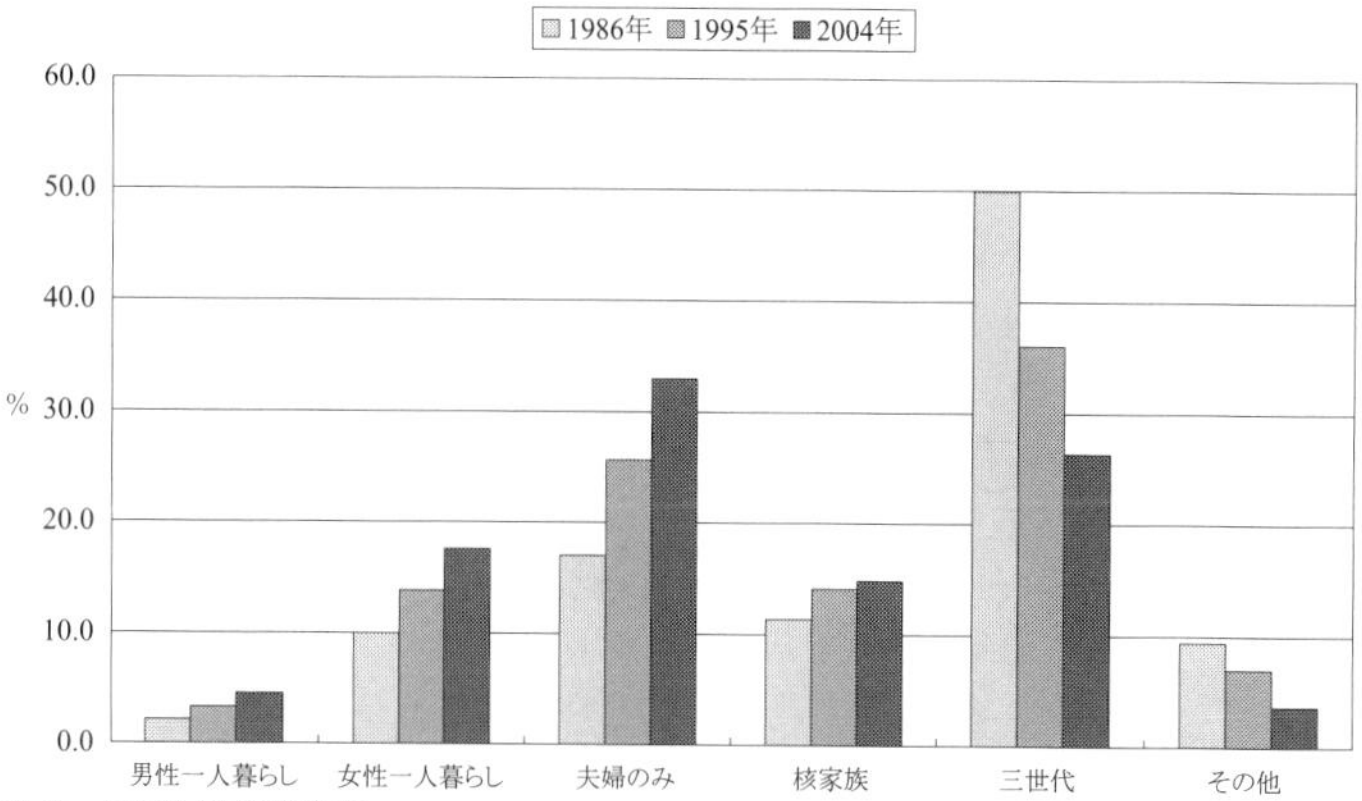

出典：国民生活基礎調査

図5－5　高齢者のいる世帯における世帯類型分布

支える役割を期待してきた。しかしながら、未婚者、晩婚者が増えて、世帯サイズも縮小し、これまでどおりの機能を家族・世帯に期待する物理的な前提条件が崩れ始めた。家族社会学では、戦後体制の崩壊として、家族機能の解体を指摘し、社会の個人化を強調する（落合１９９４：山田２００４）。一方、白波瀬（２００２）は、欧米に比べ、わが国の高齢者は、一人くらしか、子世代と同居しているかといった世帯構造の違いによって経済的福利度が大きく異なることを明らかにした。言い換えれば、世帯構造によってその経済状況が大きく異なることは、世帯・家族が高齢者の経済保障を提供する役割が大きいことを示唆している。台湾に注目したスミーディングら（Smeeding and Saunders 1998）も高齢者が三世代世帯に多く生活する状況をもって、生活保障機能の提供者として家族の役割が大きいとした。

図5－5は65歳以上高齢者のいる世帯構造の変容であ

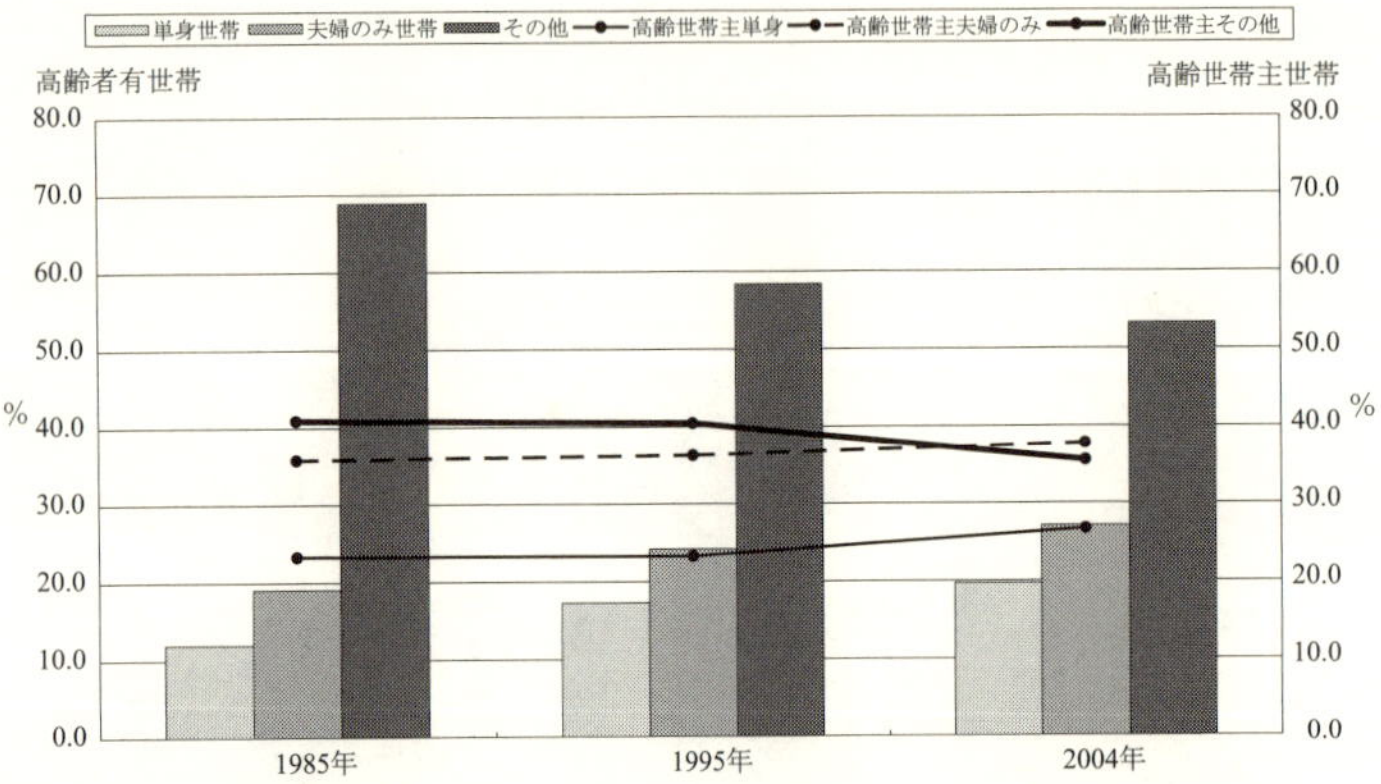

出典：国民生活基礎調査

図5－6　65歳以上高齢者のいる世帯と高齢世帯主世帯の構造分布

る。全世帯に占める高齢者のいる割合は、１９８６年26・2%から１９９５年34・5%、２００４年47・1%と、ほぼ全世帯の半数に65歳以上高齢者がいるに致った。[*2] 人口の高齢化は１９８０年代半ば1割程度であったが、２０００年代半ばになると2割の倍増となったが、世帯という単位からみると高齢者の占める割合が高くなったことが目立つ。人口が高齢化すると同時に、高齢者が生活する場にも変化があった。１９８０年代半ば、高齢者のいる世帯の半数は子世代と同居する三世代世帯にあった。しかしその割合は20年間にほぼ半減し、逆に最も大きく増加したのは夫婦のみ世帯である。１９８０年代半ばの夫婦のみ世帯割合は2割に満たないものであったが、２０００年代半ばには高齢者のいる世帯の3分の1が夫婦のみ世帯となった。また、高齢女性の一人くらし世帯割合も1割から18%へと上昇した。一方、高齢男性の一人くらし世帯割合はこの時点で女性に比べてそれほど目立った増加はない。しかし、男性の生涯未婚率が[*3]２００５年15・６％と２０００年に入り大きく上昇していることを考えると（国立社会保障・人口問題研究所２００８）、将来、高齢男性の一人くらし世帯割合が増えることが予想される。

高齢者を世帯構造の観点から検討する場合、注意しなくてはならないポイントは高齢者のいる世帯をみているのか、高齢世帯主世帯をみているのかということである。図5-6は、単身世帯、夫婦のみ世帯、その他（核家族世帯＋三世代世帯＋その他世帯）について、高齢者がいるかどうか（高齢者有世帯）からみた世帯構造分布と高齢世帯主（高齢世帯主世帯）からみた構造分布である。高齢世帯主世帯の構造分布のほうが高齢者有世帯の分布よりも変化が小さい。ここでの両者の大きな違いは、前者の場合、高齢者が世帯主とならない、いわゆる子世代が世帯主となる三世代世帯が含まれないことである。さらに、世帯主年齢に着目する場合、誰が世帯主であるか、世帯主の役割が問題になってくる。そこで、前者の場合には、世帯主年齢でのみ単純にカウントされ、高齢者のいる世帯という観点からみると過少評価になる。高齢世帯主からみた世帯構造分布にそれほど大きな変化が認められないのは、人口が高齢化する一方で、世帯内の高齢者の位置づけを十分考慮していないことによる。もっとも、近年、高齢者のいる三世代世帯において高齢者自身が世帯主にとどまるケースが増えており、２００４年時点で、３分の1以上は高齢者自身が世帯主である（白波瀬

＊2　「平成16年　国民生活基礎調査の概況」（厚生労働省）によると、65歳以上高齢者のいる世帯割合は38・6％である。同数字は、「高齢者がいる世帯」というよりも「世帯主年齢が65歳以上」の世帯をもって算出されている。

＊3　50歳時の未婚率をもって、生涯未婚率とする。

２００９）。

高齢者のいる世帯において、その世帯構造によって高齢者の経済的福利度の程度が大きく違うのは、特に、三世代世帯にいるか、一人くらしかの間に大きな格差が存在していたことによる（白波瀬２００２）。三世代世帯においては、子世代の就労収入が家計を支えることが多く、ほとんど年金によって生計を立てている一人くらし（特に、高齢女性の一人くらし）との格差が極めて大きいのが日本の特徴であった。同様な点は、高齢福祉制度が未整備で、高齢者が子世代と同居する場合が少なくない台湾においても認められる。家族が高齢者の経済保障をはじめとする基本的生活保障が提供する機能が強く期待される国においては、高齢層の経済格差は大きい傾向にある（白波瀬２００９）。近年、子世代と同居する高齢者は減少し、意識の上でも老後、子どもとの同居を良しとしない高齢者が増えている一方で、三世代世帯そのものは欧米に比べると多い（白波瀬２００５ａ）。さらに、平成不況以降、経済状況は決してよいとはいえず、若年を中心に失業率が上昇して、高齢者も若年世代に頼ってばかりもいられなくなった。たとえ子世代と同居しても、高齢者自身も家計維持に加担し続けなくてはならない状況もでてきた。

4　高齢化する世帯主年齢と所得格差

世帯主年齢分布の変化をみると、図5-7に示すとおり65歳以上に大きく偏ってきたのがわかる。１９８０年代半ば、70歳以上の世帯主は１割にも満たない程度であったが、２０００年代半ばになると70

代以上世帯主世帯が4分の1以上にも達した。1980年代半ば、高齢者の多くは子世代と同居する三世代世帯におり、そこでの世帯主の多くは40代、50代の息子であった。しかし、三世代同居が減って、高齢者自身が世帯主となる夫婦のみ世帯や一人くらし世帯が増えたことが、世帯主年齢の高齢化の背景にある。その一方で、若年層は晩婚化し親元を巣立つ時期が遅れて、自らが世帯を形成しなくなったことも高齢世帯主割合を上げることになった。誰が世帯主になるのか。その背景には、若者の結婚行動や親子の同居パターンにも変容がある。

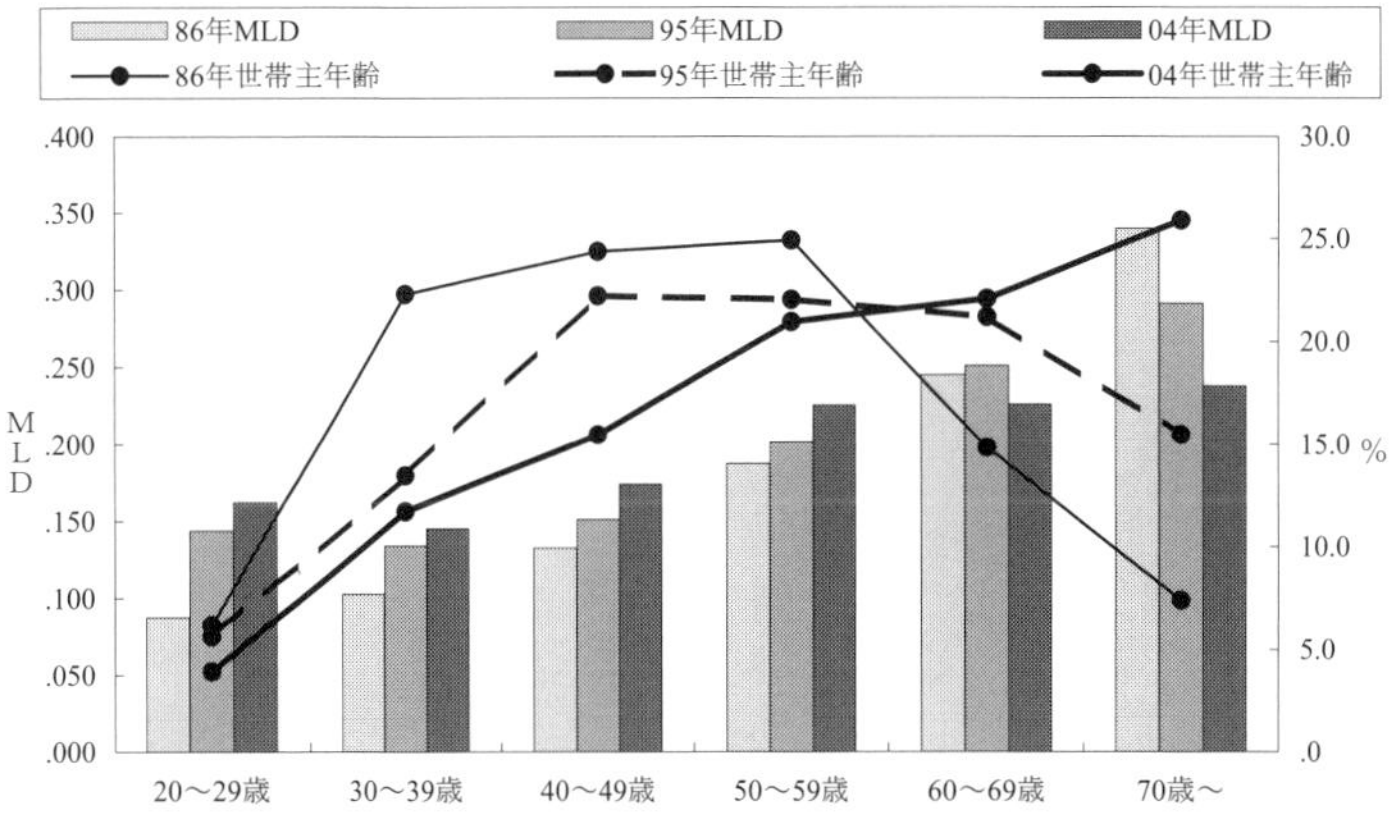

出典：国民生活基礎調査

図5-7　世帯主年齢階層別経済格差（平均対数偏差：ＭＬＤ）と世帯主年齢分布の変化

　世帯主年齢別に所得格差（平均対数偏差）の程度をみてみると、50代までの生産年齢人口層においては一貫して所得格差が拡大しており、特に20代の所得格差の拡大が目立つ。一方、60代以降では所得格差が縮小する傾向が認められ、特に70代以上世帯の所得格差の

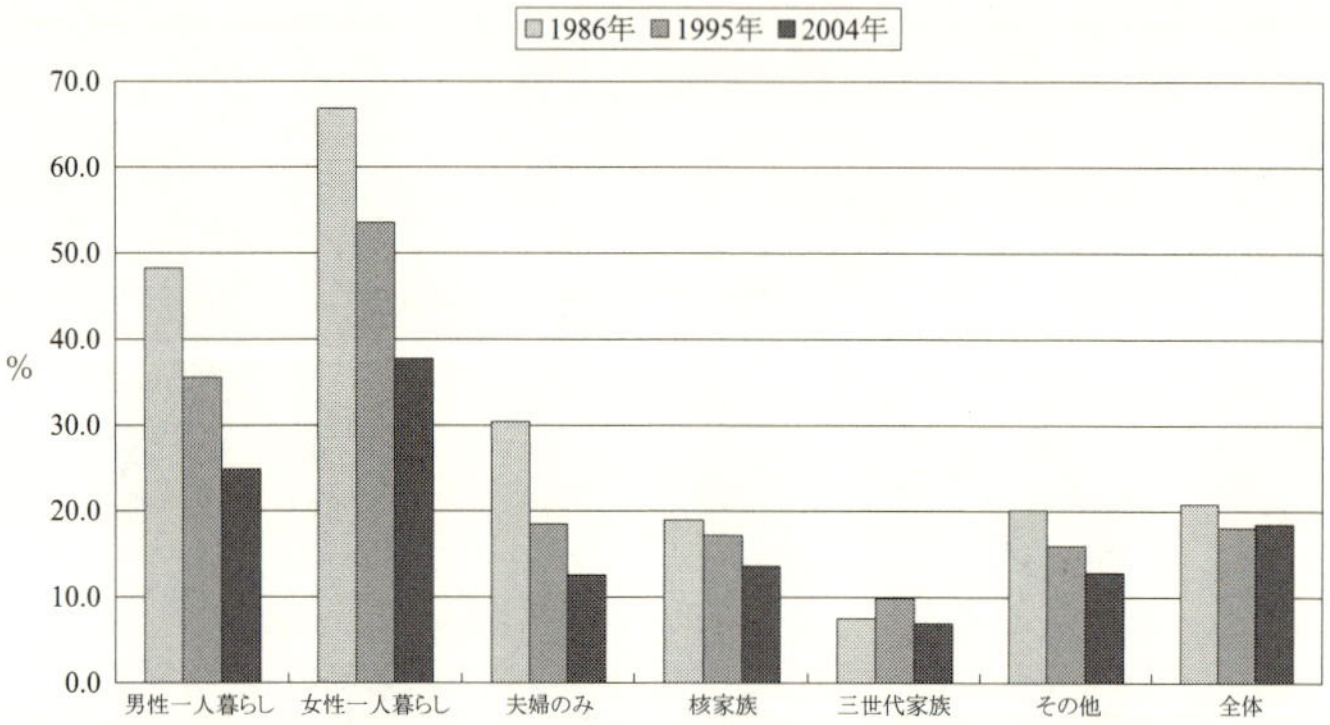

出典：国民生活基礎調査

図5-8　65歳以上世帯主の世帯構造別相対的貧困率

縮小程度が大きい。時系列でみると高齢層の所得格差は改善された。それでも70代以上の所得格差の程度そのものは他の年齢層に比べて大きいので、世帯主年齢の高齢化が全体の所得格差を押し上げたという知見は依然有効だとみてよい。

　高齢層の所得格差が大きい理由の1つには、高齢者が生活する世帯構造によって高齢者自身の経済的福利度が異なることがある（白波瀬2002）。一人で生活するか、息子家族と同居するかで高齢者の生活水準が大きく異なる。そこで、格差指標としてよく使われる相対的貧困率[*4]を、65歳以上世帯主の世帯構造別にみてみよう（図5-8）。ここでの世帯構造とは、(1)男性一人くらし、(2)女性一人くらし、(3)夫婦のみ世帯、(4)親（ひとり親含む）と未婚子世帯（核家族世帯）、(5)三世代世帯、(6)その他、の6カテゴリーである。

　1980年代半ば、1990年代半ば、2000年代半ばの3時点を通して、三世代世帯の貧困率が最も低く、高齢女性の一人くらし世帯の率が最も高いパターンに違いはない。

しかしながら、一人くらし、夫婦のみ世帯のところで大きく貧困率が低下している。これらの世帯割合は近年上昇傾向にある。これまで三世代世帯を典型としてそれ以外の世帯（たとえば、一人くらし）にいる高齢者の経済的困難さが顕著であったが、近年、社会保障制度の成熟もあって高齢者のみ世帯の経済状況は改善されてきた。高齢女性の一人くらしは、１９８０年代半ば、その7割近くが貧困層という経済的に困難を抱えるものが多数派であった。これを、清家・山田（２００４）は、日本の年金制度が貧困救済の機能を十分果たしていなかったと指摘する。２０００年半ばにおいて、高齢女性の一人くらしの貧困率は高く決して油断できないものの、１９８０年代半ば、高齢単身女性の3分の2が貧困層であったのが、２０００年半ばの4割弱に低下した。これは、主に年金制度の整備によって高齢単身女性の経済状況が底上げされたと解釈できる。

では、高齢者が生活する世帯構造が変化したことと、異なる世帯タイプ間の経済格差程度が、高齢層の経済格差にどのような影響をもたらしたのか。ここでは、平均対数偏差（Mean Log Deviation：ＭＬＤ）[*5]を用いて、世帯構造分布の変化と世帯構造間の格差の変化に注目し、高齢期の所得格差の変化を検討する。ＭＬＤは完全に平等なとき、最低値のゼロをとる。本指標の利点は、所得格差の変化を世帯構造分布の変化と世帯構造間の変化による要因に分解できることにある（Cowell 1995）。

＊4　相対的貧困率とは、全体世帯の可処分所得中央値の5割に満たないものの割合である。

表５－１　1986年世帯分布と世帯間格差を固定した場合の所得格差

	1986年	1995年	2004年
観測値	0.313	0.278	0.236
1986年の分布を固定	0.313	0.265	0.187
1986年の格差を固定	0.313	0.318	0.327

出典：国民生活基礎調査

65歳以上世帯主世帯における経済格差の変化をみると、１９８６年．３１３、１９９５年．２７８、２００４年．２３６と一貫して低下傾向にある。では、高齢世帯主世帯の経済格差の変化を世帯構造による違いであるのか、世帯構造間の違いであるのかについて検討してみよう（大竹・斎藤１９９９）。１９８０年代半ばから２０００年代半ばにかけて世帯構造の変化がどのような効果をもたらしたのかをみるために、世帯構造分布が１９８６年と同じと仮定して１９９０年代半ばと２０００年代半ばの理論値を算出した。もう１つは、世帯構造間の格差の変化が高齢層の所得格差をどの程度変化させたのをみるために、世帯構造間の格差の程度が１９８６年と同じと仮定して、所得格差を算出した。その結果が、表5-1である。

世帯構造分布が１９８６年と同じであると仮定した場合、ＭＬＤは１９９５年．２６５、２００４年．１８７と、実際の値、．２７８、．２３４よりも低い。特に、２００４年の理論値（世帯構造分布が同じと仮定した場合）と実際の観測値の違いが大きいのがわかる。この意味は、もし高齢層の世帯分布が１９８０年半ば以来変化なく、多数派が三世代世帯に生活する状況が継続していると、高齢層の所得格差は．１８７程度となる。一方、実際の値は．２３４であり、世帯構造分布の変化は所得格差を大きくしたと解釈される。

世帯構造間の格差を１９８６年当時のままとした場合には、理論値は観測値よりも大きく異なると共に、変化の方向が異なる。世帯構造間の違い（全体平均からの特定世帯平均の偏差）を１９８６年と同じと仮定すると、所得格差は．３１３、．３１８、．３２７へと、１９９５年から２００４年に拡大しており、これは実際の観測値が減少したのとは逆の結果となった。１９８０年代の高齢層における大きな所得格差は、異なる世帯に属する高齢者の経済水準が大きく異なることに起因しており、その状況が継続していると仮定すると、所得格差は拡大の方向となる。言い換えると、１９８６年以来、世帯構造間の格差は

＊５　平均対数分散は次のように示すことができる。

$$MLD = \frac{\sum_i \sum_j \ln\left(\frac{\mu}{W_{ij}}\right)}{n} = \ln \mu - \frac{1}{n}\sum_i \sum_j \ln W_{ij}$$

n：標本サイズ　W_{ij}：第i世帯の第j番目個人の等価可処分所得

μ：等価可処分所得の全体平均

ＭＬＤを、世帯構造分布の変化と世帯構造間の変化に要因分解すると以下のようになる。左辺の第１項がグループ内効果であり、第２項がグループ間効果である。

$$MLD = \left[\alpha_s MLD_s + \alpha_m MLD_m + \cdots\right] + \left[\alpha_s \ln\frac{\mu}{\mu_s} + \alpha_m \ln\frac{\mu}{\mu_m} + \cdots\right]$$

α_x：世帯タイプxの全体に占める割合

MLD_x：世帯タイプx内で計算したMLD

μ_x：世帯タイプxの平均可処分所得

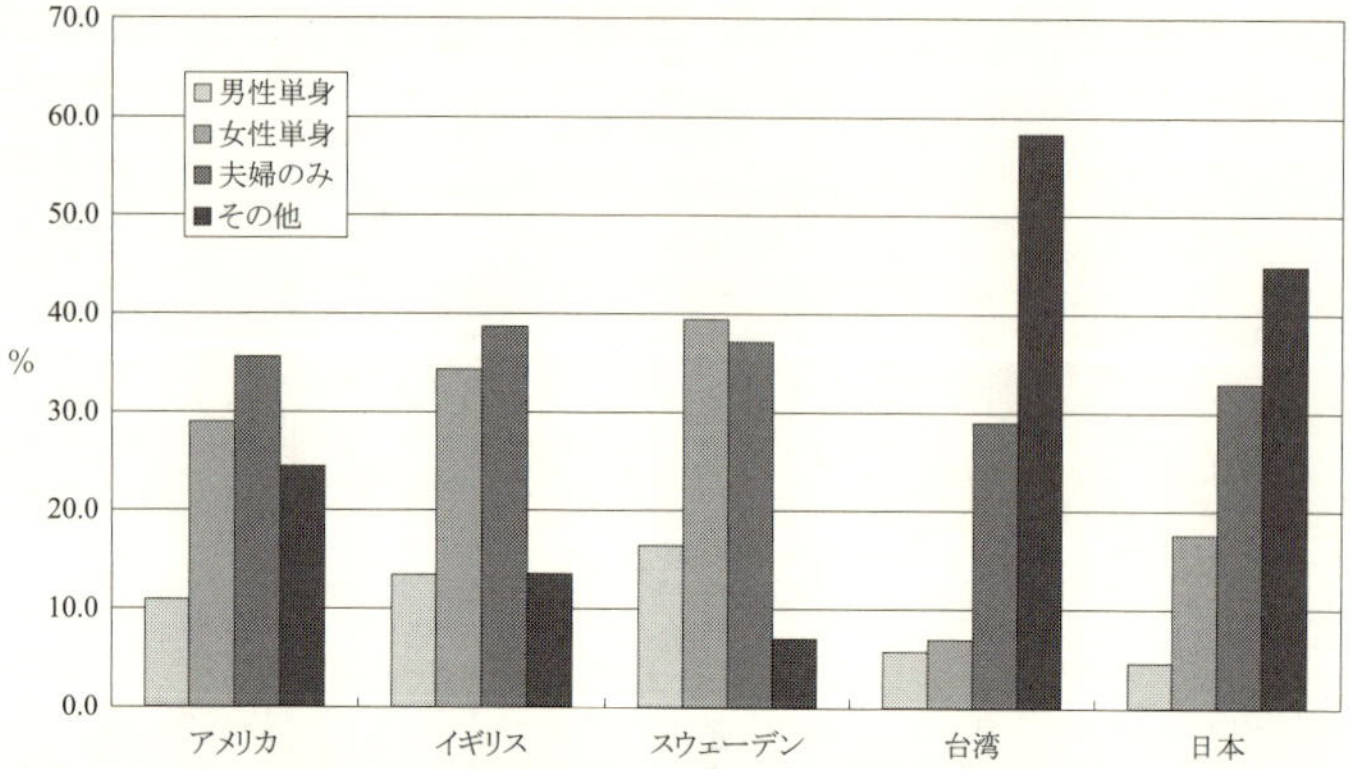

出典：日本（2004年国民生活基礎調査）、アメリカ・イギリス（2004年 LIS）、スウェーデン・台湾（2005年 LIS）

図5－9　各国の高齢者のいる世帯構造分布

改善された。高齢単身女性の貧困率は依然として高い。しかし、一人くらしか、夫婦だけで生活するか、あるいは子世代と同居するかによって、高齢者の生活水準は以前ほど大きく違わなくなった。高齢世帯主世帯の構造間格差が改善されることが、近年の高齢層全体の所得格差を縮小した。高齢世帯主の世帯構造は世帯サイズが縮小したことに伴い経済格差を拡大させる要因を内包しつつ、世帯構造間の格差が改善されたために高齢層全体としては所得格差が縮小された。

5　国際比較からみた高齢世帯の所得格差

本節では、高齢世帯主というよりも高齢者がいる世帯に着目して、日本の所得格差を検討してみよう。ここでの世帯構造は、一人くらしや夫婦のみ世帯が多数派を占める欧米との比較ということもあり、(1)男性一人くらし、(2)女性一人くらし、(3)夫婦のみ世帯、(4)その他世帯

表５−２　日本の世帯分布、世帯間格差をあてはめた場合の所得格差（ＭＬＤ）

	アメリカ	イギリス	スウェーデン	台湾	日本
観測値	0.288	0.218	0.113	0.187	0.230
日本の分布を固定	0.234	0.091	−0.040	0.339	0.230
日本の格差を固定	0.436	0.415	0.454	0.150	0.230

注：スウェーデンの世帯間格差をもって、日本の世帯分布と同じだと仮定すると所得格差はなくなる
出典：日本（2004年国民生活基礎調査）　アメリカ・イギリス（2004年LIS）　スウェーデン・台湾（2005年LIS）

（核家族や三世代世帯含む）の４カテゴリーに限定した。図５−９は高齢者がいる世帯の世帯構造分布である。

台湾と日本において、その他世帯割合の高さが明らかである。台湾や日本では、高齢者は未婚子や既婚子と同居するものが多く、台湾の高齢者７割近くは若年世代と生活を共にしている。日本の場合はその他世帯割合が45％と少数派になりつつあるが、１９７０年代半ばまでは台湾と同様、過半数の多数派が子世代と同居していた。しかしいま、三世代世帯は３割程度の少数派となり、３分の１が夫婦のみ世帯、２割弱が高齢女性の一人くらしとなった。高齢者のいる世帯の所得格差の程度を各国の世帯構造分布を考慮して検討すると、高齢者のいる世帯の構造分布が似通っているからといって所得格差が同じとは限らない。事実、スウェーデンの高齢者のいる世帯構造はイギリスの場合と最も近いが、所得格差の程度はスウェーデンの値がかなり低い。さらに、所得格差の程度をみるとイギリスの．２１８は日本の．２３０と最も近いが、高齢者のいる世帯分布は異なる。イギリスの高齢者のほとんどは、一人くらしか夫婦のみ世帯であって、その他世帯は１割程度である。従って、高齢者のいる所得格差の程度の違いが世帯構造分布の違いによるというだけでない。

それでも、日本の高齢者の世帯構造が他国と同じと仮定すると、他国の所得格差の程

度がどれほど違ってくるのか。さらには、世帯構造間の格差が日本の場合と同じと仮定したら、各国の世帯構造分布をもってどの程度の所得格差であると推測できるのか。前節でみたＭＬＤの要因分解を、各国比較で応用した結果が表２である。

他国の世帯構造分布が日本と同じと仮定して所得格差を算出した結果、大きく異なる値を得たのが、イギリス、スウェーデン、そして台湾であった。イギリスとスウェーデンについては、異なる世帯間格差をそのままとして、一人くらし世帯、夫婦のみ世帯、その他世帯の分布構造が日本と同じと仮定すると、両国の値が大きく低下した。一方、台湾は日本の世帯構造分布を同じとすると、所得格差の程度は上昇する。人口が高齢化する時期が遅く、日本や欧米ほどに高齢化が進行していない台湾においては、日本と同じような世帯構造になると（女性一人くらし割合が大きくなると）、所得格差が大きくなる。世帯構造分布が日本と同じであると仮定することで、所得格差が拡大する国と縮小する国がある。その違いは、世帯構造間の格差程度の違いから生まれる。

表５-２の第３列をみると、日本の世帯構造間格差を他国も同じと仮定すると、所得格差は台湾以外大きく上昇する。言い換えれば、日本の高齢者のいる世帯の所得格差が欧米に比べて大きいのは、異なる世帯構造間の所得格差が大きいことによると考えられる。たとえば、アメリカの値は日本と同程度の世帯構造間格差を仮定した場合に．４３６となり、実際の．２８８よりもかなり大きくなる。スウェーデンにしても、仮想的値は．４５４と日本の値よりも倍近くになってしまう。

このことから、日本における高齢層の所得格差が大きいのは、一人くらしか夫婦で生活するのか、あるいは子世代と同居するかによって高齢者の経済的福利度が大きく異なるからである。それは、日本型福祉社会の枠組で家族が基本的生活機能の中心を担ってきたことへの1つの弊害とも解釈できる。高齢期に至っても子世代と同居しない高齢者が増えてきた。それは、あえて子世代と同居せずとも高齢期の所得保障をはじめとする経済保障を獲得できるからという場合もあれば、子世代に親世代の面倒をみるほどの経済的余裕がなく同居できない場合がある。親子の同居パターンが何によって規定されているかがここでは問題になってくるが、これまでの日本型福祉社会を支えてきたような多世代家族を形成できるか否かで、高齢者の経済状況が大きく異なるのがわが国の状況であった。

時系列的には、世帯構造間の格差が解消されて高齢層の所得格差が改善される傾向にある。それは主に社会保障制度の成熟と解釈することができるが、現在、少子化対策に社会政策のウェイトが大きくシフトする中、年金の実質水準が抑えられる傾向にある。それは結局、一人くらしや夫婦のみの高齢世帯の経済水準を直撃することになりかねない。

6　日本の高齢者就労

高齢者の高い就労率は、日本の特徴として欧米から注目されてきた（OECD2008）。特にヨーロッパの高齢就労への高い関心は年金財源の緊迫があり、いかに高齢者を労働市場に引き止めるか重要で、すで

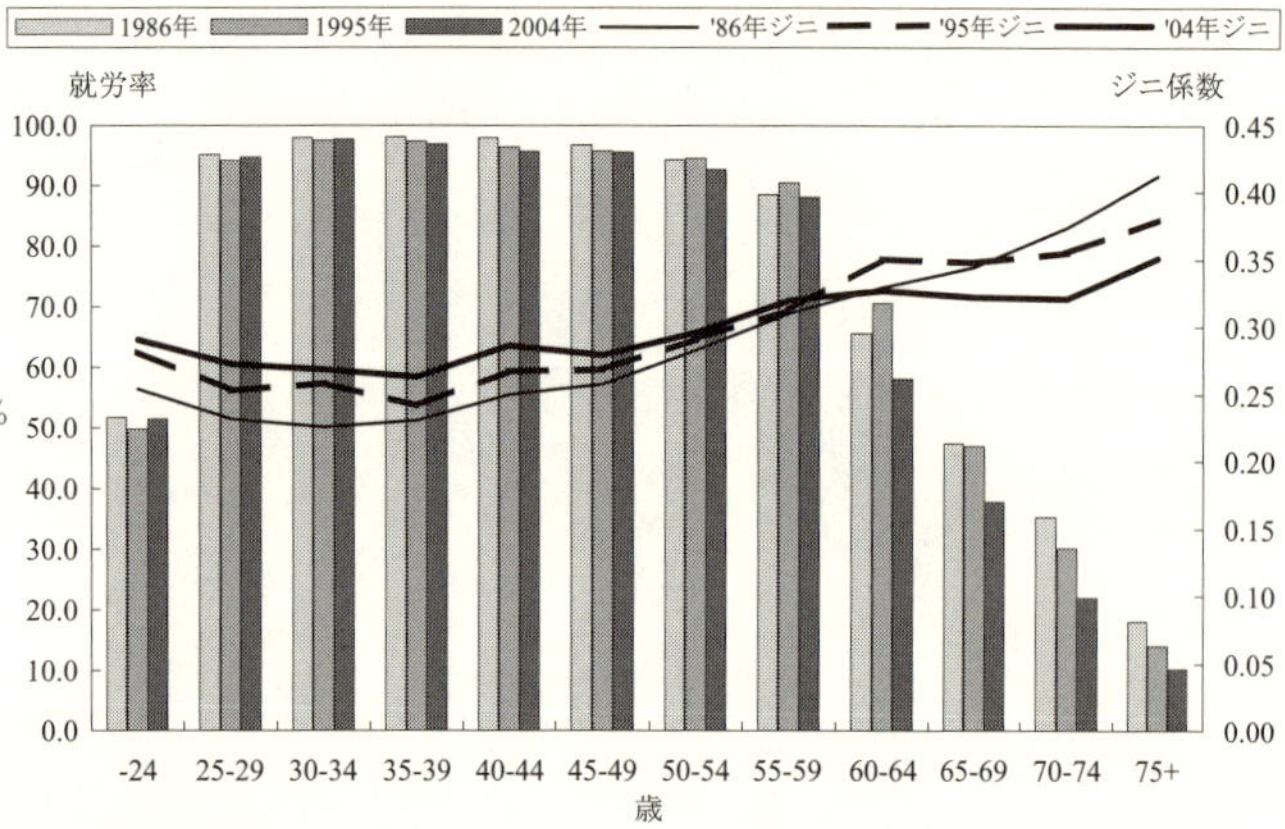

出典：国民生活基礎調査

図５−10　世帯主年齢階層別、世帯主就労率とジニ係数

に高齢者の就労率が高い日本は絶好のモデルとなる。しかし日本の高い高齢者就労率の背景には、働くことが生きがいであり、生涯現役を貫くという積極的な意味合いもあろうが、生活のために働かねばならないという社会制度の不備によるところもある。

図５-10は、世帯主年齢階層別に各年齢層の就労率とジニ係数によって提示した所得格差の変化を示す。世帯主の就労率は１９８６年から２００４年にかけて、50代まで上昇の傾向にある。これは完全失業率が１９８６年２・８%、１９９５年３・２%、２００４年４・７%、と上昇している状況（総務省２００８）を考えると、高齢就労割合の上昇は少々意外である。しかし、図５-10は世帯主の就労率である。上昇した世帯主就労率は、世帯主となるには一家を支えることのできる者であることが一層求められるようになったとも解釈できる。

世帯主年齢階層別に就労割合をみると、50代まで９割の

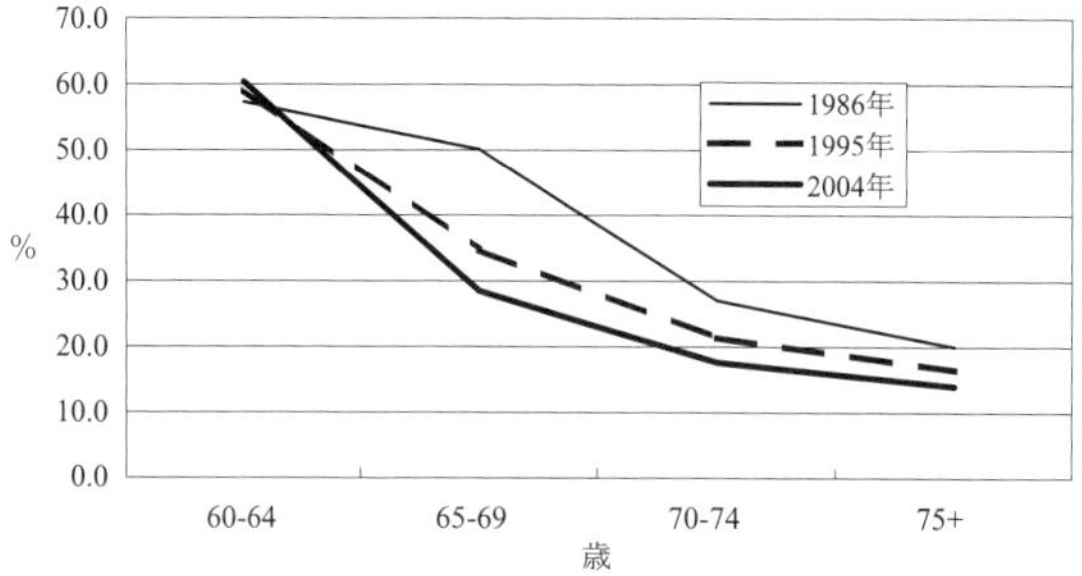

出典：国民生活基礎調査

図5-11　世帯主年齢別、雇用収入割合

大多数の世帯主は仕事を持っている。しかし、その就労割合は60代に入って大きく低下する。60代前半の就労率は、１９８６年65・７％、１９９５年70・７％、２００４年58・３％と、２０００年半ば、60代前半では過半数が仕事を持つ。60代後半になると就労率は約３分の１になる。年齢が高くなるにつれ就労者の割合は低下し、２００４年時点で75歳以上の世帯主が仕事を持つ割合は１割程度に過ぎない。

このような高齢層における仕事を持つものと持たないものが混在する状況は、所得格差にも重要な影響を及ぼす。世帯主年齢階層別にジニ係数を算出すると、60代前半をピークにジニ係数が高くなり、60代後半には低下し、75歳以上では再びジニ係数が上昇する（図５-10）。仕事を持つ割合が減少すると共に特定年齢層の経済的不平等の程度が低下する背景にあるのは、有業者と無業者との格差よりも両者の割合の変化が関係している。仕事を持つことでより高い経済的ウェルビィーイングを手に入れることができ、仕事を持つものと持たないもののの格差は大きい。30代から50代まで世帯主はほとんどが仕事を持っており、仕事を持つものと持たないものの格差は全体の格差に寄与し

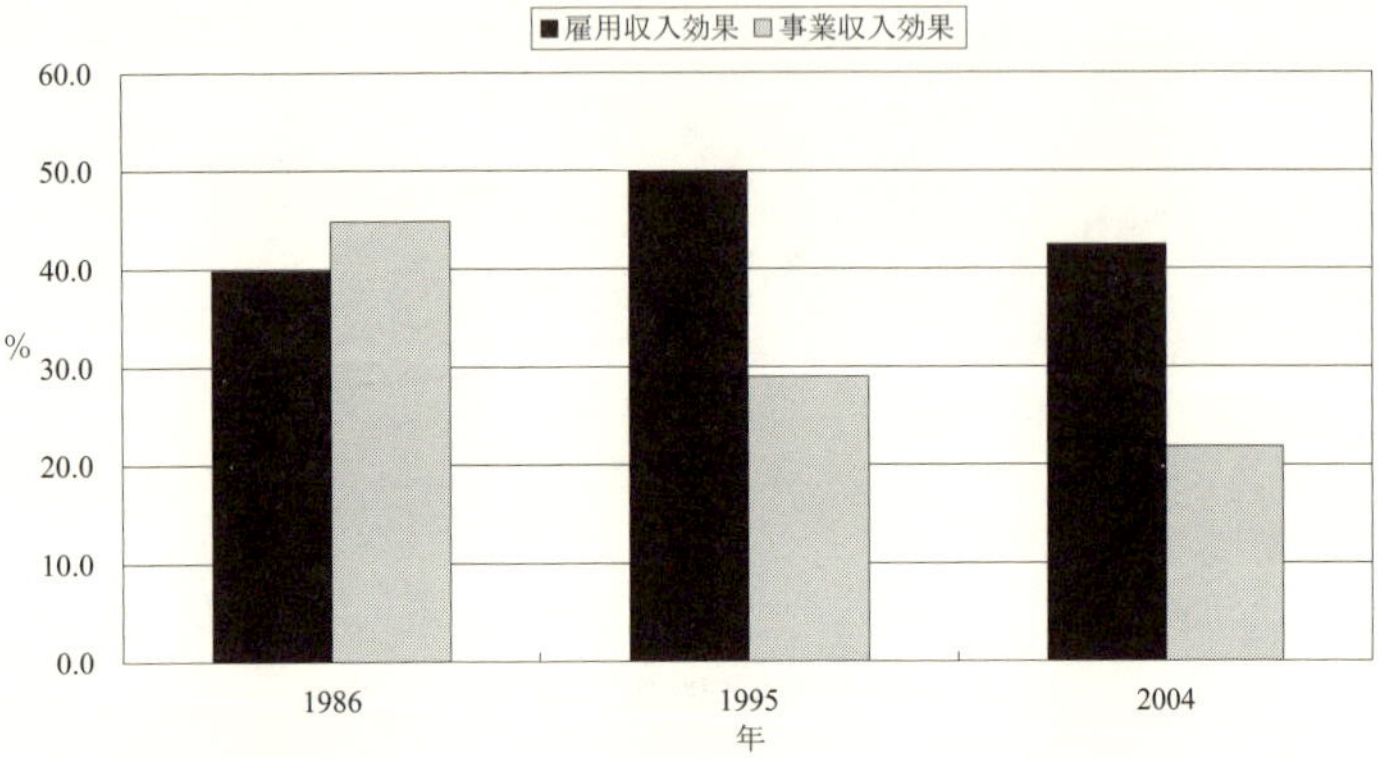

出典：国民生活基礎調査

図5-12　高齢者のみ世帯における所得格差への雇用収入効果および事業収入効果の変化

ない。しかし、60代になると仕事を持つものの割合が大きく減少し、仕事の有無が所得格差を引き上げると考えられる。事実、仕事を持たないものが3分の1程度になる60代前半のジニ係数は高い。

高齢となって仕事を持つ選択ができなくなると、就労所得に伴う所得格差の影響は小さくなる。世帯収入に占める雇用収入割合は世帯主年齢が高くなるほど低下する（図5-11）。近年雇用収入割合は大きく減少し、年金収入割合が上昇した。この、年金収入割合の上昇は特に65歳以上の高齢期における所得格差の縮小と関連していると考えられる。もっとも、75歳以上世帯主層になるとジニ係数は再び上昇する。有業世帯主割合が1割程度となった75歳以上層において所得格差が再び上昇する背景には、死別の高齢女性単身世帯割合の増加が考えられ、三世代世帯で生活する高齢者との格差が顕在化したものと考えられる。

ただ、図5-11には、減少傾向にあるといえども三世代世帯や未婚子と同居する高齢者が含まれ、高齢者以外の世帯員による収入が含まれる。そこで、高齢一人くらしと夫婦のみ世帯からなる高齢者のみ世帯に着目し、高齢世帯における雇用収入を中心とする稼働収入の効果を検討する。ここでいう稼働収入とは、雇用収入、事業収入、農耕収入、家内収入を合計したものである。高齢者のみ世帯において、高所得層では特に、稼働収入割合は近年低下の傾向にある。事実、２００４年において最も高い所得層における稼働収入割合は45％と、１９８６年81％の半分近くにも低下した。その反面、公的年金やその他の社会保障給付費割合は高所得層でも上昇している。

どの収入源が高齢世帯主世帯層の所得格差を大きく規定するかをみたのが図5-12である。[*6] １９８０年代半ば以降20年の間で雇用収入と事業収入といった稼働収入による効果が低下した。その背景には、これまでみてきたように高齢者の就労行動での変化が関係する。１９８０年代半ば、高齢一人くらしや高齢夫婦のみ世帯における所得格差の8割以上を雇用収入や事業収入といった稼働所得が説明していた。働くか、働かないか、さらにはどのような働き方をするかが、高齢者の間の所得格差に大きく影響を及ぼしていた。２００

＊6　平方変動係数（Squared Coefficient of Variation: SCV）を用いて、所得格差を収入源によって要因分解した。

$$SCV = \sum_k \frac{cov(Y_k, Y)}{\mu^2} = \sum_k \frac{1}{2}\left[\frac{Var(Y_k)}{\mu^2} + \frac{Var(Y_k) + 2Cov(Y_k, Y - Y_k)}{\mu^2}\right]$$

Y_kは第k番目の所得源

0年半ばになると、稼働所得効果は64％へと低下し高齢層における自営割合の低下に伴って自営収入効果も低下した。２００４年、高齢のみ世帯層の所得格差の３分の２以上を稼働所得が説明するといえども、財産収入や年金等といった非稼働収入効果が上昇傾向にある点は見逃せない。

高齢期の所得格差が近年減少傾向にあるという事実に戻ると、その背景には高齢層の所得構造の変化がある。高齢層の所得保障として公的年金に頼る傾向が強まり、社会保障関連収入の上昇が、高齢層における所得格差縮小に働いたと考えられる（白波瀬２００５ｂ）。もっとも、就労割合の低下だけによって近年の65歳以上高齢層における所得格差の低下を説明できるわけではない。所得格差に与える稼働収入効果の低下と、年金制度の整備に伴う高齢世帯の所得水準の底上げがその背景にあることは想像に難くない。高齢層に偏った社会保障制度が問題視されているが、だからこそ高齢層の経済的リスクは改善された。高齢層の低所得層減少は、これまでの社会保障制度の成果の１つである。

7　人口高齢化と所得格差の拡大

人口高齢化に着目して、近年の所得格差拡大のメカニズムをみてきた。高齢化とは人口と世帯の２つのレベルで捉えられるべきで、特に、所得格差をみる場合には世帯が重要な意味を持つ。１９８０年代半ばから２０００年代半ばにかけて、日本社会全体の経済格差は拡大した一方で高齢層内の格差は縮小した。変化の方向は異なるが、高齢層の格差が他の年齢層に比べて大きいために、高齢層割合の上昇に伴って全体格差が大きくなった。

全体人口に占める65歳以上割合は２割を超えたが、世帯を単位に世帯主年齢分布をみると２０００年代半ばで65歳以上世帯主割合は３分の１を超えた。ここでは誰が世帯主になるかとどのような世帯を形成するかが、世帯主年齢分布に反映される。日本型福祉社会が強調された頃、高齢者の多くは子世代と同居する三世代世帯の中で生活をし、そこでの世帯主の多くは子世代であった。その後、三世代世帯割合が低下する一方で、三世代世帯において高齢者が世帯主となる割合が上昇した。２００４年、65歳世帯主世帯の３分の２以上は一人くらしか夫婦のみ世帯である。このような世帯構造の変化は高齢層の所得格差の程度にも影響を及ぼした。

かつて、一人くらしか子世代と同居して生活するかが高齢者に大きな経済的福利度の違いをもたらした（白波瀬２００２：２００５ａ）。しかし、三世代世帯割合が低下すると同時に、一人くらしや夫婦のみ世帯の経済状況が改善されたことで、一人くらしか三世代世帯かの経済格差が縮小した。このことが高齢層の所得格差を縮小させた１つの原因である。もう１つ、三世代世帯で生活することは依然高齢者にとって有意な経済状況を提供するが、三世代にあっても貧困リスクと無関係ではない状況も出現してきた。高齢者にとっての世代構造間格差の縮小は下層部の底上げと上層部の地盤沈下によってもたらされた。

さらに高齢者の就労行動の変化が高齢期の経済格差に影響を及ぼした。かつて、働くか、働かないかや、自営業を主とする自営収入の有無は高齢期の所得格差に大きな影響を及ぼしていた。日本の高齢者の高い就労率は欧米から羨望の目でみられるが、そこには就労に伴う高い経済的リターンがあった。働くことが豊かな生活と直結する。だからこそ、健康が許す限り働き続ける高齢者たちがいた。しかし、産業構造がサービス業へと移行し労働市場も変化する中、高齢者の自営割合は低下し、雇用形態も非正規雇用が増える中、働くか働かないかに伴う経済状況の差は縮小された。さらに、高齢期の所得格差を説明する上に、財産収入や年金収入といった非稼働収入による効果が上昇の傾向にある。高齢期に働き続けられるか否かに、これまで仕事を通してどのようなネットワークを形成してきたかが無関係ではない。近年、財産収入や年金収入が高齢期の所得格差を決定するウェイトがさらに高まった。財産の有無といった資産効果と年金（公的のみならず私的年金）という長期にわたる積み立てといった要素を考慮すると、高齢期の所得格差がこれまでの人生の積み重ね（累積効果）の結果である側面を一層強めたと考えられる。

人口高齢化は所得格差の変化をもたらす重要な背景であって、そこでは人口変動とともに実際に生活する場である世帯構造の変化があった。人口、世帯とは社会を形成する構成単位であり、その構成単位が社会構造を形成していく。社会構造における人々の立ち位置がどのように規定されてきたのかに注目してきた社会階層論は、その理論的な主軸を労働市場との関係に置いてきた。事実、社会階層上の地位を決める場合に、労働市場における職種や従業上の地位、さらには役職が重要な規定変数となってきた。しかしながら、人口高齢化に伴い、労働市場から引退するもの、契約社員やパートタイマーとして再就職するもの、経営者として変わらぬ地位にとどまるもの等、労働市場との多様な関係を持つものが増えてきた。このことが、既存の社会階層論の理論的立場の見直しを迫る。

所得格差を社会学の枠組みから捉えることは、所得を通した個人、世帯の社会的位置づけを捉えることに通じる。所得に代表される経済状況から、人々の人的ネットワーク量や将来に向けたリスク対応能力の保有量を推測することができる。少子高齢化で代表される人口変動に着目して所得格差を社会学的に議論することは、本格的高齢社会に向けた新たな社会階層論への理論的枠組のみならず諸政策を検討する上にも重要である。

参考文献

Cowell, F., 1995, *Measuring Inequality,* London: Harvester Wheatsheaf.

Crystal, S. and D. Shea, 1990, "Cumulative Advantage, Cumulative Disadvantage, and Inequality among Elderly People," *The Gerontologist* 30: 437-443.

Elder, G. H. Jr., 1995, "The Life Course Paradigm: Social Change and Individual Development," in *Perspectives on the Ecology of Human Development*, edited by P. Moen and G.H. Elder Jr. and K. Lüscher, Cambrige University Press: 101-139.

藤村正之、２００１、「高齢期における社会的不平等と社会的公正」平岡公一編『高齢期と社会的不平等』東京大学出版会：１７５–１８９.

Hurd, M. D. and J. B. Shoven, 1985, "The Distributional Impact of Social Security," in *Pension, Labor, and Individual Choice*, edited

by D. Wise, University of Chicago Press: 193-222.
厚生労働省大臣官房統計情報部、２００５、『国民生活基礎調査　概要』.
内閣府、２００８、『平成20年版　高齢社会白書』.
西崎文平・山田泰・安藤英祐、１９９８、『日本の所得格差』経済企画庁経済研究所.
落合恵美子、１９９４、『21世紀家族へ―家族の戦後体制の見かた・超えかた』有斐閣.
OECD, 2008, *Growing Unequal?: Income Distribution and Poverty in OECD Countries*.
大竹文雄、１９９４、「１９８０年代の所得・資産分配」『季刊理論経済学』第45巻第5号：３８５-４０２.
大竹文雄、２００５、『日本の不平等　格差社会の幻想と未来』日本経済新聞社.
大竹文雄・齊藤誠、１９９９、「所得不平等化の背景とその政策的含意：年齢階層内効果、年齢階層間効果、人口高齢化効果」『季刊社会保障研究』35(1)：65-76.
Pampel, F. C., 1981, *Social Change and the Aged: Recent Trends in the United States*, Lexington, MA: Lexington Books.
白波瀬佐和子、２００２、「日本の所得格差と高齢者世帯―国際比較の観点から」『日本労働研究雑誌』５００：72-85.
白波瀬佐和子、２００５a、『少子高齢社会のみえない格差　ジェンダー・世代・階層のゆくえ』東京大学出版会.
白波瀬佐和子、２００５b、「高齢期をひとりで暮らすということ」『季刊社会保障研究』41(2)：１１１-１２１.
白波瀬佐和子、２００６、「シニア層の生活実態：多様な生き様と経済格差」『年金と経済』25(2)：４-10.
白波瀬佐和子、２００９、『日本の不平等を考える　少子高齢社会の国際比較分析』東京大学出版会.

白波瀬佐和子・竹内俊子、２００９、「人口高齢化と経済格差拡大・再考」『社会学評論』60(2)：２５９-２７８.

Shuey, K. M. and A. E.Willson, 2008, "Cumulative Disadvantage and Black-White Disparities in Life-Course Health Trajectories," *Research on Aging* 30: 200-225.

Smeeding, T. and P. Saunders, 1998, "How Do the Elderly in Taiwan Fare Cross-Nationally? Evidence from the Luxembourg Income Study (LIS) Project," LIS Working Paper, No. 183.

総務省統計局、２００５、『労働力調査』.

山田昌弘、２００４、「家族の個人化」『社会学評論』54(4)：３４１-３５４.

第6章

中流意識と日本社会
――階層帰属意識の時代的変化とその意味――

神林博史

1　はじめに

「中流意識」や「一億総中流」は、高度経済成長期以後の豊かな社会を象徴する言葉として、しばしば批判にさらされつつも、広く受け入れられてきた。しかしここ数年の間に、こうした豊かで平等な日本社会のイメージは大きく変化しつつある。現在では、「中流崩壊」や「下流」化にリアリティを感じる人の方が多いかもしれない。

「総中流」が信じられていた頃、その重要な証拠とされたものの1つが、世論調査や社会調査において測定される「階層帰属意識」（または「生活程度」）と呼ばれる質問への人々の回答であった。階層帰属意識とは、自分が社会の中でどの位置にいるか、あるいは自分の暮らし向きは社会の中でどの程度のレベルにあるかをたずねるもので、たとえば次のような質問が用いられる。

お宅の生活の程度は、世間一般からみて、どうですか。この中から1つお答えください。
上、中の上、中の中、中の下、下

（内閣府「国民生活に関する世論調査」）

こうした質問における「中」回答の多さが、「みんな中流と思っている」、「日本には中流が多い」と解釈され、それが「日本は中流社会」というイメージを生み出すことになった。しかし、ここにはいくつかの論理の飛躍がある。たとえば、この質問の選択肢はあくまでも「中」であって、それが「中流」を意味するとは限らない。また、この質問は回答者自身の世帯の生活程度についての認識を測定しているが、そうした回答が、収入や職業や学歴といった客観的な社会的地位の状態と一致するとは限らない。したがって、多くの人が自分を「中」だと思ったとしても、そのことは、日本社会が実態として中流が多いとか、日本は平等な社会だということを必ずしも意味しない。実際、本書のここまでの章や近年の様々な研究が指摘しているように、戦後日本社会には程度の差こそあれ、一貫して不平等が存在し続けてきた。
にもかかわらず、多くの人々が自分を「中」だと考えたのはなぜだろうか。そして、「中流」認識や「中流」をめぐる議論にはどのような意味があったのだろうか。本章では、１９５０年代から２０００年代までの階層帰属意識の変化とそのメカニズムの検討を通じて、日本社会における「中流意識」の意味を考えたい。

2　階層帰属意識とは何か

社会の中の自分の位置：階級帰属意識と階層帰属意識

社会階級と社会階層は、社会における不平等の構造を把握するための枠組である。どちらも、主に職業を基準するグループ分けを行うことで、不平等の構造を捉えようとする。社会階級は分類基準が明確な比較的少数のグループ（典型的には、資本家階級、中産階級、労働者階級）を想定するのに対し、社会階層は分類基準やグループの数の制約がより緩やかな、多層的な序列構造を想定するという違いがある。そして、人々がどの階級・階層に属しているかは、基本的には観察者（研究者）が作った理論的・経験的な基準に照らして決定される。したがって、人々の属する階級・階層を知るためには、職業や収入といった客観的な変数を測定する必要がある。

それとは別に、「自分がどこに属していると思うか」を人々に直接尋ねることで階級や階層を測定する方法もある。自分がどの階級に属しているかの意識を「階級帰属意識」、どの階層に属しているかの意識を「階層帰属意識」と呼ぶ。

なぜ、帰属意識のように主観的な変数を測定する必要があるのだろうか。その理由はいくつかあるのだが、今日的な観点から最も重要なのは、帰属意識が人々の意識や社会についてのイメージや、様々な社会的・政治的行動を理解する上で重要な役割を果たすと考えられる点であろう。

たとえば、経済的に豊かな生活を享受している人は、そのような生活をもたらしてくれる社会のあり方や政府の政策を支持し、貧しさの中で日々の生活に苦労している人は、その逆になるだろう。ここで、豊かさや貧しさには、客観的な状態だけでなく本人の主観が関わってくるという点に注意が必要である。客観的には貧しい状態にあっても、本人が「それほどひどい状態ではない」と思っていれば、その人は社会に不満を抱かないかもしれない。逆に、客観的には恵まれた水準の生活をしていても「自分はもっと豊かになれるはずなのに」と思えば、その人は政府に不満を持ち何らかの行動を起こすかもしれない。ゆえに、客観的な不平等の状態とは別に、主観的な不平等認識（帰属意識）を調べる必要が生じる。

帰属意識はまた、社会的・集団的なアイデンティティとしても重要な役割を果たす可能性がある。たとえば、労働運動が盛んだった頃によく使われた「われわれ労働者」という呼称は、運動に参加する者の立場を明確にし、集団の団結心を高める効果を持っていた。このように、帰属意識は人々の政治的な意識や行動の核となり、それを活性化させる役割も果たすと考えられる。こうした見方はマルクス主義的な社会階級論に基づくものである。そのため、特に社会階級研究において階級帰属意識の分析が重視されてきた。

日本の場合、階級帰属意識と階層帰属意識は、１９５０年代に社会調査に導入された。[*1] 階級帰属意識は、現在ではそれほど注目されなくなっているが、１９６０年代末頃までは階層帰属意識よりもむしろ階級帰属意識の研究の方が盛んであったし、日常的にも「階級」という言葉の方が「階層」よりもよく使われていた。その理由はいうまでもなく、マルクス主義の影響力がきわめて強かったことによる。

しかし、高度経済成長が進むにつれ、「階級」は次第にリアリティを失ってゆき、それと入れ替わるようにして、階層帰属意識の「中」回答の多さが次第に社会的な関心を集めるようになっていった。[*2]

データと階層帰属意識の変化

本章では、１９５０年代から最近までの階層帰属意識の変化を分析するためのデータとして、「社会階層と社会移動」全国調査（以下、「ＳＳＭ調査」と略す）データを使用する。ＳＳＭ調査では、階層帰属意識は１９５５年から継続的に調査されており、次のような形で質問されている。

＊１　詳しい経緯については、神林（２０１０）を参照。

＊２　階級帰属意識の変化と性質については三隅（１９９０）、戦後の階級帰属意識研究の大まかな流れは坂東（１９７７）、高度経済成長期以降「階級」概念が衰退していく過程は橋本（２００１）がわかりやすい。

表６−１　階層帰属意識の分布（1955–2006年ＳＳＭ調査）

数値：%

	1955 年	1965 年	1975 年	1985 年	1995 年	2005 年	2006 年
上	0.3	0.4	1.2	2.0	1.4	0.6	1.1
中の上	7.3	12.6	23.8	24.8	25.5	16.8	22.8
中の下	35.3	44.4	54.0	49.0	46.8	38.4	54.3
下の上	38.3	33.5	17.0	18.1	15.9	25.5	17.8
下の下	18.9	9.2	4.0	6.1	5.8	7.7	3.9
わからない	1.6	3.9	1.8	3.3	4.7	11.0	3.1
%の基数	2014	2077	2724	2473	2490	2660	551

注：(1)1985 年は A 票と B 票の合併、1995 年は A 票と B 票の合併、2006 年は補足調査、(2)20 歳から 69 歳の男性

かりに現在の日本の社会全体を、このリストにかいてあるように５つの層に分けるとすれば、あなた自身は、このどれに入ると思いますか。

上、中の上、中の下、下の上、下の下

（ＳＳＭ調査）

表６−１は、１９５５年から２００５年までのＳＳＭ調査における階層帰属意識の分布をまとめたものである。なお、これは男性のみの結果である。（１９７５年までのＳＳＭ調査では、女性が調査対象となっていなかったため。１９８５年以降のデータについても、性別の影響を取り除くために男性のみの結果とした。）

１９５５年から１９７５年にかけて、「中の上」と「中の下」が大幅に増大している。１９８５年は、１９７５年に比べやや中の下が低下。１９９５年は１９８５年とほとんど変化がない。２００５年は、１９９５年に比べると全体的に分布が下方にシフトしているが、これは階層帰属意識の測定方法を２００５年調査で変更したことが主な原因となっていると考えられる。[*3] 表６−１には２００６年

に行われた追加調査の結果も示したが、こちらの方は２００５年ほど顕著な下方シフトは見られない（この調査では、１９９５年調査までと同じ方法で階層帰属意識が測定された）。したがって、２００５年に階層帰属意識の急激な低下が生じたと見るべきではないだろう。

階層帰属意識の変化については、内閣府が１９４９年から行っている「国民生活に関する世論調査」（以下、「国民生活調査」と略）も重要である。すでに述べたように「中流意識」の拡大や「一億総中流」の根拠としてよく参照されたのは、この調査の結果である。

国民生活調査の質問文は、本章の冒頭に示した。この質問が尋ねているのは「生活の程度」なので、これを階層帰属意識と同一視してよいのかは実は微妙な問題であるが、ここでは階層帰属意識の一種とみなしておく。国民生活調査の１９５８年から２０１０年までの結果をまとめたものが、図６-１である。[*4]

「中の中」は１９６０年代に大きく上昇したことがわかる。「中の上」はゆるやかだが、同様に１９６０年

＊３　１９９５年までのＳＳＭ調査は面接法で行っていたが、２００５年調査では面接法と配票自記式を併用し、階層帰属意識は自記式の調査票に組み込まれた。この結果、面接調査に比べ「より正直な」回答が得られた可能性が高い。つまり、調査員を前にして「わからない」あるいは「下」と回答するのに抵抗感がある人が、他人の目を気にしなくてよい自記式では、自分の気持ちを正直に答えたのかもしれない。２００５年ＳＳＭ調査の階層帰属意識に関する問題については、小林（２００８ａ）を参照。

＊４　過去のすべての調査の単純集計を、内閣府統計サイトで見ることができる。http://www8.cao.go.jp/survey/index-ko.html（２０１１年５月現在）。なお、１９７４年から１９７６年は年２回調査が行われているが、ここでは各年１回目の調査の値を用いた。

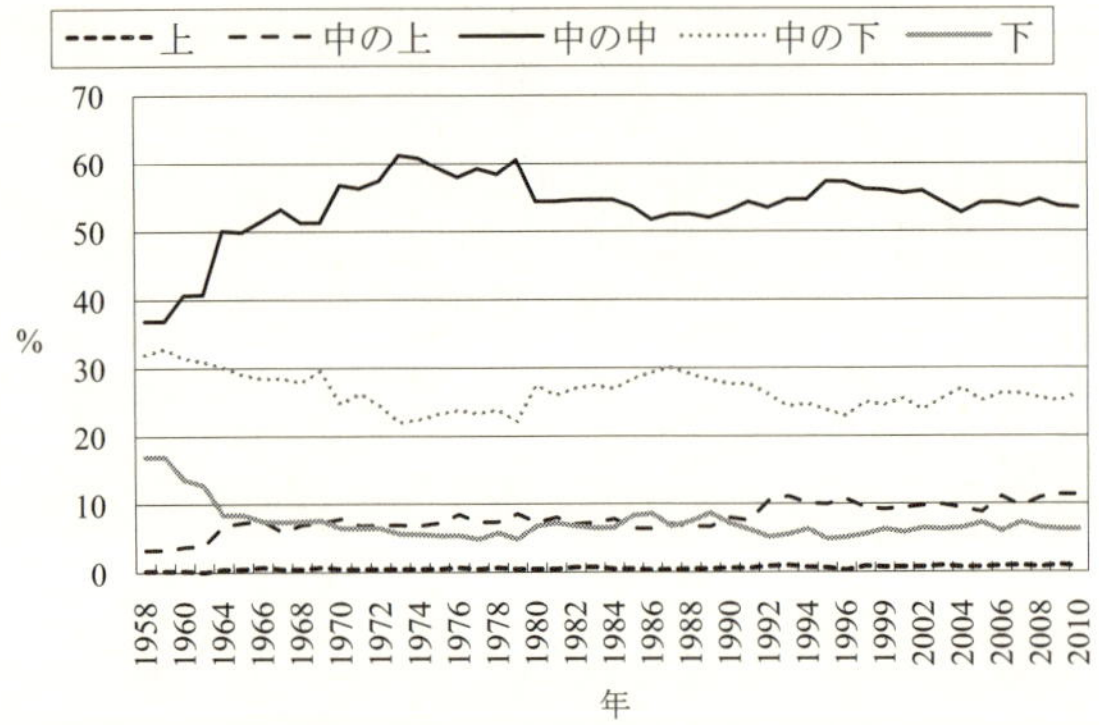

出典：内閣府「国民生活に関する世論調査」

図6－1　生活程度階層帰属意識の変化（1958-2010年）

代に上昇している。「中の下」と「下」は同じ時期に低下、「上」は、50年間でほとんど変化がなく、ほぼ1％前後の水準を維持している。「中」の3つのカテゴリーを合計すると、1958年には約70％であったものが、1970年代には90％に達している。（以下、「中」の3つのカテゴリーを合計した意識を「『中』意識」と呼ぶ。）

2つの調査データからわかるように、中流意識と時代の対応関係については、大きく2期に分けることができる。すなわち、1970年代までの高度経済成長期における「中」意識の拡大期と、それ以降の安定期である。以下では、この2つの時期について詳しく検討する。

3　「一億総中流」への道

階層帰属意識の変化：1955-1975年

高度経済成長期に人々の「中」意識が上昇したのはなぜだろうか。高度経済成長によって人々の生活が豊かになったから、

表6-2 階層変数の分布（1955-1975年）

数値：%

		1955年	1965年	1975年
学歴	中卒以下	69.9	58.7	44.4
	高卒	18.2	27.3	36.5
	短大卒以上	11.9	14.0	19.0
	%の基数	2014	2067	2709
職業	ホワイト上	10.1	13.1	17.1
	ホワイト下	20.2	28.1	27.4
	ブルー	29.3	38.9	40.4
	農業	40.4	19.9	15.2
	%の基数	1910	1965	2532
世帯収入	225万円未満	71.2	39.5	8.8
	226-299万円	18.4	18.9	14.1
	300-449万円	8.6	21.5	33.2
	450-799万円	1.2	14.3	29.2
	800万円以上	.6	5.8	14.7
	%の基数	1894	1914	2565

注：20歳から69歳の男性のみ

あるいは社会の構造が変化したから、といったように漠然と理解されることが多いようだ。しかし、高度経済成長がもたらした社会的・経済的な変化には、産業構造・就業構造の変化、平均所得の上昇、所得格差の縮小、耐久消費財の普及、高学歴化の進行、など様々な側面がある。

表6-2は、1955年から1975年までのSSM調査データにおける学歴、職業、世帯収入（年収）の分布をまとめたものである（以下、これらの変数を「階層変数」と呼ぶ）。学歴は、「(1)中卒以下、(2)高卒、(3)高専・短大卒以上」の3カテゴリー、職業は「(1)ホワイトカラー上層（専門、管理）、(2)ホワイトカラー下層（販売、事務）、(3)ブルーカラー（熟練、半熟練、非熟練）、(4)農業」の4カテゴリー、世

表6−3　学歴別「中」意識比率

数値：%

	1955年	1965年	1975年
中卒	35.4	47.5	73.1
高卒	52.5	64.4	77.4
短大以上	69.2	81.6	89.5

表6−4　職業別「中」意識比率

数値：%

	1955年	1965年	1975年
ホワイト上層	68.9	79.6	84.1
ホワイト下層	53.9	59.9	82.3
ブルー	32.4	49.5	72.7
農業	38.0	49.9	77.5

帯収入は２０００年を基準とする消費者物価指数[*5]で調整した上で、５カテゴリーに区分した。

学歴に関しては高学歴化の進行が、職業については、農業が減少しブルーカラーとホワイトカラーが拡大してゆく、いわゆる産業化の進行が確認できる。世帯収入は１９５５年と１９７５年の間の所得水準の変化が大きいので、分布の偏りが大きくなっているが、全体的に上昇したことがわかる。また、この時期には所得格差の縮小も同時に進行した（原・盛山１９９９、大竹２００５、橋本２００９）。

これらの階層変数と階層帰属意識の間には、以下のような関係があることが知られている。⑴学歴が高い人ほど、帰属階層を高く回答する。⑵職業階層が高い方が帰属階層を高く回答する。たとえば、ブルーカラーよりホワイトカラーの方が、ホワイトカラー内でも地位の高い専門職や管理職の方が、帰属階層を高く回答する。⑶収入が高い人ほど帰属階層を高く回答する。表６−２に示したように、学歴・職業・収

表6-5　世帯収入層別「中」意識比率

数値：%

<table>
<tr><th></th><th>1955 年</th><th>1965 年</th><th>1975 年</th></tr>
<tr><td>225 万円未満</td><td>34.2</td><td>39.9</td><td>64.1</td></tr>
<tr><td>226-299 万円</td><td>58.6</td><td>55.1</td><td>70.5</td></tr>
<tr><td>300-449 万円</td><td>70.2</td><td>67.9</td><td>73.4</td></tr>
<tr><td>450-799 万円</td><td rowspan="2">78.1</td><td>76.2</td><td>82.3</td></tr>
<tr><td>800 万円以上</td><td>78.0</td><td>90.1</td></tr>
</table>

注：1955 年の 800 万円以上層は標本数が少ないため、450－799 万円層と統合した

入のいずれも、高度経済成長期に上昇しているのだから、素朴に考えれば、これらの構造の変化が階層帰属意識の上昇を引き起こしたと考えたくなる。*6 しかし、事態はそれほど単純ではない。人々の階層帰属意識は、実際には学歴・職業・所得の構造的な変化を上回って上昇した。表6-3から表6-5は、各調査時点の「中」意識比率（「中の上」と「中の下」の合計比率）を学歴・職業、世帯収入層別に示したものである。

1955年から1975年にかけて、学歴・職業・世帯収入のすべての層で「中」意識が上昇していることがわかる。特に注目すべきなのは世帯収入で、最も低い225万円未満層でさえ「中」比率が大きく上昇している（表6-5）。表6-2からわかるように、世帯収入225万円以下の層は195

＊5　総務庁統計局「2000年基準　消費者物価接続指数総覧」および同「消費者物価指数年報」（2005）の「持家の帰属家賃を除く総合指数」による。矢野恒太記念会（2006）に掲載のものを用いた。

＊6　関連する仮説として、「地位の非一貫性の増加」説がある。「地位の非一貫性」とは、職業、学歴、収入といった個々の社会的地位の高低が、個人内で一貫していないことである。高度経済成長によって地位の非一貫性が増大したことで、中意識が拡大したという説は、一時期は有力視されていたが、後に盛山（1990）の分析によって否定されている。

5年の約70%から、１９７５年の約10%まで縮小している。したがって１９７５年の２２５万円以下層は、それ以前に比べて相対的により貧しい層である。にもかかわらず「中」比率は上昇しているのである。（このことは、すでに間々田（１９９０）および盛山（１９９０）でも指摘されている。）

なぜ「中」意識は上昇したか

こうした変化をどう理解すればよいだろうか。戦後日本の階層帰属意識の変化に関する有力な理論の１つが、盛山和夫による「生活水準の『中イメージ』の断続的変化説」（盛山１９９０）である。[*7]

盛山の議論を要約すると以下のようになる。まず、人々は自らの社会経済的な地位や生活水準をもとに帰属階層を判断する、と考える。この際、自分がどの層に属しているかを判断するためには、帰属階層判断のための基準（以下、「階層基準」と略す）を想定し、その階層基準と自身の社会経済的地位や生活水準とを比較する必要がある。

ここで階層基準と階層帰属判断のメカニズムについて、次のような3つの仮定を置く。第1に、回答者が想定する階層基準は、調査時点での社会の正確な認知というよりは、過去のイメージに依拠したものになるという仮定。たとえば、表6-2のような所得分布を正確にイメージできる人は少ないだろう。人々が想定する基準は、それまでの生活の中で形成された、ある程度過去のイメージに基づいたものになる可能性が高い。第2に、階層基準は、所得分布のような抽象的なものよりは、具体的な生活スタイルに準拠するという仮定。たとえば、「年収が６００万円以上あれば『中の上』だ」と考えるよりは、「一戸建ての持ち家と自家用車を持っていれば『中の上』だ」のように。最後に、いったん形成された階層基準は、ある程度長い期間にわたって持続するという仮定（盛山１９９０：64-65）。

以上の枠組に基づくと、１９５５年から１９７５年の間に階層帰属意識が上昇したのは「人々は（１９５５年以前に形成された）生活水準イメージに基づいて階層基準を設定しており、その古い基準が存続したまま高度経済成長によって生活水準が急速に向上したため、『中』と回答する人々が増えたからだ」と考えることができる。[*8] もちろん、このような階層基準は直接的には観測されていない。仮に観測できたとしても、それは人によって様々であろう。ここでの議論は、あくまでもモデルとして、人々の平均的な階層基準を想定したものである。

そして、人々の生活水準（の認識）の向上には、耐久消費財の普及が大きく影響したと考えられる。図６-2は、耐久消費財（家電製品）の普及率を示したものである。かつては憧れの対象とされた家電製品は、１９７０年代半ばまでには誰でも持てるようになった。仮に「冷蔵庫と洗濯機と掃除機を持てるぐらいの生

＊7　中意識の多さを説明するもう1つの有力な理論に、ファラロ＝高坂モデル（ＦＫモデル）がある（高坂２００６）。これは厳密な数理モデルなので詳しい説明は省略するが、多くの研究者によって改良・発展が試みられている。階層帰属意識の分布の変化を説明する最近の試みとしては、森（２００８）、数土（２００９）、数土（２０１０）が興味深い。

＊8　ここで、この階層基準がいつ形成されたのかという疑問が生じる。現時点では明確な答えを示すことはできないが、森（２００８）の議論が正しいとすれば、戦前からのものを引き継いでいると考えられる。

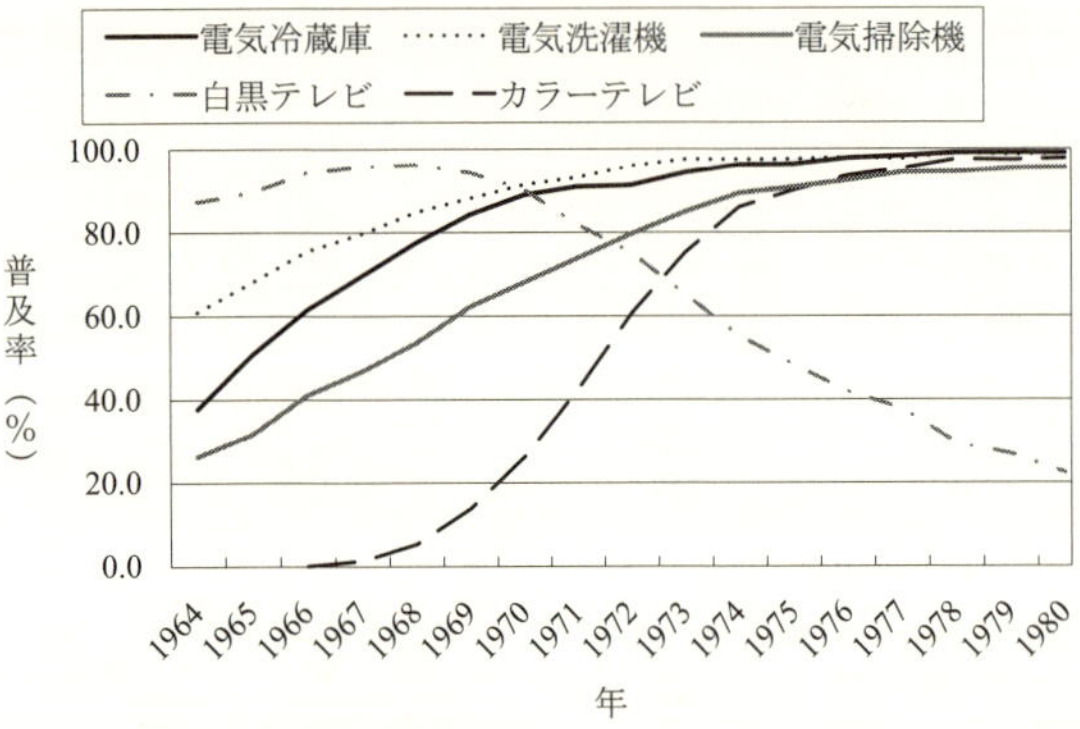

出典：内閣府「消費動向調査年報」

図6－2　耐久消費財の普及率（1964–1980年）

活水準であれば『中』だ」といった階層基準イメージがある時期に形成され、この基準が大きく変化しないままほとんどの人々がそれらの財を所有することができるようになれば、低収入層の人々であっても「中」と回答する人が増大するだろう。[*9]

以上のように、盛山の仮説は、表6-3から表6-5に示された階層変数と階層帰属意識の関連をうまく説明しているように見える。次節では別の角度から、この説をさらに検証しよう。

上・中・下の意味

中流意識をめぐる議論の中で、「上・中・下」の選択肢は、しばしば「上流・中流・下流」を意味するものと解釈されてきた。すでに多くの論者によって批判されているように、この読み替えは基本的には正しくない。[*10]とはいえ「上」や「中の上」といった言葉が何を意味しているのか、あるいは回答者はそれぞれの選択肢にどのようなイメージを持っているのかを把握することは、階層帰属意識を理解する上で非常に重要である。

選択肢の意味を理解する１つの方法は、階層帰属意識と関連の強い変数を探し、その変数との対応関係を分析することである。たとえば、別荘を所有している人が「上」と回答するのに対し、所有していない人は「中の上」以下と回答するという傾向が存在するのであれば、「上」は別荘の所有、もしくは別荘の所有に代表される高い生活水準を反映した意識であると解釈することができる。（実際には、別荘の所有と階層帰属意識にこのような関係はないが。）

では、階層帰属意識と最も強い関連を持つ変数は何だろうか。生活水準や経済水準の主観的な評価に関連する変数が強い関連を持つことが、多くの研究で指摘されている。そうした意識の１つが、「暮らし向き」意識である。この意識は、１９７５年ＳＳＭ調査データにおいて階層帰属意識との関連が最も強いことがわかっている（坂元１９８８）。

「暮らし向き」意識は、以下のような質問で測定される。

現在のあなたのお宅のくらしむきは、次の５つに分けるとすれば、どれにあたるでしょうか。

非常に豊か、やや豊か、ふつう、やや貧しい、非常に貧しい

＊９　類似の指摘は、直井（１９７９）、間々田（１９９０）、間々田（２０００）でもなされている。

＊10　ただし、「中」を「中流」に読み替えることが完全に間違いであるとはいえない。初期のＳＳＭ調査では階層帰属意識の選択肢は「上流」、「中流」、「下流」となっていた（日本社会学会１９５８、尾高１９６７）。

表6−6　暮らし向きと、階層帰属意識の関連（1975年）

	「上」＋「中の上」	中の下	「下の上」＋「下の下」	計
豊か	62.5	31.4	6.1	100.0（ 344）
ふつう	21.2	60.4	18.4	100.0（1992）
貧しい	7.8	37.7	54.5	100.0（ 308）
計	25.0	54.0	21.0	100.0（2644）

階層帰属意識の質問は、社会の中の（社会経済的な）上下の位置を尋ね、暮らし向き意識は「豊かさ」を尋ねている。両者は内容的にかなり近いため、関連が強いのは当然といえば当然である。とはいえ、この２つの意識の親近性は興味深いことを教えてくれる。

表６-６は、１９７５年ＳＳＭ調査データにおける暮らし向きと階層帰属意識の対応関係をまとめたものである。（簡便のために、暮らし向きと階層帰属意識をそれぞれ３カテゴリーにまとめた。[*11]）

暮らし向きを「豊か」と回答した人は６割以上が「中の上」もしくは「上」と回答している。同様に「ふつう」と回答した人はほぼ６割が「中の下」、「貧しい」と回答した人は半数以上が「下」と回答している。思い切って単純化すれば、「上」と「中の上」は「豊か」、「中の下」は「ふつう」、「下」が「貧しい」を意味するといえる（直井１９７９）。

このことを踏まえて「中」意識の拡大を見直すと、興味深いことがわかる。表６-７は、世帯収入層別の階層帰属意識を、１９６５年と１９７５年で比較したものである。

表6－7　世帯収入層別、階層帰属意識の変化（1965–1975年）

	「中の上」比率			「中の下」比率			「下」比率		
世帯収入	1965 年	1975 年	変化量	1965 年	1975 年	変化量	1965 年	1975 年	変化量
225 万円未満	6.9	14.5	+7.6	33.0	49.5	+16.5	59.9	33.2	-26.8
226-299 万円	7.1	15.0	+7.9	48.0	55.4	+7.4	44.3	29.0	-15.3
300-449 万円	15.9	20.4	+4.5	52.0	52.9	+0.9	32.1	25.4	-6.6
450-799 万円	20.0	25.5	+5.5	56.2	56.8	+0.6	23.8	16.8	-6.9
800 万円以上	32.1	40.5	+8.4	45.9	49.6	+3.7	18.3	8.3	-10.1

注；変化量＝1975 年比率－1965 年比率

1965年と1975年を比較した場合、「下」比率（「下の上」と「下の下」の合計比率）は、低所得層で特に大きく減少し、「中」比率が上昇している。詳しく見ると、「中の下」は低所得層における増加量が大きく、中間層以上ではほとんど増加が見られない。一方、「中の上」は、すべての層でほぼ同程度に上昇している。つまり、「中」意識の拡大の内実は、収入層によって異なる。

ここで、表6-6の結果を補助線として導入すると、(1)「中の下」の増加は「ふつう」認識の増加であり、(2)「中の上」の増加は「豊か」認識の増加である、と解釈できる。[*12] そして、低所得層に顕著な「下」（≒「貧しい」）から「中の下」（≒「ふつう」）への上昇を支えたのは、耐久消費財の普及を主とする生活水準の全般的な上昇であると考えるのが自然だろう。

＊11　「非常に豊か」と「やや豊か」を「豊か」に、「非常に貧しい」と「やや貧しい」を「貧しい」に、階層帰属意識は「上と中の上」、「中の下」、「下の上」と「下の下」を統合。

＊12　理想的には、1965年から1975年の間に暮らし向き意識がどのように変化したかの分析ができればよいのだが、残念ながら1965年データには暮らし向き意識は含まれない。この解釈は、「1975年で観察された暮らし向き意識と階層帰属意識の関連の構造が、1965年でも基本的には変わらない」という仮定に基づいている。

原純輔と盛山和夫は、不平等に関わる財を「基礎財」と「上級財」に分類している（原・盛山１９９９）。ここでの「財」は、経済的なものだけでなく、教育（学歴）などの生活上のあらゆる資源やサービスも含む広い概念である。基礎財とは「豊かさや機会が拡大していくときにより早くから広く普及していく財」（原・盛山１９９９：18）、上級財とは「あとになって階層の高い人びとから徐々に普及していく財」（同上）である。中意識の拡大、とりわけ「中の下」≒「ふつう」意識の拡大を支えたのは、耐久消費財の普及に代表される基礎財レベルでの平等化（基礎的平等化）であったと考えられる。

以上の分析からわかるように、「中」意識の拡大は画一的ではなく、性質の異なる変化が同時に進行するものであった。したがって、「中」の下位カテゴリーを統合して「中意識（中流意識）」とひとくくりに扱うことは、必ずしも妥当ではない。

なお、同じようなことは国民生活調査における「中」意識についてもいえる。神林（２０１０）は、１９６０年代中頃の国民生活調査データを用いて「中」の3カテゴリーと暮らし向き意識との対応関係を分析しているが、その結果は表６-６に類似したものであった。

４　「豊かな社会」に潜在する変化

階層帰属意識の変化：１９７５-２００５年

表６-１および図６-１で確認したように、１９７５年以降、階層帰属意識の分布はそれほど大きく変化し

表6-8　階層変数の分布（1975-2005年）

数値：%

		1975年	1985年	1995年	2005年
教育	中卒以下	44.4	32.5	23.8	16.3
	高卒	36.5	42.3	46.5	51.3
	短大卒以上	19.0	25.2	29.7	32.4
	%の基数	2709	2472	2488	2655
職業	ホワイト上	17.1	20.5	21.0	25.2
	ホワイト下	27.4	29.6	33.5	26.6
	ブルー	40.4	42.4	39.7	42.3
	農業	15.2	7.5	5.8	6.0
	%の基数	2532	2214	2182	2196
収入	250万円未満	8.8	7.4	5.8	7.5
	250-499万円	47.3	32.5	18.7	31.5
	500-799万円	29.2	33.1	32.6	30.1
	800-999万円	8.4	13.7	18.8	12.5
	1000万円以上	6.3	13.2	24.1	18.5
	%の基数	2565	2162	2087	1796

注：20歳から69歳の男性のみ

ていない。とはいえ、ＳＳＭ調査では１９７５年から１９８５年の間に、「中」意識がわずかに下方にシフトしているし、国民生活調査でも、１９７９年から１９８０年の間に「中の中」が約５ポイント減少し、「中の下」が同程度増加している。

高度経済成長が一段落した後も、日本経済は緩やかではあるが、着実な成長を続けていた。表６-８は１９７５年から２００５年までのＳＳＭ調査における階層変数の分布の変化をまとめたものである。高学歴化はさらに進行し、職業はホワイトカラー比率が増大（サービス産業化）し、世帯収入も95年まではゆるやかに上昇傾向にあることがわかる。２００５年では、95年に比べて高所得層が減少しているが、これは近年の経済状況を反映したものだろう。（世帯収入は表6-2と同様、２０００年の消費者物価指数を基準に調整した金額。カテゴリー区分は、全体的な所得水準の上昇に対応して変更した。）

このように見てゆくと、少なくとも１９９５年頃までは、階層帰属意識は上昇を続けてもよさそうに思える。しかし実際はそうはなっていない。このことは、階層帰属意識の性質を考える上で重要である。高度経済成長期のように経済水準・生活水準が急激に上昇する時期には、「中」意識も上昇した。しかし、低成長期の緩やかな変化に対してはほとんど上昇していない。つまり、階層帰属意識は、大きな変化には反応するが、小さな変化には反応しにくい「鈍い」意識なのかもしれない。

ところで、１９７０年代後半から１９８０年代初頭にかけての階層帰属意識の低下は、どのように説明できるだろうか。盛山（１９９０）は、１９７５年から１９８５年の間に、階層帰属意識の判断基準に変化が生じたとしている。すなわち、この間に観測された階層帰属意識の低下は、それまでの階層帰属意識の基準が過去のものとなり、新たな階層基準に置き換わったことによって生じた。新しい階層規準は、高度経済成長期に達成された基礎財の平等を前提とした、より厳しい（高い）ものとなった。そのため、経済水準の上昇にもかかわらず、階層帰属意識の低下が生じたのである（盛山１９９０：66）。そして、この新しい基準が現在まで存続し、なおかつ経済成長のスピードが緩やかなため、階層帰属意識の分布はほとんど変化せずに現在に至っている、と考えることができる。

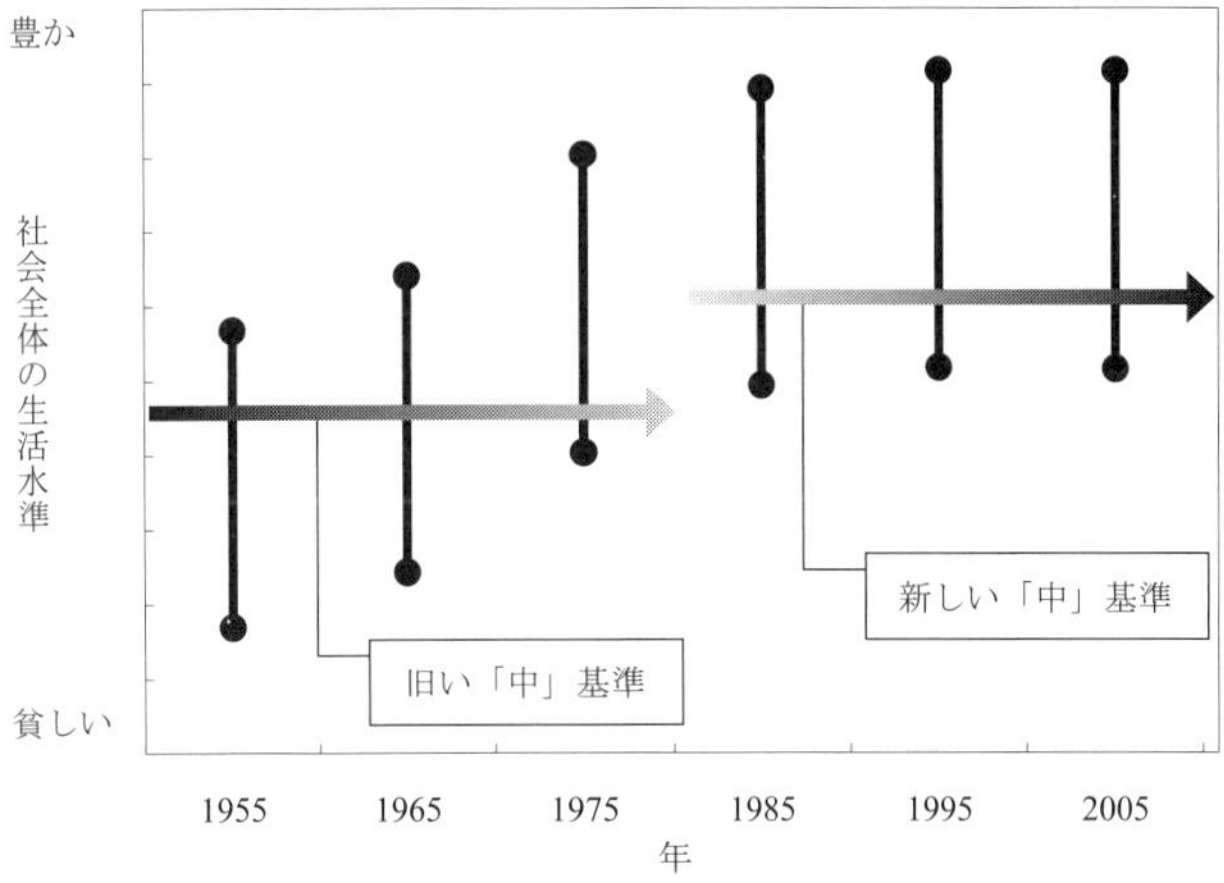

図6-3　階層帰属基準の断続的変化と生活水準の変化

分布の変化に関するまとめ

ここまでで論じた、階層帰属意識の分布の変化と階層基準の関係をまとめると、図6-3のようになる。

図6-3の縦軸は、社会全体の生活水準を示している。それぞれの時点における縦線の範囲が、社会における貧富の幅を示す。生活水準は、１９５５年から１９７５年にかけて急激に上昇し、１９８５年以降は、低成長期に入る。（なお、この図における生活水準の変化量は、２０００年を基準とする消費者物価指数を対数変換した値に基づいており、現実の経済的変化をある程度反映している。）

２本ある矢印は社会における階層帰属意識の平均的な基準（「中」の基準）を示している。「生活水準の「中イメージ」の断続的変化説」の「断続」は、１９７５年から１９８５年の間に階層帰属の判断基準が切り替わっていることに由来する。この基準線より高い生活水準にある人は「中」もしくは「上」と回答し、この基準線を下回る人は

「下」と回答する。すでに述べたが、この階層基準は直接的に観測されたものではなく、あくまでも社会全体での人々の平均的な基準のモデルである。

１９５５年から１９７５年にかけては、基準が不変のまま生活水準が上昇するので、「中」の比率が増大する。一方、１９８５年からの低成長期では、階層帰属意識基準に対して生活水準が大きく変化しないため、階層帰属意識の分布もほとんど変化しない。このように、２つの階層基準が断続的な変化と、生活・経済水準の変化の程度を対応させることで、階層帰属意識（「中」意識）の50年にわたる変化を見通しよく説明できる。

5　潜在的な変化—階層帰属意識と階層変数の関連

関連の変化

１９７５年以降、階層帰属意識の全体的な分布はそれほど大きく変化していないが、その背後では注目すべき変化が生じていた。それは、階層帰属意識と階層変数の関連（結びつき）の変化である。

吉川徹は、階層帰属意識に対する年齢、教育年数、職業威信スコア、世帯収入、生活満足感の影響力を分析し、１９７５年から１９９５年までの間に、階層変数および生活満足感の影響力が強まっていることを示した（吉川１９９９）。

同様のアプローチを１９５５年から２００５年までのデータに適用してみよう。表6-9は、階層帰属意

表6-9　階層帰属意識の重回帰分析（1955-2005年）

数値：標準化偏回帰係数（β）

	1955年	1965年	1975年	1985年	1995年	2005年
年齢	.039	.000	.029	-.029	.031	.093***
教育年数	.162***	.143***	.070**	.044	.108***	.173***
職業威信スコア	.117***	.130***	.070**	.054*	.120***	.115***
世帯収入	.242***	.183***	.155***	.260***	.256***	.239***
決定係数（調整済 R^2）	.153	.104	.046	.087	.135	.159
N	1784	1761	2386	1928	1796	1393

注：(1) ***:p<.001, **:p<.01, *:p<.05、(2) 20歳から69歳の男性有職者のみ。職業威信スコアはすべて1975年版スコア

データ：75年A票、85年は男性A票と男性B票の合併データ、95年はA票とB票の合併データ

識を従属変数、年齢、教育年数、職業威信スコア、世帯収入を独立変数とした重回帰分析の結果である。（職業威信スコアについては本書末尾の付録1を、重回帰分析については付録2を参照のこと。）この分析では、階層帰属意識を「上＝5、中の上＝4、中の下＝3、下の上＝2、下の下＝1」という連続量に置き換えている。学歴、職業、世帯収入も、教育年数、職業威信スコア、世帯収入の実額、という形で連続的に処理される。ここでの分析の焦点は、他の変数との対応関係の強弱の程度の変化を調べることにあるので、各変数を連続的な形で扱った方が把握しやすいからである。

表6-9の数値のうち、標準化偏回帰係数は、各変数の相対的な影響力の強さを示し、決定係数（自由度調整済 R^2 値）はすべての独立変数の総合的な影響力の強さ（階層帰属意識の分散をどの程度説明しているか）を示す。たとえば、１９５５年の決定係数は０・１５３であるが、これは、階層帰属意識の分散の15・3%が4つの独立変数によって説明されることを示す。

ここでは、特に決定係数に注目してみたい。決定係数の値は１９５

５年から１９７５年にかけて低下し、１９８５年以降再び上昇する傾向が見られる。[*13] これはすでに検討した表6-7の分析結果（収入層と中意識の対応関係）から見て、当然の結果である。本来は「下」と回答する傾向が強いはずの低所得層において「中」意識が上昇すれば、その分だけ、世帯収入と階層帰属意識の関連および影響力は弱まるからである。85年以降、階層帰属意識と階層変数の関連が再び強まっているが、この関連の上昇は、低階層の階層帰属意識が再び低下する傾向と、高階層の階層帰属意識が高めにシフトする傾向が複合して生じている（佐藤２００８）。

吉川徹は、１９７５年から１９９５年の階層帰属意識の関連の変化の過程を「熱狂」（１９７５年）、「集約」（１９８５年）、「多元化」（１９９５年）と名づけた。高度経済成長による急激な変化によって、客観的な変数と階層帰属意識の関連が弱まり、多くの人が「中」意識を持った「熱狂」の時代から、新たな階層帰属意識の基準が模索され、その過程で最も「わかりやすい」変数である収入が主要因になる「集約」の時代があり、基準の精緻化とともに教育や職業の関連も強まってゆく「多元化」へ、というストーリーである（吉川１９９９）。

より長い時間幅で見た場合、１９５５年と１９６５年における決定係数の低下は、１９７５年の「熱狂」に至る加熱の過程であると解釈できる。また、２００５年では１９９５年よりもさらに階層変数の影響力が増している。１９９５年以降、人々はより冷静で客観的な判断をするようになった、といえそうである。吉川は、教育・職業・収入がそれぞれ階層帰属意識に対して影響力を持っている状態を、基準の「多元化」と呼んでいるが、1955年や1965年でもすでに人々は多元的に帰属階層を判断していた。したがって、1995年は「多元化」というよりは、高度経済成長の「熱狂」によって失われた階層変数との多元的な関連が、（新たな階層基準の下で）復活する過程と解釈することもできる。「加熱」（55年〜65年）→「熱狂」（75年）→「冷却」（85年〜05年）の50年とでもいえようか。

説明力の変化はなぜ生じたか

階層帰属意識に対する階層変数の影響力（説明力）の変化はなぜ生じたのだろうか。これも、基本的には図6-3のモデルの枠内で説明できる。

一般に、回答者の客観的な階層的位置と階層帰属意識の対応関係が曖昧になれば、相関係数や回帰係数は小さくなる。高度経済成長期に実際に生じたのは、低収入層の人々が帰属階層を高めに回答する、という傾向であった。このような乖離が生じたのは、すでに説明したように、過去に形成された階層基準イメージが急速な経済成長に追いつかないまま持続したためである。

一方、低成長期においては、社会の経済水準・生活水準の変化はゆるやかになる。こうした状況の下では、時間の経過とともに生活水準や経済的格差に関する情報が人々の間に共有・蓄積されていくことで、

＊13　この傾向は、友枝（1988）でも確認されている。

人々の階層基準が明確化されていくと考えられる。言い換えると、低成長期においては、時間が経過するほど社会の実態がよく「見える」ようになる。それゆえ階層帰属意識と社会経済的地位・生活水準との対応関係は現実を反映したものになり、結果として意識と客観的な社会経済的変数との結びつきが強まっていくと考えられる（数土２０１０）[14]。１９８５年から２００５年にかけての説明力の変化（客観的な階層との関連の変化）は、以上のように解釈できるだろう。

６　社会認識としての「中流」

中流の幻想ゲーム

ここまでの議論は、社会調査データをもとに「階層帰属意識は、なぜデータのように変化したのか」を問題にしていたが、階層帰属意識については、こうした統計的なデータ分析とは次元の異なる重要な問題も存在する。その１つが「『中流』をめぐる議論や言説は、社会的にどのような意味を持っていたのか」という問題である。

１９７０年代後半以降、「日本は中流社会である」というイメージが社会に広く浸透していった。とりわけ重要なのが、１９７７年に朝日新聞紙上で展開された「新中間層論争」[15]である。これを契機として「中流」や「中流意識」をめぐる議論がメディア上で活発に行われていくことになるが、この種の論争の中では「総中流」イメージは批判的に扱われることの方が多かった[16]。今田高俊は、こうした中流意識に関する論争を「中流の幻想ゲーム」と呼んだ。

〔前略〕中流意識をめぐる議論は二重の幻想のうえに成り立っている。まず第一は、中流の認識論争である。これは、たんなる「中」意識でしかないものを、認識する側で勝手に「中流階級」意識に置き換えて議論を立てる幻想のことである。第二は、そうした認識幻想にもとづいて、今度は、人々が抱いている中流意識はみせかけの幻想にすぎないと批判する現実幻想である。

〔中略〕こうした幻想ゲームはよくないとか、誤りであるという議論をするのはピントはずれだろう。問題は、なぜこうしたゲームが世間の関心事となるかである。世間の人びとは、もともと幻想だと分かっていて、わざとこのゲームに乗る（あるいは乗った振りをする）。そこには、なんらかの社会的機能があるというしかない。

*14 類似のアイディアは、小沢（１９８５）でも示されている。ただし、小沢が扱ったのは階層帰属意識の分布と客観的な生活水準との対応関係であり、関連の強さの問題までは言及していない。

*15 村上泰亮の論説「新中間層の現実性」（１９７７年５月）で提唱された「新中間層」をめぐって行われた論争。「新中間層論は可能か」（岸本重陳、同年６月）、「社会階層構造の現状」（富永健一、同年６月）、「〝新中間階層〟のゆくえ」（高畑通敏、同年７月）、座談会「討論・新中間階層」（同年８月）と続いた。翌年には、岸本が『「中流」の幻想』を発表した。

*16 中流意識や中流社会イメージを批判的に検討した書籍として、岩田（１９７１）、岸本（１９７８）、犬田（１９８２）、石川ほか（１９８２）、小沢（１９８５）、濱島（１９９１）、等がある。雑誌では、『朝日ジャーナル』１９７９年３月９日号、『中央公論』１９８５年５月号、『ＥＳＰ』１９８５年11月号、『現代のエスプリ』１９８７年５月号、『朝日ジャーナル』１９８９年４月７日号などで、中流問題についての特集が組まれている。なお、森（２００８）がこの時期の中流言説を詳細に検討している。

> 中流の幻想ゲームは、生活水準の上昇による豊かさ実感、および生活機会が平等に開かれているか否かを、を確認しあうゲームである。その証拠に、中流論争のさいには、きまって中流の条件とは何かが問題になる。それは、目標値としての豊かさを、みんなで確認しあう作業である。またこのゲームは、人びとのあいだに潜在化している不満をはきだし、闘わせることで、それを解消するという神話作用をもつ。〔後略〕
>
> （今田１９８９：26–27）

基礎財の平等化が達成された「豊かな社会」における、主として上級財を中心とする不平等のことを、原純輔と盛山和夫は「豊かさの中の不平等」と呼んでいる（原・盛山１９９９）。「中流の幻想ゲーム」は、「豊かさの中の不平等」を模索し、確認する作業であったといえるかもしれない。

振り返ってみると、１９７０年代後半から１９８０年代は、中流の幻想ゲームに限らず「豊かさの中の不平等」を問う動きが多様な形で現れた時期であった。たとえば、この時期に盛り上がりを見せた学歴社会論（学歴社会批判）の重要な論点の１つは、大学進学至上主義とそれに由来する激しい受験競争への批判であった。これは高校進学という基礎財の平等が実現した後の、大学進学という上級財の価値、そしてそこから派生する社会経済的地位の不平等を問うものに他ならない。あるいは、１９８０年代以降、「不平等」に変わって「不公平」概念が注目されるようになったのも（第８章参照）、「物質的な豊かさから心の豊かさへ」といった価値転換が盛んに主張されたのも、「豊かさの中の不平等」の模索の一種であったと解釈できる。ここで詳しく紹介する余裕はないが、中流の幻想ゲームに関わる言説の中で告発された「不平等」の具体的な対象は、主として上級財であった。

格差社会論と階層帰属意識

１９９０年代終わりごろから、日本社会における不平等の拡大を指摘する文献が次第に増え始め、近年では数えきれないほどの書籍が出版されている。近年の不平等に関する議論——格差社会論——において注目されている問題の１つが貧困である。貧困とは、基礎財の欠乏に他ならない。生活保護受給世帯およびワーキングプアの増加、非正規雇用労働者に象徴される雇用の不安定化といった問題を通じて、かつて達成されたはずの基礎財の平等が再び崩れはじめていることに、人々は気づき始めた。先行き不透明な政治・経済状況もあって「誰でも貧困に陥る可能性がある」、「落ちたら二度と這いあがれない」という不安感が広がり続けている。

「中流の崩壊」や「下流社会」（三浦２００５）といった言説は、こうした状況の産物であるが、図６-１からわかるように、階層帰属意識に大きな低下の傾向は見られない。このことは奇妙に見えるかもしれないが、よく考えればそれほどおかしな話ではない。すでに触れたように、階層帰属意識はゆるやかで小幅な経済状況の変化に対しては敏感に反応しないらしい。そして現在の日本で生じている不平等化は、様々な研究やデータから判断する限り、基本的にはゆるやかなものである。ゆえに階層帰属意識の分布は、大きく変化しないのかもしれない。１９７０年代後半以降、「日本は中流意識が多い＝日本社会は平等」というイメージが人々の間に強く刷り込まれた。それゆえ「これだけ社会が不平等になったのだから、中流意識も低下しているはずだ」と考えたくなるのも無理はない。しかし、炭鉱のカナリアのように、環境の微妙な変化を察知して警告を発する役割を階層帰属意識に期待するのは、おそらく間違いだろう。

　階層帰属意識は、今後どのように変化するだろうか？　図６-３のモデルに基づいて考えてみよう。階層基準と生活水準のそれぞれについて、⑴上昇する、⑵変わらない、⑶低下する、の３つの状態を想定すると、３×３＝９通りのシナリオを考えることができる。そのすべてを説明する余裕はないが、いくつかかいつまんで紹介しておこう。まず、現在の社会経済状況に照らして直感的にわかりやすいのは、「中」が減少して「下」が増大する、という下方シフトだろう。不平等の拡大によって貧しい人々が増え、人々の意識がそれを直接的に反映して「下」が増加する、というメカニズムを想定できる。[*17]これは、階層基準が変化せずに生活水準が低下する場合に典型的に生じる。

　逆に、階層帰属意識が上昇する可能性も考えられる。経済状況の厳しさと将来の不透明性の高さゆえに、人々が階層帰属基準を下げるかもしれないからである。たとえば、正社員（正規雇用）で働くことは、かつては多くの人（特に男性）にとって当たり前であったため、それが階層帰属意識に影響することはなかった。しかし現在では、正規雇用労働者は非正規雇用労働者に比べて恵まれた立場にあることが広く知られている。このため、かつては効果を持たなかった「正社員であること」が、階層帰属意識を高める効果を持つようになるかもしれない。[*18] このような基準の変化が生じれば、「社会の不平等度が拡大して貧しい人も増えているのに、階層帰属意識が上昇する」という事態が発生する可能性もある。また、基準引き下げによる上昇分と、貧しい人々が増大する下降分が相殺して、分布が大きく変わらないこともありうる。以上のシナリオは、いずれももっともらしく見える。どれが正しいのかは、今後の推移を見守る他ない。

階層帰属意識は「中流意識」という形で時代の象徴となった。その印象の鮮やかさゆえに、この意識には様々な誤解や過剰な期待がつきまとっている。いま必要なことは、階層帰属意識は、社会の変化の何を反映しているのか・していないのかを冷静に見きわめた上で、「一億総中流」や「下流社会」のような階層帰属意識をメインフレームとする社会認識のあり方そのものを問い直すことかもしれない。

〈付記〉

ＳＳＭ調査データの利用にあたっては、２００５年ＳＳＭ調査研究会の許可を得た。

＊17　また、生活水準向上感の低さや将来の不安感によって、客観的には中・高階層に所属する人であっても実態以上に帰属階層を低く回答する可能性も考えられる。（紙幅の都合上詳細を示せないが、２００５年ＳＳＭデータではそのような傾向がある。）

＊18　２００５年ＳＳＭ調査データでは、これに近い傾向が観察されている（小林２００８b）。

参考文献

坂東慧、１９７７、「階級意識と中流意識の間―労働者意識分析をめぐる覚書」『労働調査時報』６７５：４-９.
濱嶋朗、１９９１、『現代社会と階級』東京大学出版会.
原純輔・盛山和夫、１９９９、『社会階層―豊かさの中の不平等―』東京大学出版会.
橋本健二、２００１、『階級社会日本』青木書店.
橋本健二、２００９、『格差の戦後史』河出書房新社.
今田高俊、１９８９、『社会階層と政治　現代政治学叢書７』東京大学出版会.
犬田充、１９８２、『日本人の階層意識―「中流」の読み方・とらえ方』ＰＨＰ研究所.
石川晃弘・梅澤正・高橋勇悦・宮島喬、１９８２、『みせかけの中流階級―都市サラリーマンの幸福幻想』有斐閣.
岩田幸基、１９７１、『現代の中流階級―意識と生活のギャップを探る』日本経済新聞社.
神林博史、２０１０、「高度経済成長期の階層帰属意識―戦後日本における階層帰属意識に関するノート(1)」『東北学院大学教養学部紀要』１５６：25-54.
吉川徹、１９９９、「「中」意識の静かな変容」『社会学評論』50(2)：２１６-２３０.
岸本重陳、１９７８、『「中流」の幻想』講談社.
小林大祐、２００８ａ、「階層帰属意識についての基礎分析―時点比較のための注意点―」三輪哲・小林大祐編、『２００５年ＳＳＭ日本調査の基礎分析―構造・趨勢・方法―２００５年ＳＳＭ調査シリーズ１』２００５年ＳＳＭ調査研究会：

１１１-１２６.
小林大祐、２００８ｂ、「階層意識に対する従業上の地位の効果について」轟亮編『階層意識の現在：２００５年ＳＳＭ調査シリーズ８』２００５年ＳＳＭ調査研究会：53-66.
高坂健次、２００６、『社会学におけるフォーマル・セオリー―階層イメージに関するＦＫモデル［改訂版］』ハーベスト社.
間々田孝夫、１９９０、「階層帰属意識」原純輔編『階層意識の動態―現代日本の階層構造２』東京大学出版会：23-45.
間々田孝夫、２０００、「自分はどこにいるのか　階層帰属意識の解明」海野道郎編『公平感と政治意識　日本の階層システム２』東京大学出版会：61-81.
三隅一人、１９９０、「階級帰属意識―その分析価値の消失―」原純輔編『階層意識の動態：現代日本の階層構造２』東京大学出版会：71-95.
三浦展、２００５、『下流社会：新たな階層集団の出現』光文社新書.
森直人、２００８、「『総中流の思想』とは何だったのか―『中』意識の原点をさぐる」『思想地図 Vol.2』日本放送出版協会：２３３-２７０.
直井道子、１９７９、「階層意識と階級意識」富永健一編『日本の階層構造』東京大学出版会：３６５-３８８.
日本社会学会調査委員会編、１９５８、『日本社会の階層的構造』有斐閣.
大竹文雄、２００５、『日本の不平等―格差社会の幻想と未来―』日本経済新聞社.
小沢雅子、１９８５、『新「階層消費」の時代』日本経済新聞社.

尾高邦雄、1967、「安田三郎君に答える」『社会学評論』18(2):109-113.

坂元慶行、1988、「『階層帰属意識』の規定要因—その時間的な変化と国際比較の視点から—」1985年社会階層と社会移動全国調査委員会編『1985年社会階層と社会移動全国調査報告書第2巻　階層意識の動態』:71-100.

佐藤俊樹、2008、「階層帰属意識の意味論—帰属分布と地位指標の弱い紐 weak tie—」轟亮編『階層意識の現在　2005年SSM調査シリーズ8』2005年SSM調査研究会:103-130.

盛山和夫、1990、「中意識の意味」『理論と方法』5(2):51-71.

数土直紀、2009、『階層帰属意識のダイナミクス』勁草書房.

数土直紀、2010、『日本の階層意識』講談社.

友枝敏雄、1988、「社会的地位と階層帰属意識」原純輔（編）『階層意識の動態　1985年社会階層と社会移動全国調査報告書』1985年社会階層と社会移動全国調査委員会:21-42.

矢野常太郎記念会編、2006、『数字で見る日本の100年［改訂第5版］』矢野恒太郎記念館.

第7章

社会階層と政治関与

―社会的地位の効果は否定できるか―

井出知之・村瀬洋一

1　社会的地位と政治の関連

本研究の目的

近年の日本においては、周知の通り若年層の雇用問題が深刻化している。たとえば若年層の非正規雇用は１９８０年代から２０００年前後にかけて一貫して増え続けている（太郎丸・亀山２００６）。そうであれば、当事者の声が政治に反映されるのが有益であろう。しかし若年層が政治に積極的に関与するかは疑わしい。児島（１９７９）によれば、若年層が知識面・感情面・行動面のどの側面においても政治から遠いことが知られているからである。その後も原（Hara 1994）や、原・盛山（１９９９：１３０-１３６）は、１９７０年代以降の若年層における「支持政党なし」の広がりを指摘した。片瀬・海野（２０００）は若い世代における無党派化を強調し、綿貫（１９９７）は世代による違いに加えて、高年層に比べて若年層における政治への関わりの不活発さを指摘している。また川上（１９９４）によると日本では低年齢ほど政治への関心が低いという。もちろんイングルハートのように、若い世代がこれまでとは異なる政治への積極的な参加を行うという主張はある（Inglehart 1997）。だが全体として、若年層ほど政治への関与、すなわち行動と心理的側面を含めた政治への関わり（コミットメント）に消極的であるという見方が多い。さて、これは先述の深刻化する雇用問題をへた現代の若年層でも同様であろうか。あるいは、現代的な無関心ともいうべき、新たな状況が存在するだろうか。

そもそも高度経済成長期以降の戦後日本では、自由民主党の支配が長く続いたにもかかわらず、政治的不満が爆発するようなことがあまりなかった。今田（１９８９：25）は、平等化、社会移動、社会的地位の非一貫性の３つが政治的安全弁として社会の安定性を確保したと述べている。ただ、日本は平等な社会とされており、社会階層が政治において問題になることは少なかったし、平等化と政治に関する政治学者による研究は少ない。もともと、ヴァーバら（Verba et al. 1978）の国際比較研究によれば、各国において、社会経済的地位（socioeconomic resource level: ＳＥＲＬ尺度）が低い者ほど政治関心が低く、政治行動に関わらな

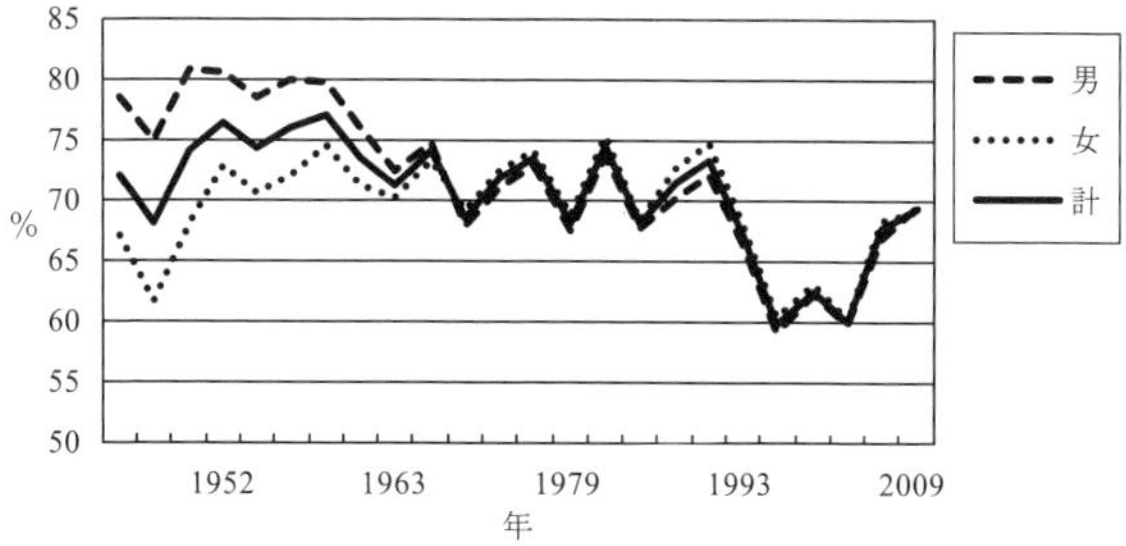

出典：自治庁・自治省・総務省『衆議院議員総選挙最高裁判所裁判官国民審査結果調査』

図7－1　戦後衆院選投票率の推移

い。しかし蒲島（１９８８）によると日本は例外的で、社会的地位が低い人々であっても積極的に政治に参加し、地位と参加の関連が弱いというのだ。日本において社会的地位と政治関与の関連が弱いというこの議論は、現代でも妥当するであろうか。

本章の目的は、社会的地位や年齢と政治関与の関連について解明することである。若者の政治関与は最近も低いだろうか。社会的地位と政治関与の関連は弱いのであろうか。また、投票行動と社会階層の関連についても分析を行う。その上で、階層研究における政治意識研究の意味について検討する。

政治関与の趨勢

まず、戦後日本における投票参加の趨勢を見ていこう。図7－1は１９４６年の第22回から２００９年の第45回衆議院選挙までの投票率である。これを見ると１９９０年前後を境に、減少トレンドから急激な低下へと転じ、２０００年前後にやや投票率の回復が見られることがわかる。また、１９６０年前後までは男性より女性の投票率が低い傾向にあったが、それ以降は男女差がほとんど見られなくなっている。

戦後日本政治はGHQ占領下における諸政党の相次ぐ結成にはじまった。そして講和条約による占領の終結の前後を通じて小政党の離合集散と政権交代が続いた。1955年にこれら諸政党が自由民主党と日本社会党という2つの主な政党を形成したところで安定期となり、その後1993年に至るまで自由民主党の政権が続き、日本社会党が主要野党としてこれに対峙することとなる。この安定期を「五十五年体制」と呼ぶ。戦後政治と、不平等に関する社会情勢について振り返ってみよう。体制成立後まもなく高度経済成長が始まって、日本は先進国の仲間入りを果たした。以後日本は先進国の中でも平等な社会といわれ、一億総中流という言葉もあった。村瀬（2006）でも述べたが、米国のように、階級という言葉が日常的に使われる社会とは状況が異なるのである。長く与党であった自由民主党政権は「国土の均衡ある発展」をスローガンとした。これは自民党の支持基盤である農村部に予算をばらまくことでもあったが、地方交付税や各種補助金という仕組みによって、都市と農村の格差是正を図る意味を有していた。1970年代後半のサッチャーやレーガンなどによる新自由主義改革や、日本での中曽根行財政改革のときは、民営化による格差拡大はそれほど批判されなかった。だが1991年を絶頂とするバブル期には不動産価格が高騰し、これとも関連して格差拡大の議論が見られるようになっていく。1993年に、非自民連立の細川政権が成立し、政治は短命の連立政権の交替が続く混乱の時期に入っていく。

そして2000年代に入って小泉内閣が成立する。小泉路線は、田中角栄以来の利権構造を敵視し、自民党の農村重視路線を修正し、特定郵便局や建設業界を活用した集票システムや利権を破壊することを主な目的としていた。各種の民営化や、競争重視などの新自由主義改革は、小泉自身は必ずしも重視していなかった。明治時代以降の日本の権力構造とは、大農家や農村部の有力者が、酒造業や建設業、あるいは村の代表者として特定郵便局長となり、政権党の基盤となっていったものである。小泉政権期において、旧来の自民党政治の流れをくむ派閥は議席を減らし、特に２００５年衆議院選挙は小泉の大勝に終わった。これは、地域有力者の集票組織破壊や利権削減を、国民が支持したことを意味する。しかし小泉改革は、財政赤字削減や土着利権構造の破壊、自民党の農村的性格への攻撃を主目的とし、格差縮小に熱心ではなかった。この時期には、スティグリッツ（Stiglitz 2002, 2006）やクルーグマン（Krugmah 2007）のような、各種のグローバリズム批判や格差批判が存在した。特に、２００７年のサブプライム問題、２００８年のリーマンショック、その後の世界金融危機の中、米国流の経済運営や流動化、労働者軽視を礼賛するような論調は減り、格差拡大が世界的に議論となった。このような中で、すでに小泉政権以前から、橘木（１９９８）や佐藤（２０００）らによって日本における格差が議論されていた。橋本（２００９）や森永（２００９）のように、小泉改革のため日本は格差が拡大しているという意見も存在する。一方、高齢化が進み、低収入の単身世帯が増えているのだから、統計上、格差が拡大するのは当然であり、実際のところ、それほど問題ではないという大竹（２００５）のような意見も存在する。これは、「中央公論」編集部編（２００１）がまとめているように論争になっているものの、実態はまだ不明な部分も多い。

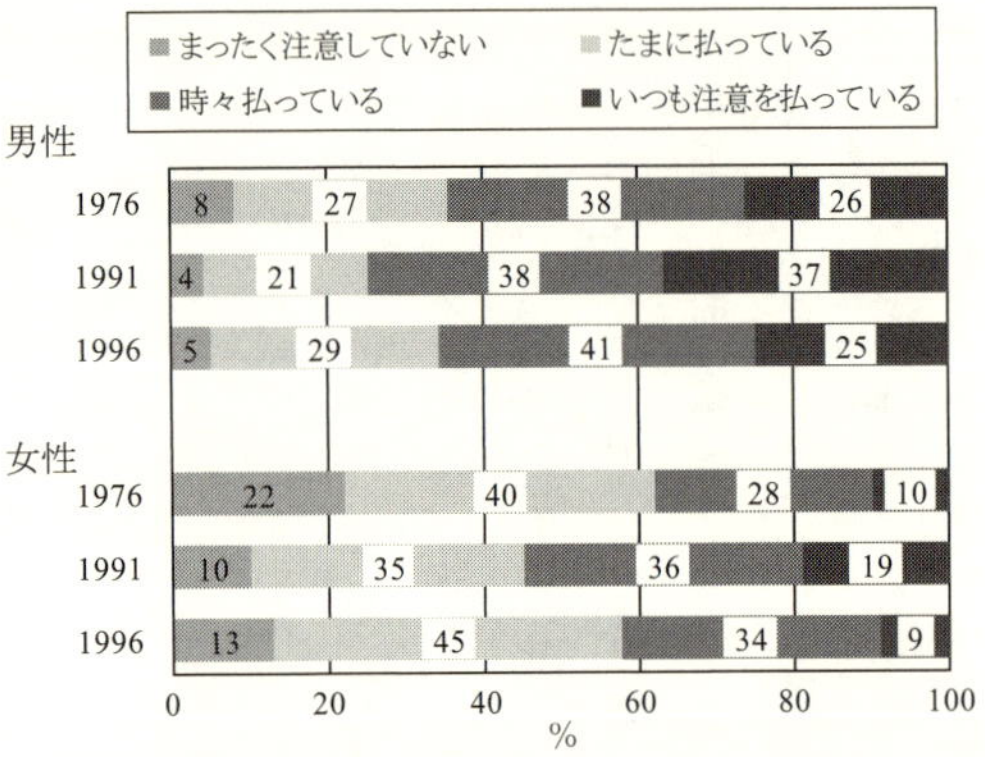

データ：1976年ＪＡＢＩＳＳ選挙後調査、1991年明推協「選挙に関する全国意識調査」、1996年ＪＥＳ2選挙後調査

図７−２　「どれくらい政治に注意を払っているか」趨勢

有権者の政治関与意識の側面から見ると、戦後に変化はあっただろうか。図７−２は、政治学者の研究グループが行った一連の調査結果であり、１９７０年代と１９９０年代の比較が可能である。[*1]質問文は「選挙のある、なしにかかわらず、いつも政治に関心を持っている人もいますし、そんなに関心を持たない人もいます。あなたは政治上の出来事に、どれくらい注意をはらっていますか。この中からお答え下さい」というものである。これで見ると１９７６年に比べて１９９１年において政治的関心が高くなっており、１９９６年にはやや再び低くなっていることがわかる。また女性は男性より全体に政治的関心がやや低めであるが、１９７６年に比べると１９９１年以降には「まったく注意していない」という回答は少なくなっているようである。１９８０年代から２０００年代については別の質問項目においてより継続的に趨勢データがあるので、後に議論することにしよう。このようにして戦後史における現代

は投票率が低下している一方で、必ずしも政治への関心が低くなっているとはいえないことがわかる。

政治関与と社会階層

次に、政治関与と、社会階層[*2]や格差との関連の問題を中心に先行研究の動向をまとめてみよう。社会階層と政治関与の関連についての議論は、リプセット（Lipset 1959）の産業化論からはじまる。リプセットは、産業化が、合理的で非暴力的な政治文化、生活水準の向上による民衆の穏健化、中間集団の発達をもたらし、民主主義的な政治参加をもたらすとした。しかし、産業化が政治への関わり方に階層格差を超えて同様に作用するとは限らない。シャットシュナイダー（Schattschneider 1960：１０６-１０７）は、収入が高く教育水準が高い者は、同時に政治的組織への加入や新聞購読率の高さといった特徴を有し、これらが投票に

＊1　図のデータ出所のうち、１９７６年ＪＡＢＩＳＳ調査とは綿貫譲治・公平慎策・三宅一郎・S. Flanagan・B.M.Richardsonが実施した「１９７６年衆議院総選挙調査」データのこと。パネル調査であり、今回利用したのは第二波の選挙後調査である。データについては日本人の政治意識と行動研究会（１９９０）を参照。１９９１年「選挙に関する全国意識調査」は明るい選挙推進協会（以下必要に応じ明推協と略称）が実施した。データには明るい選挙推進協会（１９９１）を参照。１９９６年ＪＥＳ２選挙後調査とは、日本人の選挙行動研究会（ＪＥＳ２：代表蒲島郁夫）が１９９３年から１９９６年にかけて実施した一連のパネル調査のうち、第7回調査「第41回衆議院選挙後調査」を指す。データについては蒲島ほか（１９９８）を参照のこと。

＊2　ここでいう社会階層とは、収入、資産、学歴、威信など、複数次元により連続的に測定されるものである。どの次元であれ、社会的資源（人々の欲求の対象だが稀少であり十分にはないもの）を多く持つ者ほど地位が高いとする（原１９８１を参照）。

つながっているとした。そしてやがて先述のヴァーバらが実証的に格差と政治参加の問題に取り組むようになるという研究史となっている。その中でも、近年海外において格差と政治的関心の関連について頻繁に引用されるのは、ヴァーバら（Verba et al. 1995）の研究である。この研究においては、収入が高い者ほど政治に参加する時間があり、選挙に貢献する資金があり、それらを有効に活用する技能があるという。その結果として、収入の高い者ほど政治に対して強い関心を持ち、収入の低い者は政治的に無関心となるという。

日本における政治関与に関する代表的研究としては蒲島（１９８８）がある。蒲島によれば、日本では農業を中心とする低地位の人々の政治参加が多くヴァーバらの議論は当てはまらないという。しかし、都市部への人口移動が落ち着いた現代では、もはや低地位の人々の中心は農業ではなくブルーカラーなどの都市下層に代わってきたのではないだろうか。ならば現代において改めて政治関与と社会的地位の問題を再検討してみる価値はあるだろう。

政治関与と政治的関心、政治不信

政治関与は、具体的にどのような側面、どのような測定概念から捉えるべきであろうか。チェンとジョーン（Chen and Zhong 1999）は、政治参加における政治的関心の重要性を指摘している。ソルト（Solt 2008）はアメリカ政治学会の不平等と民主主義特別委員会が政治への関与と不平等の関わりを今後の重要分析課題であるとしたことに言及し、政治的関心と不平等の関連からその具体的関わりを分析している。またハジャル（Hadjar 2009）は政治への関心は投票をはじめ様々な政治的行動と関連する、とその重要性を強調している。また日本では、先述の通り投票率が低下する一方で政治的関心がそれほど低下していない様子が伺える。この点について田中（１９９８）は、政治的関心の高い無党派が投票と棄権を使い分けることで選挙結果に影響している可能性を述べた。すなわち、必ずしも常に投票するとは限らない政治的関心の高い層が政治的に重要だというのだ。また、片瀬・海野（２０００）は高学歴や若年層における「支持政党なし」に認知的無党派という政治に積極的に関わる人々が多く含まれていることを指摘している。田中や片瀬らの研究から、「支持政党なし」や無党派といった政党支持意識上の概念では政治に関わらないはずの人々が、何らかの形で政治に関与していく様子が伺える。そのような人々をとらえるためには、上述のような政治的関心に着目することが重要であろう。

　これらの議論から、政治的関心を中心にして分析することにする。本章の目的に即して考えれば、格差拡大の中で社会的地位の低い人々の政治的関心はどのようになっているのであろうか。また、雇用不安を抱えた若者の政治的関心はどのようになっているのであろうか。これらについて分析していきたい。

　次に、仮に人々の政治的関心が低い場合、それは、政治に対する信頼に根ざした委任であろうか、それとも政治不信による政治に対する諦めを意味するのであろうか。政治不信を論じる際には、ミラー（Miller 1974）のいう政治システム全体への不信か、シトリン（Citrin 1974）のいう現職リーダーに対する不信かという問題かは重要な論争となってきており（Hetherington 1999）、考慮すべきであろう。政治への不信が政治的関心の低さをもたらすならば、それは野党への支援を伴うであろう現職リーダーへの不信というよりも政治システム全体への不信と考えた方が妥当ではないだろうか。ゆえに、政治的関心の低さが政治不信を伴うものであるか否か、本研究で検証してみることにしよう。

諸政治意識研究の現況

政治的関心と政治不信を中心に論じるならば、それらおよび関連する諸政治意識では近年どこまで研究が進んでいるであろうか。また、それら意識が反映される投票行動や政党支持意識における近年の日本の研究でどのようなことがいわれているだろうか。これらを踏まえる必要があるだろう。

近年における政治的関心や政治的信頼感の研究としては、山田（２００２）や森川・遠藤（２００５）が挙げられる。また関連して今井（２００８）の政治的知識の研究や平野（２００１）、村瀬ほか（２００８）といった政治的影響力認知や有効性感覚の研究などが見られる。これらを見ると、階層的地位と政治的関心および政治不信の関連については、いまだ分析が進んでいない課題である。

近年の投票行動と政党支持意識についてはどうだろうか。まずは主な要因として対人的ネットワークと利害と階層、年齢から整理してみよう。社会的ネットワークの影響については、松本（２００６）のいう組織動員や対人勧誘の影響低下や、白崎（２００５）の回答者と知人との党派性における一致度の低さといった研究から近年においてその影響は必ずしも強くないと考えられる。ならばそれらに代わる要因とは何か。谷口（２００５）は、物価や福祉など生活に身近で利益が明確な争点、平野（２００７）は階層的地位による利害感覚の影響を強調している。これらは階層的な利害に関わる要因であるといえよう。また平野や安野（２００８）は低年齢において「支持政党なし」が多い従来からの傾向が一貫して見られることを確認している。このような年齢との関連については、原・盛山（１９９９：１３１）において新しいコーホートにおいてイデオロギーの魅力が低下していることと、中高年層に比べて政治的ネットワークに組み込まれている者が少ないといった説明が挙げられている。では、情報化の進展に伴うインターネット利用の影響や、地方分権が進んでいる中でも地方政治についてはどうか。遠藤（２００７）は、インターネット利用の程度は政治的関心、政治的活動とも関連が見られないことを指摘している。また石上（２００５）によると政治的無関心と有効性感覚の低下が地方政治における投票率を低下させている。すなわち、インターネットは政治的関心や行動に結びつかず、地方政治における関心と投票の関連は国の政治に準ずるとはいえるだろう。以上のように先行研究を見る限り、年齢と階層とが投票や政党支持意識に対しても重要な要因となってきていることが伺える。

以上、近年の研究全体として、政治的関心や信頼と投票行動に何らかの結びつきがあることは確かであろう。また、低年齢において「支持政党なし」が多いことと、階層的な利害が支持政党や投票行動に影響している様子が見てとれる。このような現況を踏まえた上で、政治的関心の規定因やそれに対する政治不信の影響について分析していくこととしよう。

本研究の仮説

本章では以下の仮説を検討する。まず若者が政治に関心を持たないのであれば、低年齢ほど政治的関心も低いであろう（年齢仮説）。川上（1994）によると、日本では成年後に様々な社会集団に所属する。その中で社会的価値を内面化していくという社会化の過程（後期政治的社会化）が強く働き、これが政治への関心と参加をもたらすという。だが現代では低年齢層が雇用状況の悪化や将来への不安等の困難に直面していることを考えれば、若者において政治への関心が復活して年齢仮説はもはや当てはまらなくなっているかもしれない。この点をデータで確認してみよう。また、ヴァーバら（Verba et al. 1995）の議論に基づけば、社会的地位の低い人々ほど政治的関心は低いだろう（社会的地位仮説）。同じくヴァーバら（Verba et al. 1995）の議論に従うならば、社会的地位の低い人々の政治的関心の低さは、時間や資源の過小性によるものであり、政治不信のためではないだろう（関心と不信の独立仮説）。これらの仮説を以下で分析していくことにする。

2　方　法

調査データとしては明るい選挙推進協会が衆議院選挙ごとに実施した「明推協衆議院選挙後調査」データを用いた。調査時点が広く政治意識に関する質問項目が豊富に含まれているため、本研究に適したデータであるといえよう。分析内容に対応する質問項目が含まれていた１９８６年から２００５年の調査データを用いている。[*3]

政治的関心については、年度ごとに様々な質問項目が用いられているが、一貫して質問されているのは選挙への関心という項目である。これは、「今度の選挙について、あなた自身はどれくらい関心をもちましたか」という質問文への答えを「非常に関心をもった」「多少は関心をもった」「ほとんど関心をもたなかった」「全く関心をもたなかった」から選ばせるものである。これを政治的関心として分析に用いる。政治的信頼については２０００年調査以降測定されている次のような調査項目がある。すなわち、「あなたは国の政治をどれくらい信頼できるとお考えでしょうか」という質問への答えを「いつも信頼できる」「だいたい信頼できる」「時々は信頼できる」「全く信頼できない」から選ばせるものである。この項目を国政信頼度と呼んで分析に用いる。

３　分　析

選挙関心と年齢、収入

まずは、選挙への関心の趨勢を見てみよう。男女別に年度ごとの選挙関心を集計したのが図７-３であ

＊３　標本数は３０００人、全国の満20歳以上男女を対象、選挙人名簿を対象に層化２段無作為抽出を行い、回収率は54・０～80・９%だった。データについては蒲島（２００７）を参照。

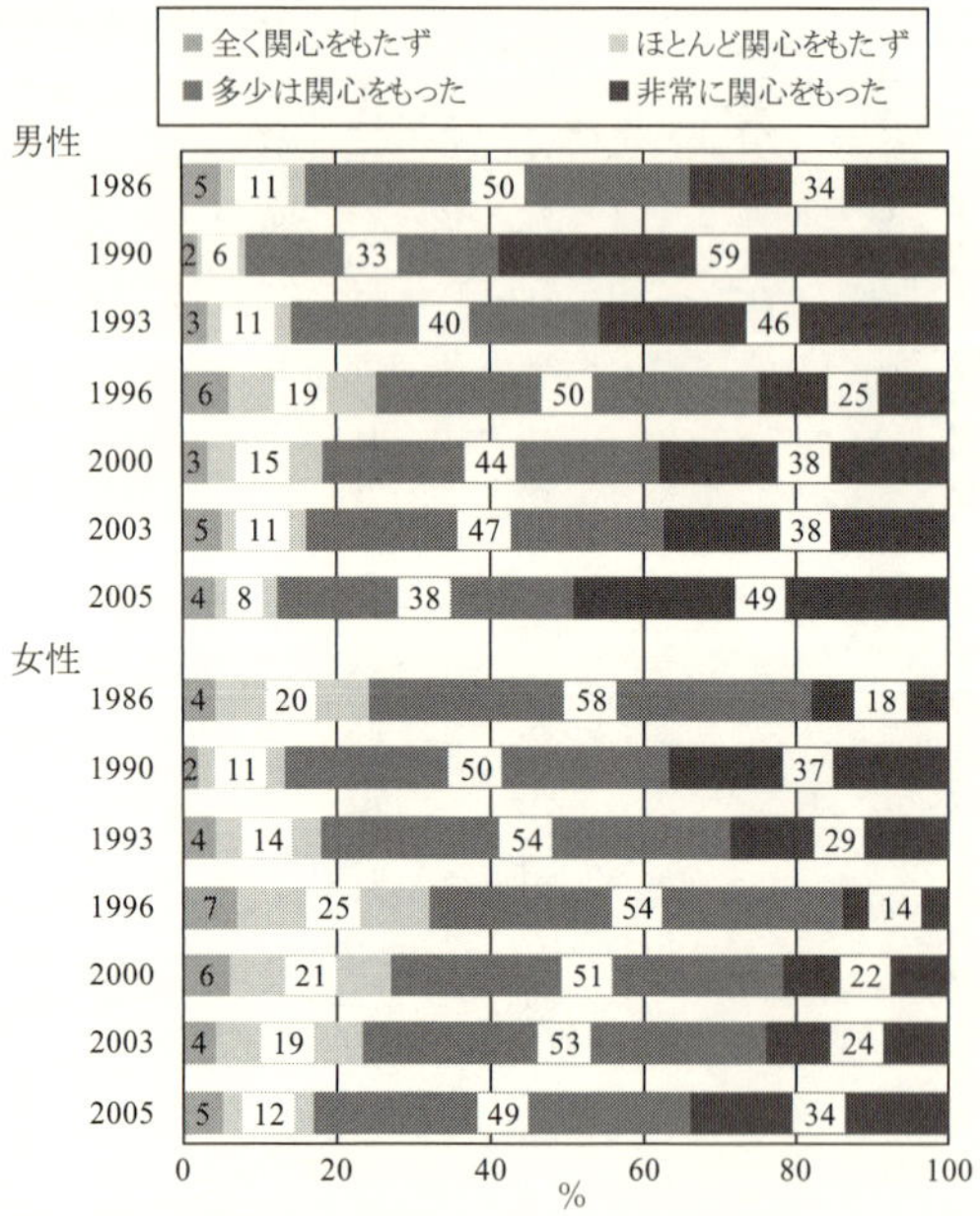

データ：明推協衆院選調査

図7－3　選挙関心の趨勢

る。一見して「全く関心をもたなかった」は少なく「多少は関心をもった」「非常に関心をもった」を合わせると8割前後を占めていることがわかる。また、１９８６年から２００５年までの間に関心が高くなるもしくは低くなるといった一貫した傾向は見られない。１９９０年と２００５年に「非常に関心をもった」が多くなり１９９６年に最も少なくなる。１９９０年は消費税やリクルート事件の関係で前年の参議院選挙で自民党が大敗した翌年にあたるため、特に高い関心を集めたのであろう。２００５年は、小泉政権において郵政民営化を争点として大きな関心を集めた選挙である。１９９６年は自社さ連立政権[*4]対新進党という図式であり、旧来の保革対立図式が崩れて明確な対立軸が示されなかったことが関心の低さに結びついたのではないか。井出（２００６）も、保守革新双方で対立陣営への警戒が減少したため、特に１９９０年代に「支持政党なし」が増加したという分析結果を得ている。ただし先に図７-２で見た通り、１９７６年はこの１９９６年と同程度かさらに政治的関心が低かった。全体として政治的関心の趨勢は、一貫したトレンドを有するというよりも、その時々の政治情勢を反映しながら変化しているといえよう。

次に、年齢と選挙関心の関連を見てみよう。分析結果は図７-４の通りである。これはおおよそ10年ごとのデータとして、１９８６年、１９９６年、２００５年のデータについて「非常に関心をもった」の比率を示してみたものである。２００５年で見ると、男性では「非常に関心をもった」が60代以上では60％弱になるが20-30代では30％代半ばにまで低下する。すなわち低年齢層ほど選挙への関心は低くなっているといえよう。同様に女性を見てみても、おおよそ低年齢層ほど選挙への関心が低いという傾向には変わりはない。１９８６年および１９９６年についても、やはり低年齢層ほど「非常に関心をもった」の比率は少なくなっている。時代的な変化についてはあまりはっきりしない。近年になって年齢と選挙関心の関連が強まってい

＊４　１９９４年６月に、社会党の村山富市を総理大臣とし自民党、社会党、新党さきがけの三党の連立によって成立した政権。１９９３年以前の保革対立時代に主要与党および野党として対立を続けていた自民党と社会党の連立によって生まれた。

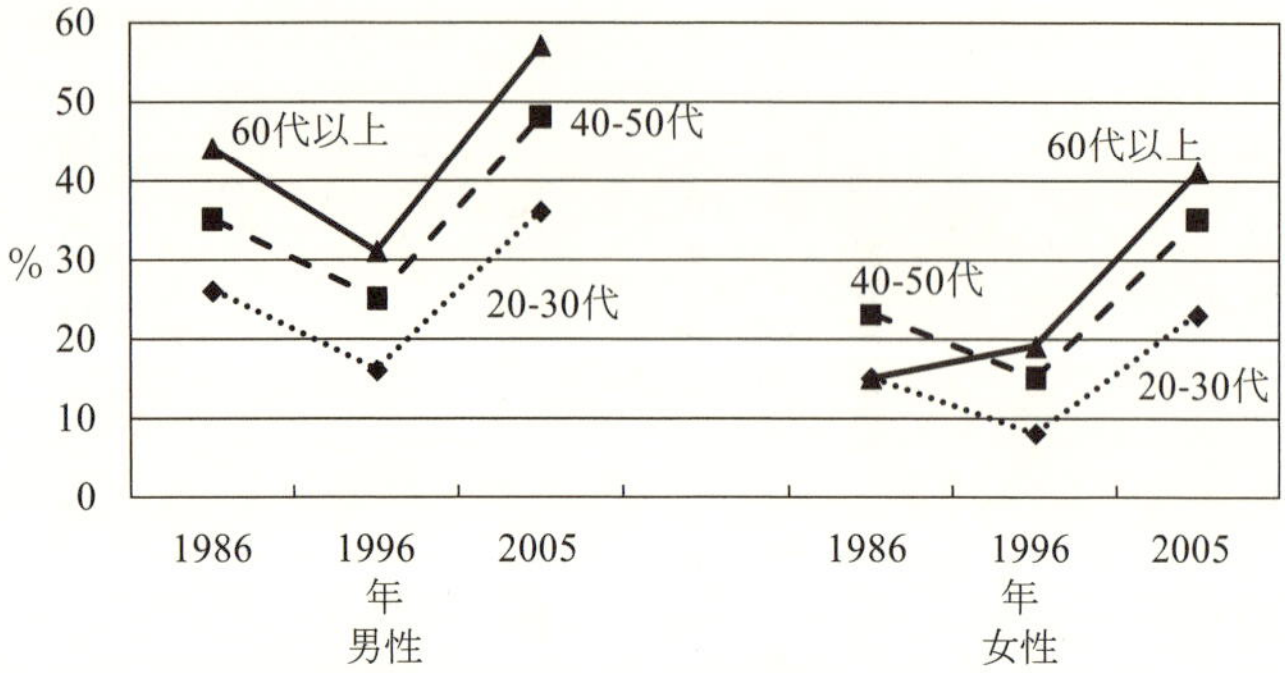

データ：明推協衆院選調査

図7－4　年齢と選挙関心「非常に関心をもった」

るとも逆に弱まっているともはっきりいうことはできないようだ。またたとえば１９８６年の20-30代と２００５年の40-50代を比べるとおよそのコーホートで見た趨勢を追うことができるが、コーホートの効果で一貫して選挙への関心が減少もしくは増大しているということはできなさそうだ。ただし例外的に、女性では60代以上の政治的関心の低さが１９８６年に見られたもののそれ以降は見られない。これは先に述べた１９７０年代の女性における政治的関心が特に低い人々がコーホートとしてこの１９８６年の60代以上に残っていたと解釈することもできるかもしれない。だが全体としては、時代効果によって政治的関心が上下すると同時に、年齢効果によって低年齢ほど政治的関心が低いという傾向が主に観察できると要約できそうだ。

次に、社会的地位仮説を検証してみよう。社会的地位は、収入や資産、学歴、職歴など、複数の次元で測定できる。まずは、収入[*5]に着目する。これは職業の場合は職業の社会的ネットワーク、学歴の場合は政治的社会化としての学歴といったように社会的地

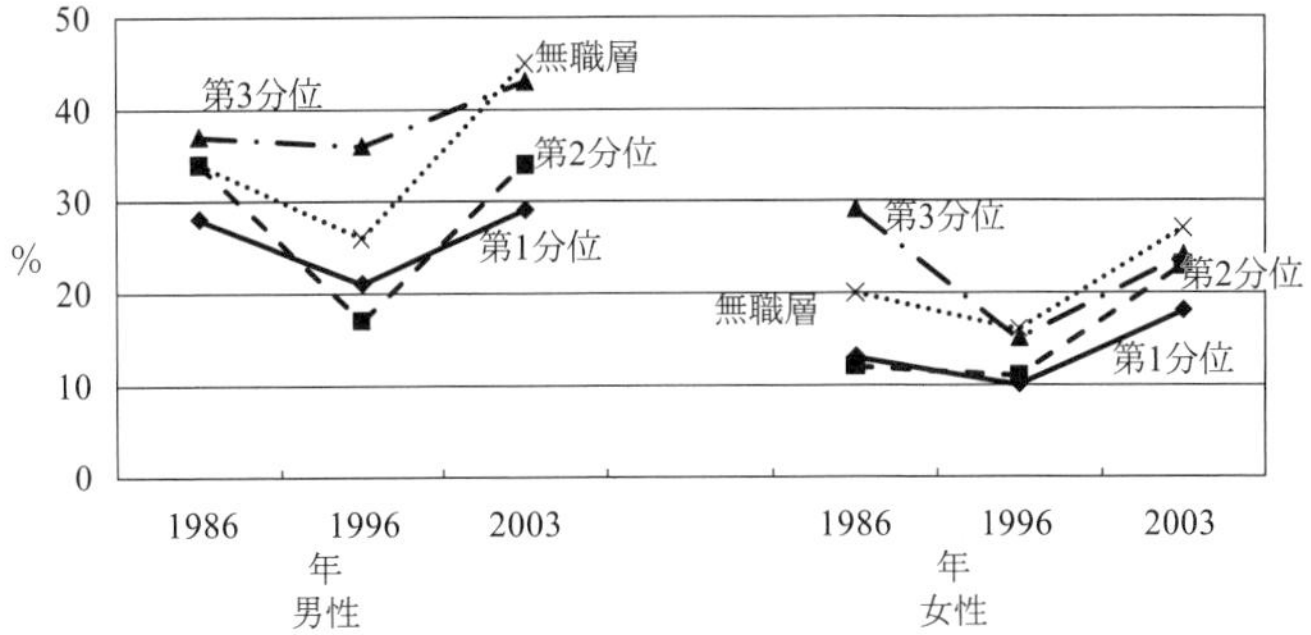

注：第1分位：男性（1986）は20万円未満、男性（1996～2003）は30万円未満、女性は10万円未満、第2分位：男性（1986）は20～30万円、男性（1996～2003）は30～40万円、女性は10～20万円、第3分位：男性（1986）は30万円以上、男性（1996～2003）は40万円以上、女性は20万円以上

データ：明推協衆院選調査

図7－5　収入と選挙関心「非常に関心をもった」

位以外の側面を含んでしまっているからである。後に多変量解析において社会的地位としての職業や学歴も取り上げることにしよう。こうして、収入と選挙への関心の関連について見たのが図7–5である。2005年調査には収入の問がないので代わりに2003年調査を用いた。図7–4と同様に「非常に関心をもった」の比率を用いている。個人収入の分布は、年度によって、また男女によっても異なる。図7–5に示した通りそれらを考慮して3分位に分割した[*6]。また無職、主婦、学生層は収入の回答がないため、別の系列「無職層」に合算して記

＊5　今回分析するデータにおける収入としては、本人の個人月収が調査されている。職業において学生・主婦・無職と答えた者を除く全員、すなわち何らかの職業に就いていると答えた者についての質問項目である。ただしDK／NA（わからない、答えない）となった者もある程度存在するため、他の変数より人数（N）が少なめである。また、学生・主婦・無職については収入が0円として分析に含めている。ただし2005年は収入が調査されていない。

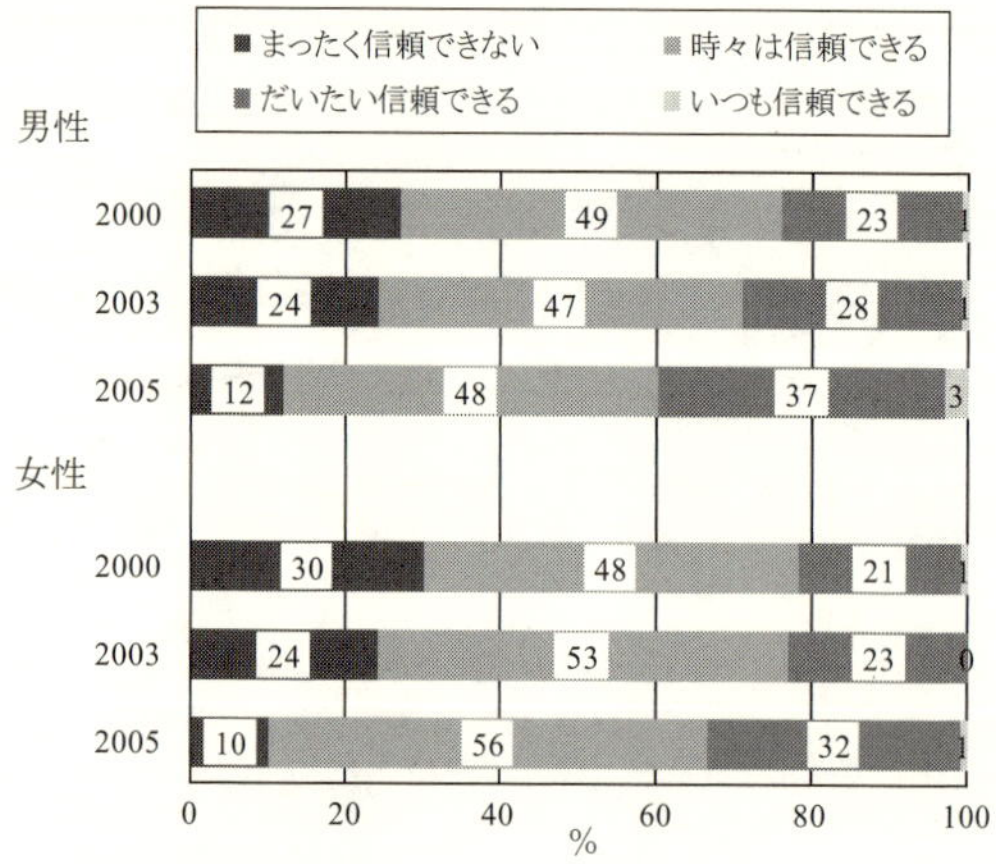

データ：明推協衆院選調査

図７−６　国政信頼の趨勢

した。結果を見ると、おおよそ男女とも収入が高くなるほど選挙への関心が高くなるようである。ただし、女性においては１９８６年に比べて１９９６年と２００３年において関連がやや弱まっている傾向も見られることに注意が必要である。

国政信頼度と年齢、収入

次に関心と不信の独立仮説をもとに、国政信頼度について分析してみよう。若年層や低収入の政治的無関心は同様な傾向を国政信頼度にもたらしているだろうか。まずは、男女別に国政信頼度の趨勢を見てみた（図７−６）。２０００年から２００５年にかけて「全く信頼できない」は減り、「だいたい信頼できる」は男女とも増える傾向にある。２００３年から２００５年は小泉政権下で構造改革が人気を集めていたことが、このような結果につながったと考えられる。どの時点でも共通でいえ

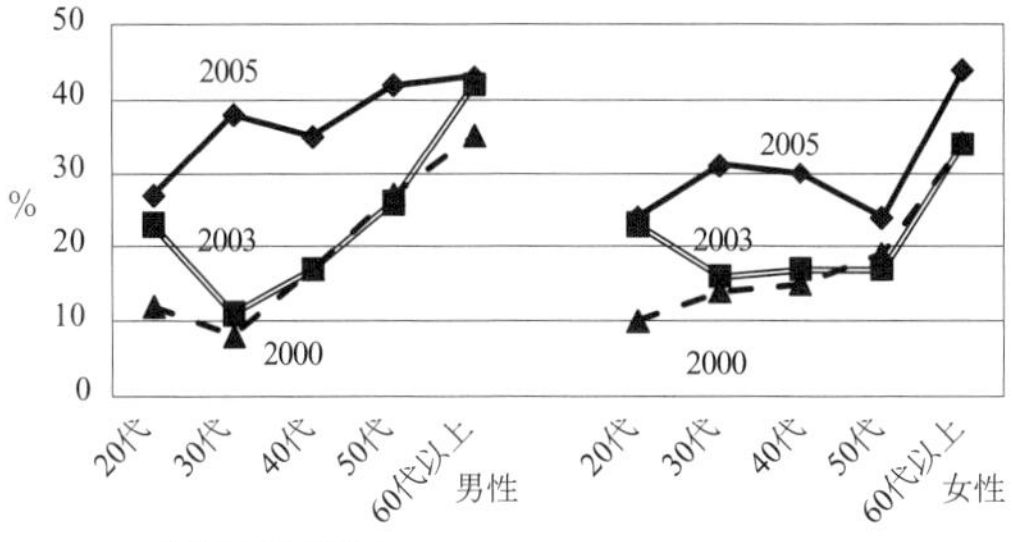

データ：明推協衆院選調査

図7−7　国政信頼と年代

ることは、「いつも信頼できる」という回答が極めて少ないということである。尺度の逆の端である「まったく信頼できない」がある程度の比率を得ていることと比較すると対照的である。ここから国民の政治不信が極めて高いと議論することもできるかもしれない。しかし、他の解釈もできよう。ワーディングとして「信頼できない」という選択肢が一つで他3つが「信頼できる」となっているため、「いつも信頼できる」という回答がかなり強い例外的な意味を付与されて選択者が少ないのに対して「まったく信頼できない」が「信頼できない」と

＊6　男性の1986年については、個人月収が20万円未満の者を第1分位とし、個人月収が20万円以上30万円未満の者を第2分位、個人月収が30万円以上の者を第3分位とした。同じく男性の1996年と2003年については、個人月収が30万円未満の者を第1分位とし、個人月収が30万円以上40万円未満の者を第2分位、個人月収が40万円以上の者を第3分位とした。また女性については年度による分布がそう変化していなかったので、個人月収が10万円未満の者を第1分位とし、個人月収が10万円以上20万円未満の者を第2分位、個人月収が20万円以上の者を第3分位とした。質問文は「失礼ですが、あなたの収入は月平均手取りでどのくらいですか。年間の手取り収入を月割りにすると、この中のどのへんでしょうか、大体のところで結構です」というものである。

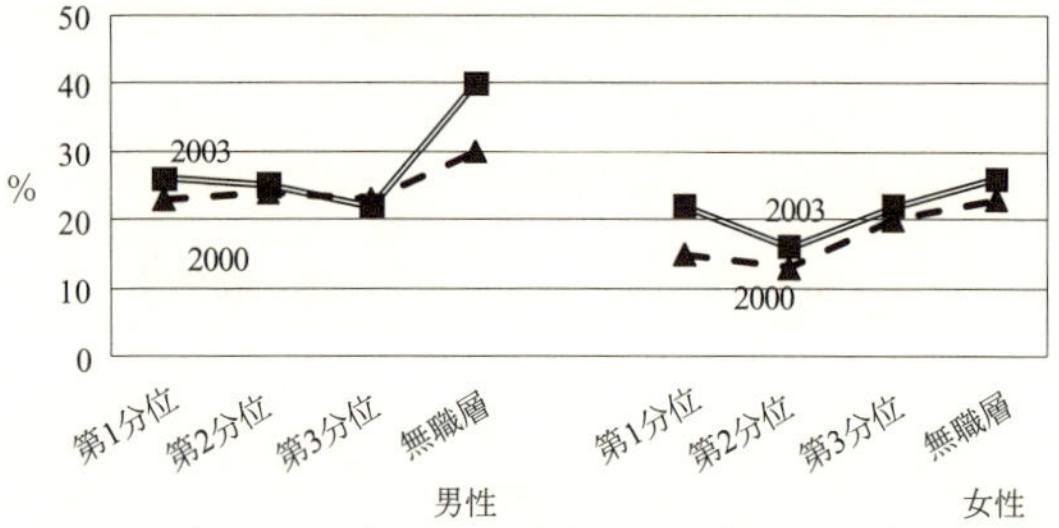

注：第１分位：男性（1986～1990）は20万円未満、男性（1993～2003）は30万円未満、女性は10万円未満、第２分位：男性（1986～1990）は20～30万円、男性（1993～2003）は30～40万円、女性は10～20万円、第３分位：男性（1986～1990）は30万円以上、男性（1993～2003）は40万円以上、女性は20万円以上

データ：明推協衆院選調査

図7－8　国政信頼と個人収入

考える人のかなりの部分を取り込んでいる可能性もある。そこで次に「いつも信頼できる」と「だいたい信頼できる」の合計比率を年齢や収入別に分析することにしよう。

政治的関心の低い若年層は国政信頼度もまた低いのであろうか。２０００年、２００３年、２００５年の全調査時点について、男女それぞれ年齢別に「いつも信頼できる」と「だいたい信頼できる」の合計比率を算出したのが図7-7である。男性では低年齢層ほど信頼度が低い傾向にある。女性は60代以上は信頼度が高めだが男性ほど明確な傾向はない。これらは細かく国政信頼度の全カテゴリーについて趨勢を見ても同様の結果であった。

収入と政治不信の関連が図7-8である。２００５年は収入の項目がないので、２０００年と２００３年について、男女それぞれ個人収入別3分位別に「いつも信頼できる」と「だいたい信頼できる」の合計比率を算出した。収入との関連はあまりないことがわかる。男性の無職層で信頼の高さが目につくが、これは高齢の退職者が多いこと、すなわち年齢の影響と考えることができる。それ以外では第1分位から第3分位まで、男女ともほとんど国政信頼度との関連は見られない。よって、低収入の人々では政治への関心が低いとしても、それは政治不信と結びついているとは予想しがたい。すなわち関心と不信の独立仮説で述べた通り、社会的地位の低い人々の政治的無関心は、必ずしも政治不信に媒介されてもたらされたものとはいえないのである。もちろん厳密には多変量解析で媒介関係を確認する必要があるので、あらためて次節で分析してみよう。

選挙関心の規定因

ここまでの議論では年齢や収入それぞれの政治的関心への影響を個別に分析している。だが、たとえば年齢の影響は、すでに分析した収入、あるいはその他居住地域や職業といった調査対象者の諸属性の影響を受ける。そこで、これら様々な変数による影響をできるだけ取り除いた上で、年齢や収入と政治的関心は関連があるかを、重回帰分析によって確認してみよう。[*7] 同時に上で議論したような政治的関心の低さが政治不信と結びついているかどうかも、諸変数による影響を取り除いた上で検証してみよう。従属変数（被説明変

---

*7　年齢はもとの調査データが20代は5歳刻み、30代以上は10歳刻みの変数となっているので20代を合併して他の30歳代、40歳代……70歳代と比較するダミー変数とした。収入ももとのデータが10万円刻みの個人月収となっているので、同様に中央値をとって量的変数とした。政治的信頼については国政信頼度を用いるが、「いつも信頼できる」がほとんどいないので「だいたい信頼できる」と合併して3値の量的変数として分析した。

数）は、選挙への関心である。回答の４選択肢をそのまま量的変数とみなした。変数が揃っている２０００年から２００５年のデータを用いた。

調査が行われた選挙の背景を簡単にまとめてみよう。２０００年の選挙は、１９９７年の消費税率増とアジア金融危機後の景気悪化の中、森総理大臣のもとで自民、公明、保守党の連立政権において実施された。争点は政権の評価と景気対策であったが、総理の度重なる失言により「神の国解散」ともいわれ、自民党が議席を減らした選挙である。２００３年と２００５年の選挙は小泉政権において実施され、後者では保守党の自民党への合流により自公二党の連立政権であった。２００３年選挙はマニフェスト解散等と呼ばれてマニフェストを競った自民党と民主党両党が議席を伸ばして二大政党制の傾向が強まった。また、２００５年選挙は郵政解散と呼ばれ、小泉首相が郵政民営化を争点に自民党内の抵抗勢力との戦いを強調して支持を訴えた結果、自民党が議席を伸ばす結果となった選挙である。

その他の影響を取り除くための変数（統制変数）としては、どのようなものが考えられるだろうか。安野（２００８）は都市規模の支持政党への影響について、特に小泉政権以前に置いて町村部ほど自民党支持の傾向が見られることを強調している。もともと自民党は、庄屋や大農家、酒造業者など、農村部の地域有力者を基盤とした政権であり、その傾向は最近も続いているといってよい。日本政治において、居住地の都市度は投票と関連する重要な変数である。平野（２００７）は学歴や職業の支持政党や投票行動への影響を指摘している。また、収入に含まれない社会的地位の変数として持ち家の有無も考慮することにする。そこで、都市規模、学歴、職業、持ち家の有無を独立変数として用いる。[*8] ただし２００５年については先述の通り収入と持ち家が調査されていないため除かれている。なお、この調査では非正規雇用であるか否かが含まれていない。

重回帰分析の結果は表7-1に示した。モデル1は国政信頼度を独立変数（説明変数）に含まないモデル、モデル2は含むモデルであり、これらを男女別調査年別に記した。どのモデルでも年齢の影響は有意であり、20代に比べて高年齢層は一般に政治的関心が高い。収入の高さは、２０００年の男性では有意に政治的関心を高めるが、女性では有意な効果を持たない。また国政信頼度については、男女とも信頼が高いほど政治的関心が高い。統制変数については、学歴が男性では大卒以上で、女性では短大・高専もしくは大卒以上が、関心が高い。これは森川・遠藤（２００５）の分析で教育程度と政治的関心、政治的知識に深く関連があるとなっていることに一致する。職業は男性では、ブルーカラーに比べて、どの調査年でも管理や専

＊8　都市規模は自民党の支持基盤である町村部を基準として、それ以外の人口10万人未満の市部、人口10万人以上の市部、政令指定都市（東京区部含む）との差があるかどうかを調べる4値のダミー変数とした。学歴は高卒以下を基準とし、短大・高専、また大卒以上といったそれ以上の高学歴となることでどれだけの変化が生まれるかを比べる3値のダミー変数である。また職業は、農業、自営、管理、「専門・事務」、「販売・サービス」、ブルーカラー、無職（専業主婦と学生を含む）に分類し（7値）、ダミー変数とする。男性はこのまま7値で用いるが、女性では管理が少数なので分析への影響を考えて欠損値とし6値で扱う。基準については、階層論的に考えて一般に他の職業に比べて不利な社会的地位にあると考えられるブルーカラーを基準にすることにしよう。社会階層研究では、専門と事務は分けて分析することが多い。だが、この調査では同じカテゴリにコーディングされているため、注意が必要である。持ち家は一戸建ての持ち家を持つ者について持ち家を持たない者を基準として比較したダミー変数としている。

表7-1a　選挙への関心の重回帰分析（男性、標準偏回帰係数）

	2000		2003		2005	
	モデル1	モデル2	モデル1	モデル2	モデル1	モデル2
年齢（30代）	.066	.066	.055	.063	.236 **	.226 **
年齢（40代）	.194 **	.188 **	.115 *	.116 *	.200 **	.188 **
年齢（50代）	.270 **	.255 **	.219 **	.223 **	.376 **	.352 **
年齢（60代）	.412 **	.390 **	.397 **	.384 **	.434 **	.415 **
年齢（70代以上）	.329 **	.302 **	.363 **	.344 **	.434 **	.408 **
人口10万未満の市	.019	.026	.000	.007	.014	.035
人口10万以上の市	.003	.012	-.004	.006	.005	.013
政令指定都市	-.026	-.014	.023	.032	.007	.022
学歴（短大・高専・専）	.051	.053	.063 †	.067 †	.056	.052
学歴（大卒以上）	.132 **	.126 **	.166 **	.166 **	.234 **	.227 **
職業（農業）	.038	.036	-.011	-.019	-.012	-.014
職業（自営）	.102 *	.099 *	.075	.076	.090 †	.093 *
職業（管理）	.079 *	.081 *	.096 *	.091 *	.095 *	.091 *
職業（専門・事務）	.143 **	.138 **	.118 *	.112 *	.114 *	.102 *
職業（販売・サービス）	.004	.002	.010	.011	.091 *	.089 *
職業（無職）	.139 *	.150 *	.055	.057	.107 †	.099 †
個人収入	.122 *	.125 *	.039	.034		
持ち家（あり）	.020	.018	.106 **	100 **		
国政信頼度		.101 **		.113 **		.125 **
決定係数R^2	.159 **	.168 **	.155 **	.167 **	.143 **	.158 **
Adj.-R^2	.139	.148	.134	.145	.124	.138
人数(N)	796	796	745	745	714	714

注：**: p<.01　*: p<.05　†：p<.10　†：p<.10

(1)年齢の基準は20歳代。都市規模の基準は町村部。学歴の基準は高卒以下、(2)職業の基準はブルーカラー、(3)持ち家の基準は「なし」

データ：明推協衆院選調査

表7-1b　選挙への関心の重回帰分析（女性、標準偏回帰係数）

	2000		2003		2005	
	モデル1	モデル2	モデル1	モデル2	モデル1	モデル2
年齢（30代）	.116 **	.113 **	.109 *	.105 *	.041	.027
年齢（40代）	.172 **	.175 **	.179 **	.174 **	.208 **	.195 **
年齢（50代）	.289 **	.287 **	.333 **	.327 **	.230 **	.219 **
年齢（60代）	.337 **	.325 **	.328 **	.311 **	.283 **	.259 **
年齢（70代以上）	.225 **	.195 **	.299 **	.263 **	.196 **	.158 **
人口10万未満の市	.039	.044	-.013	-.014	-.017	-.007
人口10万以上の市	.017	.020	-.028	-.023	-.007	-.003
政令指定都市	.050	.054	.026	.036	.098 *	.112 *
学歴（短大・高専・専）	.098 **	.092 **	.163 **	.156 **	.145 **	.136 **
学歴（大卒以上）	.148 **	.140 **	.141 **	.132 **	.183 **	.169 **
職業（農業）	-.008	-.012	.016	.005	.016	.017
職業（自営）	.065	.059	.040	.044	.090	.089
職業（専門・事務）	.029	.032	-.026	-.023	.103	.097
職業（販売・サービス）	-.050	-.056	.039	.043	.057	.049
職業（無職）	.001	-.010	.114	.106	.154	.149
個人収入	.017	.008	.073	.063		
持ち家（あり）	.050	.045	.050	.050		
国政信頼度		.133 **		.149 **		.124 **
決定係数R^2	.089 **	.106 **	.096 **	.117 **	.099 **	.114 **
Adj.-R^2	.073	.089	.079	.099	.082	.096
人数(N)	976	976	913	913	797	797

注：**: p<.01　*: p<.05　†：p<.10

(1)年齢の基準は20歳代。都市規模の基準は町村部。学歴の基準は高卒以下、(2)職業の基準はブルーカラー。なお女性の管理は標本少数のため欠損値、(3)持ち家の基準は「なし」

データ：明推協衆院選調査

門・事務で、また２００３年を除く自営と無職、２００５年の販売・サービスで有意に政治的関心が高い。しかし農業や自営などは特に関連がない。女性では、ブルーカラーと比べて政治的関心に有意な差がある職業は見られない。都市規模については２００５年の女性でのみ、農村部に比べて政令都市で、政治的関心が有意に高い結果となった。なお、モデル２として国政信頼度を投入してもそれ以外の変数の影響が媒介によって弱まる様子はない。

全体として統制変数の投入にかかわらず年齢の影響は有意となっている。また時点間の変化で着目できるのは、男性において２０００年では個人収入が有意となっているが、２００３年ではこれに代わって持ち家が有意となっている点である。この時期は小泉政権下において規制緩和と自由競争の政策が社会全体に浸透した時期である。このような情勢下で人々は将来的な雇用の流動化と不確実性を予測し、雇用情勢に左右される現在の収入という短期的な富よりも、持ち家に現れるような財産全体という長期的な富を生活の基盤として重視するようになったのかもしれない。ヴァーバの議論と社会的地位仮説からの説明が可能な結果ではあるが、どのような富が重要かという問題が影響していると考えられる。男性における職業の影響については、収入同様にヴァーバらの議論から解釈できるのではないか。ブルーカラーに比べて、事務・専門や管理職は、社会的地位が高く恵まれた生活をする人々と考えられるからである。先述の蒲島の議論では、農業において社会的地位の低さにかかわらず政治参加が多いことが論じられていたが、今回の結果でも、農業の政治的関心は低いとはいえない。学歴の影響についても、知識の増加そのものの影響だけでなく、高学歴のもたらす社会的有利さが政治的関心を高めていると、収入や職業と同様に解釈できる可能性があるだろう。モデル全体のあてはまりとしては、男性で決定係数は .158～.168、女性で .106～.117である。他に重要な変数が存在する可能性は否定できないが、妥当なモデルといってよいだろう。

以上の分析結果から、諸々の変数を統制しても、年齢仮説および社会的地位仮説で想定したような、若年層と、低収入層における政治的関心の低さは観察できた。収入や職業については男性のみが明確な影響を示していた。これは個人収入や本人職業による分析のため、既婚女性や親と同居する女性では主な家計支持者が本人以外にある蓋然性が高いことによるのではないかと考えられる。収入および職業、学歴の影響についてはヴァーバらの理論による社会的地位仮説から説明が可能であるといえよう。また、政治不信が政治的無関心と関連している傾向が見られた。しかし社会的地位の低さと政治的無関心の関連は、国政信頼度を重回帰分析に投入しても弱まっていない。すなわち、関心と不信の独立仮説は支持され、社会的地位の低さによる政治的無関心は政治不信を伴っていないと考えられる。しかし、一点社会的地位仮説と異なる結果に言及したい。それは社会的地位の性質の違いである。学歴はどの分析結果でも安定して影響しているが、収入や持ち家は影響がない場合も見られる。また職業も一般的な社会的地位とは影響の大きさの順序が一致しない場合も見られた。このように社会的地位の性質の違いによって仮説の妥当性が変わってくることに注意しなければならない。この違いはなぜ生まれるのだろうか。社会的資源としての学歴とは知識であり、政治的情報の理解や分析に役に立つため、政治的関心へとつながりやすい。また非正規雇用は常時雇用に比べた地位の低さと、雇用の不安定さによる危機感とが同時に作用しているのかもしれない。

選挙関心と政治的行動の関連

最後に、政治的関心が低いということが、政治に対してどのような意義を有するのかについて検討することにしよう。政治的関心の高さが投票行動を促進することは古くから知られており、日本でも蒲島（１９８６）等で、繰り返し指摘されていることである。だが、先述の通り現代の日本では投票率の低下に比べて政治的関心はそれほど低下していない。また、投票と棄権を使い分け、必ずしも政治的関心の高さが投票に結びつかない有権者についても議論されている。これらの点からして、政治に関心が高くとも必ずしも投票をしない有権者が増加しているかを分析する必要がある。また、投票を促進するとしても、どの政党に投票するかを検証すべきであろう。１９９３年以降政界再編が進み、２００８年までには自公連立与党と民主党の二大政党制に近い政党制が成立している。しかしながら、その中で１９９３年に成立した非自民連立政権の時期を除き、ほぼ一貫して自民党が政権を維持している。政治的関心の低さは、動員や個人的依頼等によって自民党への投票につながり、自民党政権を維持する役割を果たしているのであろうか。それとも関心の低さは同時に現政権への不支持をもたらし、野党への投票と政権交代につながっているのであろうか。これらの点について分析してみる。データとしては同様に２０００年、２００３年、２００５年について、それぞれ分析を行った。

まず、政治関心と投票か棄権かとの関連を見てみることにしよう。投票といっても与党への投票と野党への投票はその政治的影響が異なるため、これを区分して分析する。つまり、当時の主要与党である自民への投票と主要野党である民主党への投票を、個別に分析する。このため、自民党（民主党）へ投票するかもしくは棄権するかの違いに影響する要因を調べるべくロジスティック回帰分析を行った。先の重回帰分析に投入したすべての説明変数と、選挙関心も投入した。なお、女性の管理職は人数が少ないため欠損値とした。自民党へ投票をした者を1、棄権を0という変数を従属変数としたロジスティック回帰分析の結果が表7-2である。男性は、年齢、２０００年の職業、選挙関心が有意である。２０００年の持ち家も10％水準だが有意であり、回帰係数は正だから、家を持つ者ほど自民党に投票する傾向がある。しかし、２００３年以降は、そのような傾向が出ていない。女性では、年齢、２０００年の都市度、２０００年の「販売・サービス職」、２０００年の持ち家、選挙関心が有意である。次に、民主党へ投票をした者を1、棄権を0としたロジスティック回帰分析の結果が表7-3である。男性では、年齢、２０００年の管理、持ち家、政治関心が有意である。多くの場合、職業は有意にならないが、２０００年時点では、管理職の男性は、棄権と比べれば民主党に投票する傾向がある。女性は、年齢、２０００年の持ち家、選挙関心が有意である。収入はどの年も有意ではなく、都市度や学歴、職業など他の変数の影響を取り除くと、収入は投票に影響がないことがわかる。ただし持ち家という変数は影響があることが多い。収入というフローでなく、資産（持ち家）というストックの方が、投票行動に影響している。収入より資産の方が、現状の生活の豊かさや社会的地位を、

表7−2a　比例区自民投票／棄権のロジスティック回帰　男性

	2000		2003		2005	
	回帰係数	Wald	回帰係数	Wald	回帰係数	Wald
年齢（30代）	1.741	9.97 *	0.247	0.154	0.940	3.053 †
年齢（40代）	1.587	7.814 *	1.422	4.681 *	1.987	11.146 **
年齢（50代）	2.417	18.008 *	1.421	4.836 *	2.189	15.442 **
年齢（60代）	2.689	21.07 *	2.423	15.336 *	1.864	11.016 **
年齢（70代以上）	3.328	25.958 *	2.610	13.554 *	1.680	7.174 **
人口10万以下の都市	-0.480	1.410	-0.746	2.805 †	0.615	1.982
人口10万以上の都市	-0.230	0.429	-0.223	0.293	0.548	1.793
政令指定都市	0.053	0.015	-0.285	0.348	-0.379	0.711
学歴（短大・高専・専修）	-0.249	0.234	0.393	0.575	-0.175	0.143
学歴（大卒以上）	-0.302	0.703	0.848	3.515 †	0.420	1.048
職業（農業）	2.193	3.923 *	-0.387	0.220	0.740	1.408
職業（自営）	0.202	0.170	0.931	2.724 †	0.057	0.014
職業（管理）	1.291	2.494	0.061	0.006	2.755	2.293
職業（事務・専門）	0.459	0.964	-0.069	0.017	0.697	1.931
職業（販売・サービス）	0.034	0.005	0.216	0.154	0.489	0.912
職業（無職）	-1.172	3.251 †	-0.277	0.171	0.473	0.853
個人収入	-0.016	1.392	-0.004	0.050		
持ち家（あり）	0.658	3.782 †	0.686	2.675		
選挙関心	1.277	40.137 *	1.577	51.665 *	1.566	57.228 **
Cox & Snell R^2		0.373 *		0.425 *		0.339 **
Nagelkerke　R^2		0.506 *		0.578 *		0.478 **
N		413		374		396

注：**：p<.01　*：p<.05　†：p<.10
(1) ダミー変数の基準は年齢（20代）、町村部、学歴（高卒以下）、職業（ブルー）である、
(2) 従属変数は自民投票を1、棄権を0とコードしその他を欠損値とした二値変数である

表7−2b　比例区自民投票／棄権のロジスティック回帰　女性

	2000		2003		2005	
	回帰係数	Wald	回帰係数	Wald	回帰係数	Wald
年齢（30代）	1.520	9.561 *	0.463	0.862	1.306	7.419*
年齢（40代）	0.768	2.872 †	0.972	3.782†	1.020	4.839*
年齢（50代）	1.405	9.992 *	1.609	10.600*	2.329	20.972*
年齢（60代）	1.860	13.748 *	2.250	18.250*	1.830	12.998*
年齢（70代以上）	1.031	4.571 *	1.322	6.459*	2.554	22.707*
人口10万以下の都市	-0.110	0.095	-0.493	1.867	-0.415	1.115
人口10万以上の都市	-0.689	5.157 *	-0.577	3.234†	-0.326	0.812
政令指定都市	-0.720	3.515 †	-0.554	2.067	-0.180	0.164
学歴（短大・高専・専修）	0.182	0.269	0.743	5.430*	0.368	1.227
学歴（大卒以上）	0.065	0.017	0.483	0.941	0.881	2.873†
職業（農業）	1.011	0.681	0.827	0.733	0.516	0.315
職業（自営）	0.064	0.009	0.750	1.215	0.244	0.095
職業（管理）						
職業（事務・専門）	-0.534	0.692	0.153	0.061	0.094	0.016
職業（販売・サービス）	-1.161	3.516 †	-0.471	0.586	-0.216	0.093
職業（無職）	-0.169	0.080	0.344	0.354	-0.659	0.973
個人収入	0.007	0.128	0.001	0.003		
持ち家（あり）	0.855	8.690 *	0.301	0.811		
選挙関心	1.232	56.995 *	1.425	63.890*	1.598	77.094*
Cox & Snell R^2		0.314 *		0.326*		0.322*
Nagelkerke　R^2		0.419 *		0.441*		0.448*
N		473		477		460

注：**：p<.01　*：p<.05　†：p<.10
(1) ダミー変数の基準は年齢（20代）、町村部、学歴（高卒以下）、職業（ブルー）である、
(2) 従属変数は自民投票を1、棄権を0とコードしその他を欠損値とした二値変数である

表7－3ａ　比例区民主投票／棄権のロジスティック回帰　男性

	2000			2003			2005		
	回帰係数	Wald		回帰係数	Wald		回帰係数	Wald	
年齢（30代）	1.355	6.776	*	0.826	2.398		0.727	1.324	
年齢（40代）	0.839	2.310		1.012	2.818	†	0.851	1.440	
年齢（50代）	1.217	4.909	*	0.904	2.215		2.166	10.876	**
年齢（60代）	1.365	6.451	*	1.895	10.168	*	2.004	9.980	**
年齢（70代以上）	0.833	1.568		0.984	1.791		1.303	3.143	†
人口10万以下の都市	-0.041	0.009		0.043	0.009		0.788	2.494	
人口10万以上の都市	-0.055	0.02		-0.118	0.077		0.493	1.120	
政令指定都市	-0.118	0.061		0.201	0.157		-0.197	0.149	
学歴（短大・高専・専修）	-0.499	0.765		0.340	0.534		0.508	0.978	
学歴（大卒以上）	0.185	0.248		0.927	4.435	*	0.737	2.696	
職業（農業）	1.326	0.985		-1.632	2.329		-0.256	0.105	
職業（自営）	0.507	0.931		0.316	0.284		-0.403	0.572	
職業（管理）	1.841	4.637	*	0.125	0.023		2.510	1.698	
職業（事務・専門）	0.889	3.225	†	-0.366	0.544		0.372	0.488	
職業（販売・サービス）	0.239	0.214		0.020	0.002		0.327	0.315	
職業（無職）	-0.477	0.478		-0.193	0.073		0.287	0.279	
個人収入	-0.012	0.668		0.005	0.097				
持ち家（あり）	0.821	5.308	*	0.812	4.161	*			
選挙関心	1.825	58.495	*	1.966	66.704	*	1.695	48.236	**
Cox & Snell R^2		0.382	*		0.422	*		0.397	**
Nagelkerke　R^2		0.510	*		0.576	*		0.536	**
N		341			384			302	

注：**：p<.01　*：p<.05　†：p<.10
(1) ダミー変数の基準は年齢（20代）、町村部、学歴（高卒以下）、職業（ブルー）である、
(2) 従属変数は自民投票を1、棄権を0とコードしその他を欠損値とした二値変数である

表7－3ｂ　比例区民主投票／棄権のロジスティック回帰　女性

	2000			2003			2005		
	回帰係数	Wald		回帰係数	Wald		回帰係数	Wald	
年齢（30代）	1.979	17.079	*	0.437	0.752		1.441	6.375	*
年齢（40代）	1.281	8.412	*	1.171	5.700	*	1.428	6.592	*
年齢（50代）	1.621	13.528	*	1.279	6.555	*	2.066	11.307	*
年齢（60代）	1.260	5.906	*	1.009	3.234	†	1.858	9.113	*
年齢（70代以上）	0.640	1.520		0.513	0.838		1.530	5.336	*
人口10万以下の都市	0.309	0.611		0.128	0.103		-0.581	1.434	
人口10万以上の都市	-0.232	0.454		-0.220	0.365		-0.199	0.220	
政令指定都市	0.219	0.299		0.007	0.000		-0.178	0.115	
学歴（短大・高専・専修）	0.541	2.649		0.393	1.496		0.147	0.152	
学歴（大卒以上）	0.678	2.066		0.441	0.838		0.866	2.078	
職業（農業）	0.211	0.011		0.092	0.005		-0.695	0.214	
職業（自営）	0.191	0.064		-0.320	0.171		0.647	0.373	
職業（管理）									
職業（事務・専門）	-0.162	0.055		0.081	0.016		0.730	0.537	
職業（販売・サービス）	-0.124	0.033		-0.280	0.206		0.255	0.067	
職業（無職）	0.188	0.076		0.033	0.003		0.409	0.193	
個人収入	0.001	0.005		0.002	0.011				
持ち家（あり）	0.647	4.268	*	0.290	0.749				
選挙関心	1.499	66.344	*	1.776	74.392	*	1.462	45.403	*
Cox & Snell R^2		0.337	*		0.335	*		0.317	*
Nagelkerke　R^2		0.450	*		0.449	*		0.423	*
N		432			428			293	

注：**：p<.01　*：p<.05　†：p<.10
(1) ダミー変数の基準は年齢（20代）、町村部、学歴（高卒以下）、職業（ブルー）である、
(2) 従属変数は自民投票を1、棄権を0とコードしその他を欠損値とした二値変数である

表7-4 a　比例区自民投票／民主投票のロジスティック回帰　男性

	2000		2003		2005	
	回帰係数	Wald	回帰係数	Wald	回帰係数	Wald
年齢（30代）	0.262	0.220	-0.572	1.066	0.246	0.195
年齢（40代）	0.582	1.012	0.248	0.224	0.608	1.094
年齢（50代）	1.022	3.593 †	0.348	0.461	-0.003	0.000
年齢（60代）	1.353	6.308 *	0.736	2.187	-0.451	0.744
年齢（70代以上）	1.980	11.657 *	1.385	6.539 *	-0.284	0.253
人口10万以下の都市	-0.393	1.641	-0.749	6.031 *	-0.296	0.888
人口10万以上の都市	-0.364	1.723	-0.428	2.679	-0.145	0.236
政令指定都市	-0.071	0.042	-0.219	0.547	-0.359	1.045
学歴（短大・高専・専修）	-0.086	0.037	-0.053	0.030	-0.256	0.577
学歴（大卒以上）	-0.264	0.854	-0.172	0.457	-0.343	1.845
職業（農業）	0.433	0.512	1.072	2.375	1.014	3.506 †
職業（自営）	-0.452	1.241	0.527	2.099	0.423	1.174
職業（管理）	-0.825	2.770 †	0.318	0.419	0.885	2.962 †
職業（事務・専門）	-0.302	0.569	0.260	0.463	0.195	0.271
職業（販売・サービス）	-0.436	0.945	-0.227	0.274	0.485	1.444
職業（無職）	-0.392	0.579	-0.135	0.086	0.880	4.725 *
個人収入	-0.002	0.056	-0.003	0.102		
持ち家（あり）	-0.408	1.658	-0.138	0.169		
選挙関心	-0.597	11.272 *	-0.463	7.666 *	-0.194	1.217
Cox & Snell R^2		0.129 *		0.101 *		0.039
Nagelkerke R^2		0.173 *		0.135 *		0.053
N		434		476		452

注：** : p<.01　* : p<.05　† : p<.10
(1) ダミー変数の基準は年齢（20代）、町村部、学歴（高卒以下）、職業（ブルー）である、
(2) 従属変数は自民投票を1、棄権を0とコードしその他を欠損値とした二値変数である

表7-4 b　比例区自民投票／民主投票のロジスティック回帰　女性

	2000		2003		2005	
	回帰係数	Wald	回帰係数	Wald	回帰係数	Wald
年齢（30代）	-0.380	0.591	-0.450	0.777	-0.287	0.330
年齢（40代）	-0.544	1.251	-0.586	1.563	-0.444	0.856
年齢（50代）	-0.104	0.048	-0.098	0.045	-0.067	0.019
年齢（60代）	0.253	0.259	0.639	1.720	-0.186	0.136
年齢（70代以上）	0.574	1.221	0.498	0.968	0.705	1.734
人口10万以下の都市	-0.447	2.237	-0.490	3.032 †	0.207	0.337
人口10万以上の都市	-0.392	2.114	-0.322	1.555	-0.010	0.001
政令指定都市	-1.072	10.890 *	-0.477	2.803 †	0.065	0.034
学歴（短大・高専・専修）	-0.517	3.664 †	0.115	0.249	0.176	0.414
学歴（大卒以上）	-0.599	2.207	-0.134	0.141	-0.329	0.773
職業（農業）	1.139	0.961	1.303	1.991	1.171	0.907
職業（自営）	-0.188	0.113	0.935	2.685	-0.457	0.369
職業（管理）						
職業（事務・専門）	-0.516	0.844	-0.041	0.006	-0.531	0.518
職業（販売・サービス）	-0.534	0.914	-0.381	0.503	-0.301	0.167
職業（無職）	0.029	0.003	0.178	0.126	-1.078	2.417
個人収入	0.014	0.759	0.001	0.005		
持ち家（あり）	0.246	0.767	-0.095	0.094		
選挙関心	-0.332	4.720 *	-0.415	7.482 *	0.194	1.251
Cox & Snell R^2		0.124 *		0.095 *		0.061*
Nagelkerke R^2		0.166 *		0.127 *		0.085*
N		471		523		451

注：** : p<.01　* : p<.05　† : p<.10
(1) ダミー変数の基準は年齢（20代）、町村部、学歴（高卒以下）、職業（ブルー）である、
(2) 従属変数は自民投票を1、棄権を0とコードしその他を欠損値とした二値変数である

より適切に表しているのだろう。全体として、年度あるいは男女を問わず、選挙関心が高いほど棄権ではなく自民党あるいは民主党への投票がなされるという傾向が明確に出ている。すなわち、趨勢としては政治的関心と投票率には乖離が見られるが、各調査時点における影響としては政治的関心が高いほど投票するという傾向が示された。

次に、自民党と民主党への投票の規定因を分析してみよう。自民党政権への投票をした者を1、民主党への投票をした者を0としたものを従属変数として用いてロジスティック回帰分析を行った。結果は表7-4である。男女とも選挙関心の回帰係数は多くの場合マイナスであり、関心が低いほど自民党に投票していることがわかる。ただし２００５年は有意ではない。また男性では、年齢が高いほど自民党に投票しているが、これも２００５年は有意ではない。年齢が高いほど保守的になるという昔からいわれている意見に、２００３年までは一致しているのである。都市規模については、２００３年までは、男女ともおおよそ町村で自民党が多く都市部で民主党が多いという結果が得られた。学歴の影響はあまりない。２００５年は有意な規定力を持つ変数が少なく、男性の無職が自民党に投票するくらいである。学歴や職業は、多くの場合有意な効果はない。以上から２００３年までは、選挙関心が低いほど自民党へ投票する傾向が見られるが、２００５年はそのような傾向は見られないといえる。２００５年は小泉政権による郵政民営化を争点とした選挙であり、選挙への関心が小泉首相への支持として結びつくという現象が起こり、選挙関心の効果がなくなるという結果をもたらしたのではないだろうか。

4 結論

本章の分析結果を見ると、社会的地位や年齢は、以前と同様、政治関与と明確に関連している。各仮説について検証すると、第1に社会的地位仮説はある程度支持されたといってよい。表7-1を見ると、男性において、収入、学歴、職業など、どの次元でも、社会的地位の低い層ほど、政治的関心が低い傾向がある。女性においても、学歴や職業は政治的関心と関連している。ただし学歴と職業や収入、常時雇用と非正規雇用のように、社会的地位の性質の違いによって仮説が妥当しない場合も考慮すべきであろう。第2に年齢仮説の予測通り、男女とも若者の政治的関心は低い。第3に、関心と不信の独立仮説で予想したように、社会的地位と政治的無関心の関連は、政治不信によっては説明されなかった。社会的地位の低い層においては、政治不信を統制しても政治的無関心が見られたからである。最後に、表7-4にあるように、政治的関心の低さは多くの場合、自民党政権への投票に結びついていた。少なくとも男性においては、格差が社会的地位の低い人々における政治的無関心をもたらしているとして、それが自民党政権を支えるという関係になっている。

これらの知見は先行研究とどのように異なっているであろうか。先述の通り、蒲島は、社会的地位と政治参加の関連は日本社会にはないとみなしていた。また社会的地位と政治的関心の関係については先行研究でも分析は進んでいなかった。しかし本章の分析では、社会的地位が低いほど関心が低いことがわかる。

ヴァーバらの議論では必ずしも明確ではなかったが、社会的地位の性質の違いによって政治的関心への影響が異なってくることが、本研究から明らかになった。また、若年層の雇用問題が話題となっている現代でも、若者の政治的無関心は存在する。そして先行研究では、政治的関心は投票を促進することのみが知られていたが、今回の分析においては、関心が高いほど民主党、低いほど自民党への投票につながっていく傾向が見られた。これは興味深い発見であろう。ただし２００５年は、関心の効果はなかった。また、高年齢や農村部ほど自民党へ投票する傾向もない。つまり自民党と民主党の違いは消えたといってよい。これも重要な発見である。この結果から、最近は社会的地位と投票の間に関連がなくなったといえるだろうか。２００５年の郵政選挙は、単なる金融問題でなく、特定郵便局長という既得権益に対して、有権者の反発が表れたと解釈すべきである。この選挙に関しては、今回取り上げた変数以外の要因が重要なのだろう。ただ、日本で民主的な選挙が行われるようになって半世紀以上が経ち、今後、さらなる変化が起こる可能性はある。表7-3をみると、２００３年までは、学歴や職業、持ち家など、いくつかの変数が有意である。投票行動への社会階層の効果は、否定できない。

　以上をもとにした階層論的な含意と今後の展望も述べていこう。現代日本社会には歴然として格差がある。さらに若年層において雇用不安が広がっている。このような状況での若者や地位の低い人々の政治的関与の低さは、政治により現状を変革し、社会的格差を是正しようという要求が、彼らの間で弱いことを示している。階層政治のモデルにおいては、持てる者が支持する保守政党と、持てない者が支持する革新政党の対立が主要な軸となる。持てない者の存在は保守政権に対し現状変革をうながしていくことが一般的には想定されているといってよいだろう。だが、先述の関与の低さとその保守政党支持へのつながりは、このようなモデルが成立していないことを示している。今回の分析結果は、関心の低い人々の政治的行動が、自民党を支持し、社会的格差を維持する方向に作用しているということを示しているのではないだろうか。最近の国政選挙においては民主党への政権交代が生じたが、本論文で示された分析結果を見ると、今後も社会的格差を維持する作用も存在すると考えられる。日本はもともと先進諸国の中でも平等とされ、社会階層が意識されない社会だった。しかし現代においても、政治関与や投票行動の規定因を解明するためには、心理学的変数だけでなく、社会的地位などの社会学的変数を考慮する必要があることが、改めて明らかになった。本研究は、政治意識や投票行動と、社会階層の関連について、新たな知見を得ることができたといえよう。

〈付記〉
明るい選挙推進協会衆議院選挙後調査データは、有限会社エル・デー・ビーより提供されているデータを使用した。調査関係者にこの場を借りて謝意を申し上げたい。

参考文献

明るい選挙推進協会、1991、『選挙に関する全国意識調査（第2回）――調査結果の概要』明るい選挙推進協会、

Chen, Jie and Yang Zhong, 1999, "Mass Political Interest（or Apathy）in Urban China," *Communist and Post-Communist Studies* 32: 281-303.

「中央公論」編集部編、２００１、『論争・中流崩壊』中央公論新社.

Citrin, Jack, 1974, "Comment: The Political Relevance of Trust in Government," *American Political Science Review* 68: 973-988.

遠藤薫、２００７、「補論　インターネットと政治的コミュニケーション」遠藤薫『間メディア社会と〈世論〉形成―ＴＶ・ネット・劇場社会』東京電機大学出版局、２１８-２２８.

Hadjar, Andreas and Florian Schlapbach, 2009, "Educational Expansion and Interest in Politics in Temporal and Cross-Cultural Perspective: A Comparison of West Germany and Switzerland," *European Sociological Review* 25(3): 271-286.

原純輔、１９８１、「階層構造論」安田三郎・塩原勉・富永健一・吉田民人編『基礎社会学Ⅳ　社会構造』東洋経済新報社、34-54.

Hara, Junsuke, 1994, "Political Attitudes and Social Strata,"Kenji Kosaka ed., *Social Stratification in Contemporary Japan*, London: Kegan Paul International: 118-148.

原純輔・盛山和夫、１９９９、『社会階層―豊かさの中の不平等』東京大学出版会.

橋本健二、２００９、『「格差」の戦後史――階級社会　日本の履歴書』河出書房新社.

Hetherington, Marc J., 1999, "The Effect of Political Trust on the Presidential Vote, 1968-96," *American Political Science Review* 93(2): 311-326.

平野浩、２００１、「第10章　人はなぜ投票に行くのか」高木修監修・池田謙一編『シリーズ21世紀の社会心理学６　政治行動の社会心理学』北大路書房、１２３-１３２.
平野浩、２００７、『変容する日本の社会と投票行動』木鐸社.
井出知之、２００６、「ポスト冷戦過程としての『支持政党なし』層の増加」『日本応用数理学会論文誌』16(4)：５７５-５８９.
今田高俊、１９８９、『社会階層と政治（現代政治学叢書７）』東京大学出版会.
今井亮佑、２００８、「政治的知識と投票行動――『条件付け効果』の分析」『年報政治学』２００８(1)：２８３-３０５.
Inglehart, Ronald,1997, *Modernization and Postmodernization: Cultural,Economic, and Political Change in 43 Societies*, New Jersey: Princeton University Press.
石上泰州、２００５、「第10章　日本における地方選挙と有権者意識」小林良彰編『叢書21ＣＯＥ—ＣＣＣ　多文化世界における市民意識の動態１　日本における有権者意識の動態』慶應義塾大学出版会：２０９-２２８.
蒲島郁夫、１９８６、「第６章　政治参加」綿貫譲治・三宅一郎・猪口孝・蒲島郁夫『日本人の選挙行動』東京大学出版会：１７５-２０２.
蒲島郁夫、１９８８、『政治参加』東京大学出版会.
蒲島郁夫、２００７、『２００５年衆議院議員総選挙コードブック〈3-5〉』エル・デー・ビー.
蒲島郁夫・綿貫譲治・三宅一郎・小林良彰・池田謙一、１９９８、『変動する日本人の選挙行動６　ＪＥＳⅡコードブック』

木鐸社.
片瀬一男・海野道郎、２０００、「無党派層は政治にどう関わるのか――無党派層の変貌と政治参加の行方」海野道郎編『日本の階層システム２　公平感と政治意識』東京大学出版会：２１７-２４０.
川上和久、１９９４、「若者にとっての政治の意味」飽戸弘編『政治行動の社会心理学』福村出版：１０６-１２７.
児島和人、１９７９、「意識変化の方向と特質」ＮＨＫ放送世論調査所編『現代日本人の意識構造』日本放送出版協会：１９９-１２３６.
Krugman, Paul, 2007, *The Conscience of a Liberal*, New York: W. W. Norton.（＝２００８、三上義一訳、『格差はつくられた――保守派がアメリカを支配し続けるための呆れた戦略』早川書房.）
Lipset, Seymour M., 1959, "Some Social Requisites of Democracy: Economic Development and Political Legitimacy," *American Political Science Review* 53: 69-105.
松本正生、２００６、「無党派時代の終焉――政党支持の変容過程」『選挙研究』21：39-50.
Miller, Arthur H., 1974, "Political Issues and Trust in Government: 1964-1970," *American Political Science Review* 68: 951-972.
森川友義・遠藤晶久、２００５、「有権者の政治意識に関する実証分析――その分布と形成に関する一考察」『選挙学会紀要』５：61-77.
森永卓郎、２００９、『「価値組」社会』角川書店.
村瀬洋一、２００６、「第５章　階級・階層をめぐる社会等」宇都宮京子編『よくわかる社会学』ミネルヴァ書房：86-99.

村瀬洋一・高選圭・李鎮遠、２００８、「政治意識と社会構造の国際比較――韓国と日本における政治的有効性感覚の規定因」『応用社会学研究』50：53–70.

日本人の政治意識と行動研究会、１９９０、『日本人の政治意識と行動：ＪＡＢＩＳＳ調査：１９７６年衆議院総選挙のパネル調査コードブック』筑波大学社会工学系.

大竹文雄、２００５、『日本の不平等』日本経済新聞社.

佐藤俊樹、２０００、『不平等社会日本――さよなら総中流』中公新書.

Schattschneider, Elmer E., 1960, *The Semi-Sovereign People: A Realist's View of Democracy in America*, New York: Holt, Rinehart and Winston.

塩沢健一、２００９、「第４章　住民投票の研究――賛否の行動をめぐる自治体間比較」宮野勝編『選挙の基礎的研究』中央大学出版部：８１–１７７.

白崎護、２００５、「政党支持の規定因としての対人接触――ＪＥＤＳ２０００データの分析」『選挙研究』20：１５９–１７７.

Solt, Frederick, 2008, "Economic Inequality and Democratic Political Engagement," *American Journal of Political Science* 52(1): 48-60.

Stiglitz, Joseph E., 2002, *Globalization and Its Discontents*, New York: W.W. Norton.（＝２００２、鈴木主税訳、『世界を不幸にしたグローバリズムの正体』徳間書店.）

Stiglitz, Joseph E., 2006, *Making Globalization Work*, New York: W.W. Norton.（＝２００６、楡井浩一訳、『世界に格差をバラ撒いたグローバリズムを正す』徳間書店.）

橘木俊詔、１９９８、『日本の経済格差』岩波書店.

田中愛治、１９９８、「選挙・世論の数量分析――無党派層の計量分析」『オペレーションズ・リサーチ』43(7)：３６９-３７３.

谷口尚子、２００５、『叢書21ＣＯＥ―ＣＣＣ　多文化世界における市民意識の動態５　現代日本の投票行動』慶應義塾大学出版会.

太郎丸博・亀山俊朗、２００６、「問題と議論の枠組み」太郎丸博編『フリーターとニートの社会学』世界思想社：1-29.

Verba, Sidney, Norman H. Nie and Jae-On Kim, 1978, *Participation and Political Equality: A Seven-Nation Comparison*, Cambridge: Cambridge University Press.（＝１９８１、三宅一郎・蒲島郁夫・小田健訳、『政治参加と平等』東京大学出版会.）

Verba, Sidney, Kay L. Schlozman, Henry E. Brady, 1995, *Voice and Equality : Civic Voluntarism in American Politics*, Cambridge, Mass.: Harvard University Press.

安野智子、２００８、「政党支持と政党評価の規定要因」谷岡一郎・仁田道夫・岩井紀子編『日本人の意識と行動――日本版総合的社会調査ＪＧＳＳによる分析』東京大学出版会：２３９-２５３.

山田真裕、２００２、「２０００年総選挙における棄権と政治不信」『選挙研究』17：45-57.

綿貫譲治、１９９７、「出生コーホートと伝統的価値」綿貫譲治・三宅一郎『環境変動と態度変容』木鐸社：3-29.

第8章

「より良い社会」をめぐる問い

――社会階層と公共性・正義――

斎藤友里子

1　日本はどんな社会か

「良い社会」の条件は何だろうか。治安の良い社会は治安の悪い社会よりも「良い社会」であろうし、豊かな社会は貧しい社会よりも「良い社会」であろう。民主的な社会の方が非民主的な社会よりも、秩序のある社会の方が秩序のない社会よりも「良い社会」と考えられるかもしれない。伝統を重視する社会と伝統を「超克」する社会、多様な社会と同質な社会…となると、どちらが「より良い社会」であるかについて合意を見いだすことは困難となってくる。

１９９１年に実施された国際比較調査で、欧米人に比べ日本人は富を平等に分配すべきと考える傾向が強く、同時に「機会は平等だから、貧困は本人の責任」とする成功イデオロギーをより強く信奉していることが確かめられている（Kluegel and Miyano 1995：宮野２０００）。平等分配の選好と、格差を自己責任とみなすことの間隙を埋めるのが日本人の「努力好き」である（山岸１９９８：斎藤・山岸２０００）。「努力すること」が分配授受の資格とみなされれば、努力しているかぎり格差は不当とみなされる。努力の可視性は低い。逆説的だが、格差が小さく貧困に陥る者が少数であれば、少数が被る貧困は努力不足に起因するものとみなされやすいだろう。「中」意識の肥大化が指摘され、「一億総中流社会」といわれた１９７０〜１９８０年代初頭まで、日本人が日本社会に対して抱くイメージは「格差の小さな平等な社会」というものであったし、事実、日本は先進諸国の中でも所得格差の小さな社会だった。「分配の平等を望みつつ、努力して稼ぎ、その結果として生じた差は受容する」、日本人の分配をめぐるこのような価値意識は、「日本社会は格差の小さな平等な社会である」という「平等神話」により醸成され、支えられていた面があったものと推測される。

「中」意識層の比率が最大だった１９７５年ですら「21％の人々が『下』と自らを位置づけ」ていたし、ジニ係数も「急速な平等化が進行したけれども、完全な平等状態を示す０（ゼロ）からはほど遠い数字」であった（原２００８：11）。しかし「『追求目標の多元化・個人化』の中で、マイノリティ問題、『下』層や低所得層の問題の『公共性』を、日本社会は見失っていった」（原２００８：11）。バブル期には地価が暴騰し資産格差が注目を浴びたけれども、そこで問題となったのは「中流」の生活を享受する大衆と、そこから抜け出た富裕層との格差だったのではないか。親から不動産を継承した「恵まれた人たち」の存在、「普通の『われわれ』と『彼ら』の格差」を認識はしても、日本社会を不平等と断じるまでには至らなかったのではないだろうか。

「格差社会」というフレーズが人々の関心を集める２０００年以降の状況は、バブル期とは明らかに異なる。日本書籍出版協会が運営するウェブサイト（http://www.books.or.jp/）で検索してみると、「格差」という言葉をタイトルに含む書籍は、２００８年に年間66冊、２００７年に年間72冊が刊行されている。これに対して２０００年～２００４年までは各年１冊から６冊の間で推移し、１９９０年代は10年間で合計６冊の刊行にとどまる。１９８０年代は全く刊行されていない。２００５年～２００６年頃に、「日本社会＝平等な社会」というイメージは消失したのではないかと推測される。「格差」は社会関係を記述するための流行語となった感があり、どれほど深刻な実感に裏打ちされているかには疑問の余地が残る。だが、格差が望ましくないものとして問題視されていることは確かだろう。困窮や困窮の可能性を、不平等が拡大する社会に帰責するという営みが、「格差社会論」の背後にあるのだとすれば、そこで非難されているのは現行の分配システムということになる。原の表現を借りれば、格差社会論の隆盛は、日本社会が「見失ったもの」を再発見しつつあることを意味するのかもしれない。

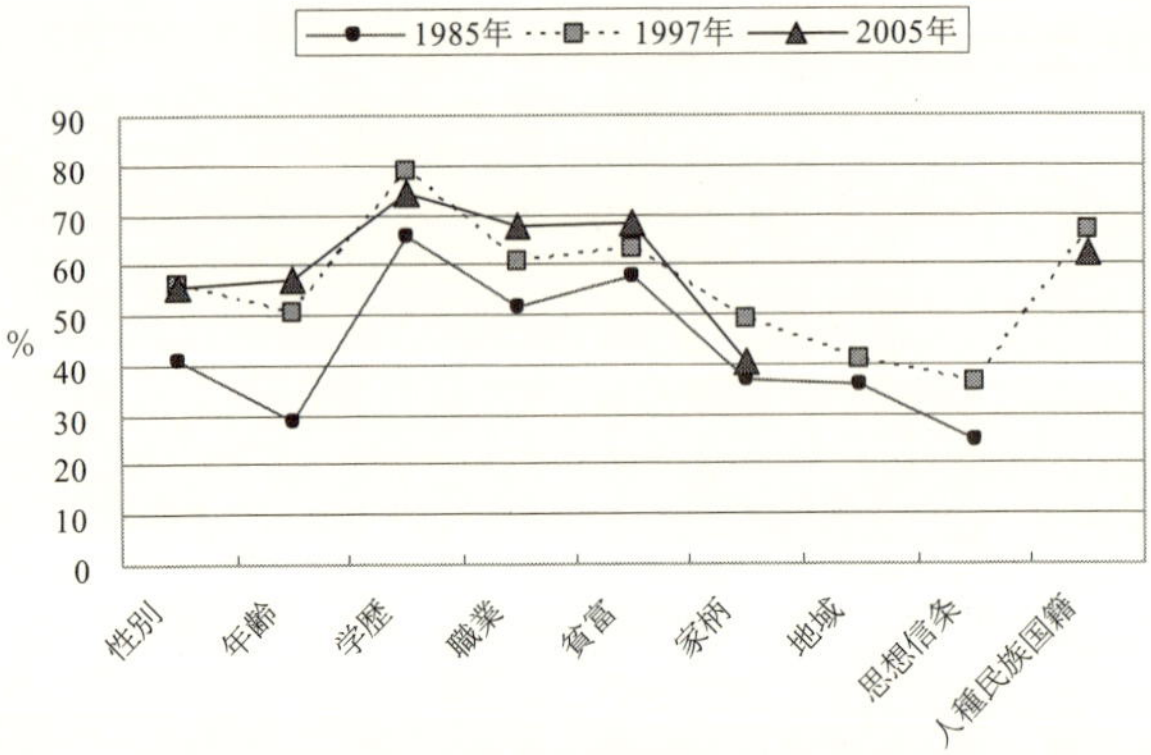

注：2005年ＳＳＭ調査では、貧富ではなく「所得による不公平」「資産による不公平」の有無について尋ねられているため、両者の平均をとり推定している

図8－1　領域別不公平感の推移（男性）

2　不公平感と階層

高度経済成長の終焉は、一部が享受していた上級財を誰もが入手可能な基礎財へと転換し続けたパイの拡大の終焉でもあった（原・盛山１９９９）。パイが拡大し続けるとき、人々はその「分け方」に無関心でいられるが、パイが固定され、階層化ゲームがゼロサムゲームの様相を強めると関心は「分け方」に移る。高度経済成長が終わった１９７５年から１９９０年代にかけて、特定の不公平が日本社会に存在するか否かを問うた領域別不公平感は、「趨勢としてはおおむね増加傾向」にあった（間淵２０００：１５６）。図８－１で１９８５年から２００５年[*1]の間の変化を確認すると、領域別不公平感はおしなべて85年が最も低く、「家柄による不公平」を除けば１９９７年と２００５年の間に大きな相違はない。間淵による詳細な分析とあわせて考えると90年代以降、不

公平感はいわば「高止まり」の状態にあると推測できる。

「社会階層と社会移動に関する全国調査」（以下ＳＳＭ調査）は、１９５５年を第１回として10年ごとに実施され、日本の階層現象を複眼的にとらえてきた。１９８５年の第４回ＳＳＭ調査からは日本社会の公平性が継続的に尋ねられている。不公平感は、現行の資源分配システムの正当性に関する評価である。そこで評価されているのは、階層化ゲームそのもの――ゲームのルールやルール運用の正当性であり、不公平感は現行システムの不当さに対する異議申し立てという形で変革への志向につながりやすいのではないかと考えられてきた。「不当＝不公平なゲーム」が改変されやすいのは、「不公平なゲーム」が勝者にとっても敗者にとっても不公平であり、存続すべきでないものと考えられるため――公平判断の結果がある種の公共性を帯びるためである。利害を超えた中立性が、不公平感の理論的な特徴のひとつとして予想される。

不公平感と他者

現実には、個人が不公平感を抱くか否かはその人が相対的に有利な位置にあるか否かで多少異なるかもしれない。しかし、「自分の給与に不満だ」という主張と、「自分の給与は不公平だ」という主張は同じではな

＊１　１９８５年と２００５年についてはＳＳＭ調査データ、１９９７年は１９９７年社会的公正感調査データ。１９８５年との比較のため、男性票に限定した。図中の比率は、不公平が「ある」（１９８５年・１９９７年）、「大いにある」または「ある」（２００５年）と回答した者の比率である。

い。高い給与に不満を感じることも、低い給与に満足することもありうる。満足か不満かはある意味で個人の自由裁量に任されている。しかし「不公平だ」という主張は、たとえば同じ仕事をした同僚と等しい給与が不公平だとはいいづらいという特徴をもつ。それでも給与の不公平さを訴えようとするなら、同僚も「その給与を不公平と感じている」ことをまず確認するだろう。同じ仕事をした同僚より給与が低い場合にこのような必要を感じにくいのは、「不公平だ」という異議への他者からの同意を予期しやすいためである。「(同じ給与の)同僚も不公平だと感じている」ことを確認できれば、他者による同意の予期を高めることができる。

他者による同意(の予期)を必要とするという意味で、公平判断は個人の裁量に任されてはいない。満足/不満という判断に「誤り」はないが、公平判断には「誤り」があり、それを指摘するのは他者である。あなたは「給与が不公平だ」といい、上司は「これで公平だ」と反論したとしよう。あなたは同僚と給与が違うことを指摘するだろうし、上司は同僚とあなたの「仕事のでき」の差を指摘するだろう。あなたと上司は、相手だけを説得しようとしているだろうか?「公平か不公平か」がイシューである限り、その場にいない人も同意すると見込まれる論点を双方が挙げようとするはずである。利害の対立する当事者が、中立的な第三者の同意の見込みに準拠して、自らの公平判断の妥当性を証明しようとするところに、合意の可能性が存在する。公平感の公共的な性質の源泉である、第三者による同意の予期は、利害の相違に起因する判断の相違を減じて合意の可能性を高める。このような不公平感の特質から導き出されるひとつの予想は、その階

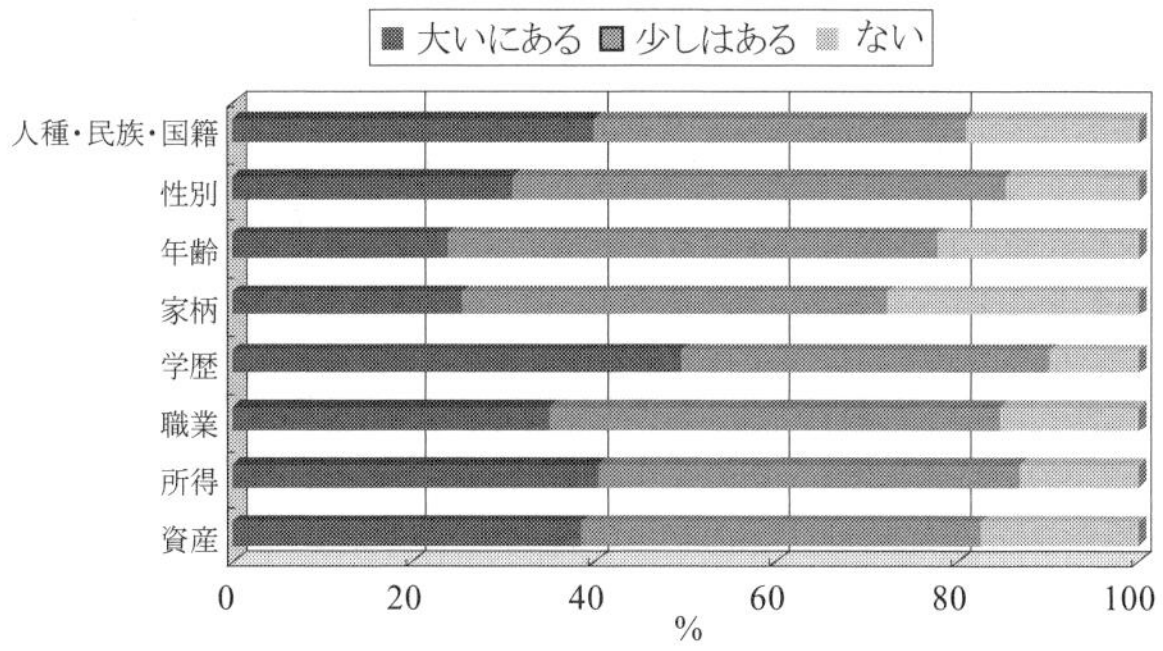

図8-2a　領域別不公平感の分布（1995年）

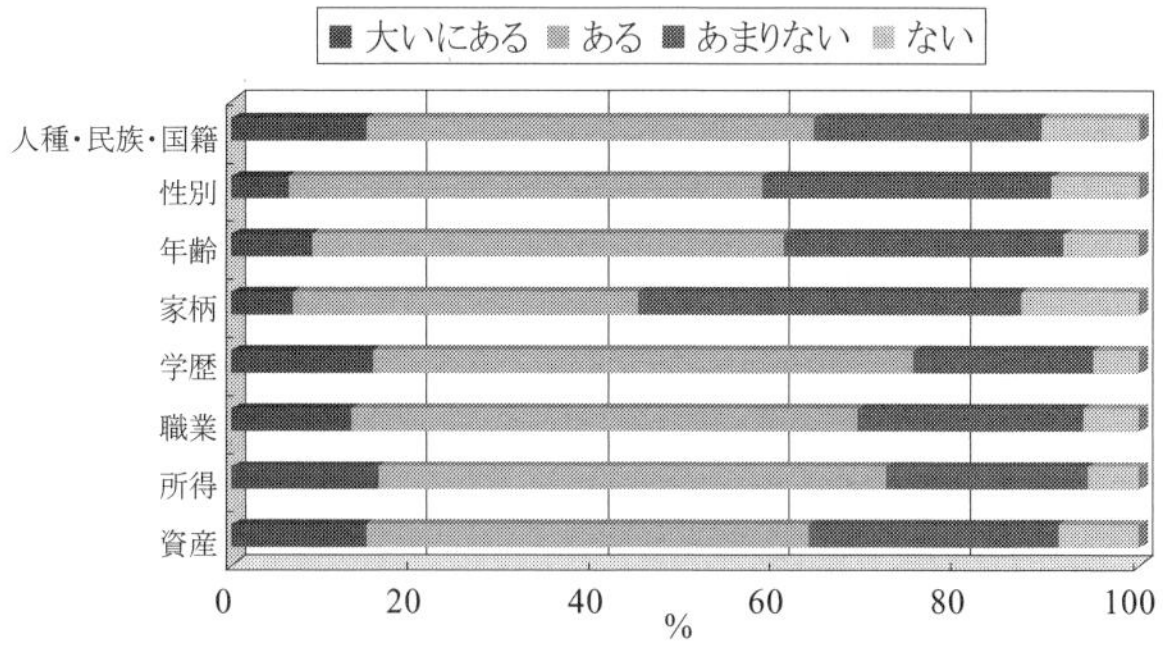

図8-2b　領域別不公平感の分布（2005年）

層との関連の弱さである。

不公平感の変容

　不公平感の理論的な特質である中立性からは、階層との関連の弱さが予測される。階層との関連は勝者と敗者で「ゲームがフェアか否か」の判断が異なることを意味するためである。まず領域別不公平感の分布を確認しておこう。図８-２ａには１９９５年、図８-２ｂには２００５年ＳＳＭ調査より得られた分布が示されている。領域別不公平感は、１９９５年調査で

表8－1　1995年階層的地位と不公平感（標準化偏回帰係数）

	人種・民族・国籍による不公平	性別による不公平	年齢による不公平	家柄による不公平
性別	0.018	0.070**	0.082**	0.078**
年齢	−0.151***	−0.096***	−0.073**	−0.017
学歴	0.119***	0.107***	0.074*	0.050+
現職威信	0.064*	0.065*	0.014	0.037
個人所得	0.006	0.008	−0.020	−0.020
調整済み決定係数	0.058	0.038	0.019	0.008
モデルF値	20.922***	13.687***	7.371***	3.729**

	学歴による不公平	職業による不公平	所得による不公平	資産による不公平
性別	−0.003	0.043	0.004	0.011
年齢	−0.110***	−0.064*	−0.047+	−0.020
学歴	−0.036	0.071*	0.016	0.078**
現職威信	0.029	0.022	0.047+	0.052+
個人所得	−0.022	0.004	−0.004	0.001
調整済み決定係数	0.009	0.012	0.003	0.010
モデルF値	3.999**	4.962***	1.950+	4.409**

注：(1)危険率　***0.04%　**1%　*5%　+10%、(2)学歴は教育年数に変換して投入した

は「大いにある・少しはある・ない」の3段階、2005年調査では「大いにある・ある・あまりない・ない」の4段階で測定されている。人々が何に不公平を感じていたかに着目してみよう。中間カテゴリーまで含めると、1995年は学歴＞所得＞性別≒職業＞資産≒人種民族国籍＞年齢＞家柄、2005年は学歴＞所得＞職業＞人種民族国籍≒資産＞年齢≒性別＞家柄となる。性別による不公平に代わって人種などによる不公平が上位に来るほかは、学

表8－2　2005年階層的地位と不公平感（標準化偏回帰係数）

	人種・民族・国籍による不公平	性別による不公平	年齢による不公平	家柄による不公平
性別	0.026	0.113***	0.069*	0.058*
年齢	−0.133***	−0.036	0.005	−0.119***
学歴	0.115***	0.142***	0.089**	0.029
現職威信	0.092**	0.107***	0.056+	0.011
個人所得	−0.088**	−0.019	−0.134***	0.005
調整済み決定係数	0.054	0.049	0.028	0.016
モデルF値	17.874***	16.266***	9.549***	5.865***

	学歴による不公平	職業による不公平	所得による不公平	資産による不公平
性別	−0.035	0.007	−0.041	−0.079**
年齢	−0.061*	−0.050+	−0.051+	−0.034
学歴	−0.025	0.066*	0.050+	0.059*
現職威信	0.086**	0.091**	0.035	0.058+
個人所得	−0.094**	−0.108***	−0.096**	−0.071*
調整済み決定係数	0.010	0.022	0.011	0.014
モデルF値	4.077**	7.448***	4.208**	5.047***

注：(1)危険率 ***0.04%　**1%　*5%　+10%、(2)学歴は教育年数に変換して投入した

歴・所得・職業といった階層に関連する不公平が見いだされやすい点など、傾向に大きな変化はない。しかし、不公平感の多寡を左右する要因にも変化はないのだろうか。

領域別不公平感がどのような階層的地位（学歴・現職威信・個人所得）に影響されているかをみるために、重回帰分析を行った結果を示したのが表8－1と表8－2である（領域別不公平感は、不公平感が高い場合に高得点となるよう操作化した）。領域別不公平感については、回答選択

肢数の違いのほかに、1995年は面接調査で、2005年は留置調査で尋ねられているという調査方法の相違もある。こうした点には注意が必要だが、回答者の階層的地位と領域別不公平感の関連のパターンが変化したか否かは捕捉できるものと考える。[*2]

1995年についてみると、学歴が高いほど性別・年齢・家柄・職業・資産と人種などによる不公平を、威信が高いほど性別・所得・資産・人種などによる不公平を感じやすい。[*3] 学歴や職業威信の高い人は現行の分配システムで有利な位置にあるとみなせるが、彼らの相対的な有利は、システムへの正当性の付与を促すというよりもむしろ阻害する方向に働いている。[*4] 有利な位置にある人々の不公平感は、「自分はもっと分配されてもよいはずだ（＝現行システムは自分を正当に評価していない）」という判断の表出だろうか？ この推測は、個人所得が8つの領域別不公平感のいずれとも有意に関連しなかったことにより否定される。「自分はもっと分配されてもよい」という判断が不公平感に結びついているならば、個人所得は不公平感を低下させるはずだからである。学歴や職業威信に比べ、所得はゲームからプレーヤーが受けとる最終的な果実としての性質を色濃くもつ。1995年時点で果実の多寡は、より多くを得た者がゲームを正当化するという形での一様な影響を与えてはいなかった、ということができよう。社会全体の公平さを問うた「全般的不公平感」と階層との関連の弱さは繰り返し指摘されてきたが（海野・斎藤1990：織田・阿部2000）、領域別不公平感に関しても階層の高さが社会への正当性の付与を促すといった単純な関係はみられない。個人所得が、所得や資産による不公平感を含め、どの不公平感にも影響していないという事実は、人々が、１９９５年の日本社会を自らの階層的利害から離れた中立的な視点から、ただし、学歴や自らの生きる職業世界のリアリティの影響を受けながら、判断していたことを示唆している。

しかしこのような不公平感と階層との関係は、10年後には異なった様相をみせる。表8-2をみると、１９９５年には全く領域別不公平感に関連しなかった所得が、年齢・学歴・職業・所得・資産、そして人種などによる不公平感を低める方向で影響をもち、所得に影響されないのは性別と家柄による不公平の2つにとどまる。さらに、１９９５年から２００５年にかけて、決定係数（考えられた要因が全体としてどの程度不公平感を説明するかを示す）はわずかながら上昇しており、領域別不公平感が階層に左右される傾向が強まっているらしいことが読みとれる。詳しくみていこう。学歴が高いほど、家柄と学歴による不公平を除き、人は不公平を見いだしやすくなる。学歴がもつ「不公平への感度を高める」効果は１９９５年と２００５年で変わっていない。職業威信は、１９９５年に有意だった性別・資産・人種などによる不公平感に加えて、年齢・学歴・職業による不公平感を高める方向で影響している。「不公平感の階層性が高まった」とい

＊2　領域別不公平感は１９８５年調査でも尋ねられているがサンプルが男性に限られているため、ここでは１９９５年調査と２００５年調査に限定して議論を進める。

＊3　不公平が「大いにある」「少しはある」を合併して回答を2分割し、同一の説明変数を投入した二項ロジスティック回帰分析でも同様な結果が得られている。ここでは、不公平感が4段階で測定された２００５年調査データとの比較の便宜のために重回帰分析の結果を示した。

＊4　分析方法は異なるが、同様な結果が織田・阿部（２０００）によって確認されている。

うことができるが、その「階層性」は、職業階層上有利な位置を占める人々が、彼らを有利に扱うシステムを不当視するという形で表出されている。通常想定される「階層性」と逆方向である点は１９９５年と変わりはない。正反対の方向――有利な人々がシステムを正当とみなしやすいというかたちで「階層性」が表出されたのが、個人所得との関係である。すでにみたとおり、個人所得は１９９５年には領域別不公平感に全く関連していなかった。ところが２００５年には、個人所得は８つのうち６つの領域別不公平感に影響しただけでなく、他の説明変数と比較しても年齢・学歴・職業・所得による不公平については標準化偏回帰係数が最大、資産による不公平についても性別に次いで2番目と、影響の大きさが目立つ。果実をより多く受けとった者がゲームを正当とみなしているという意味では、１９９５年から２００５年の10年間で不公平感は階層的な利害により縛られるようになった、ということができるのかもしれない。こうなると、学歴や職業威信が不公平感を高める方向に作用した事実も「自分はもっと分配されてもよいはずだ」という判断の表明と解釈することも可能であるが、だとすれば１９９５年からの10年間で、学歴や職業世界のリアリティが正当性評価に際してもつ意味が大きく変化したことになる。

3　階層化ゲームと公平評価

不平等の拡大

１９９５年から２００５年の10年間で不公平感はその階層性を高め、それは所得を中心として生じている

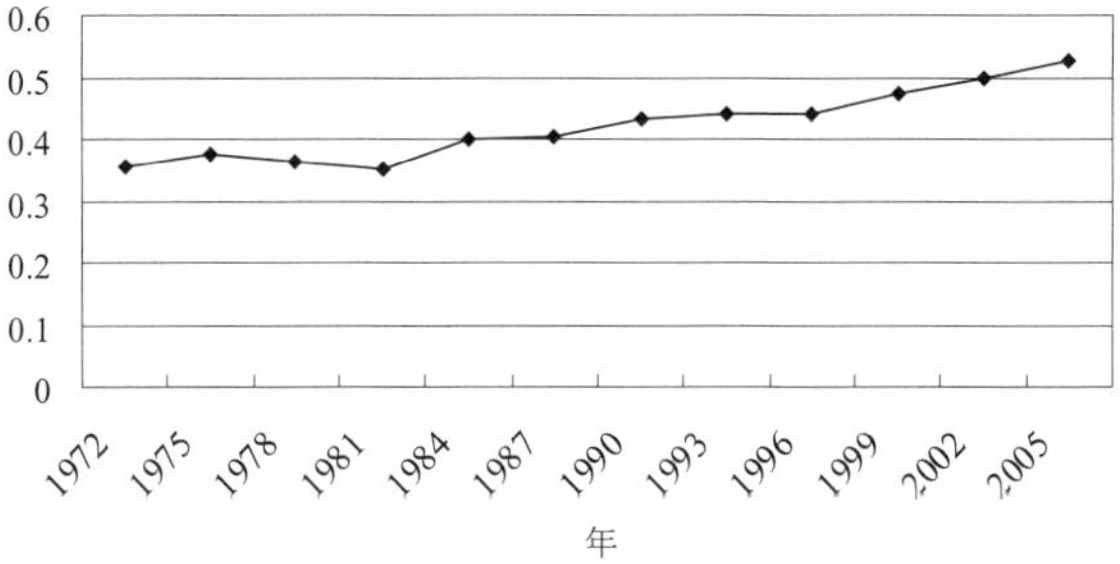

出典：厚生労働省「所得再分配調査」

図８-３　ジニ係数の推移（当初所得）

ようにみえる。ここで、不平等の指標としてよく用いられるジニ係数により所得不平等度の推移を確認しておこう。図８-３は、厚生労働省が３年おきに実施し、調査実施の前年度の所得や社会保障給付等について調べる「所得再分配調査」による当初所得のジニ係数の推移である。ジニ係数は１９８４年以降、ほぼ一貫して増加し続けているが、１９９５年調査が実施された時期と２００５年調査が実施された時期を比べると、１９９０年代半ばはジニ係数の増加が比較的緩やかな「小康状態」にあったということができる。これに対して、２００５年所得再分配調査で――すなわち、２００５年調査実施前年度の２００４年の所得に関してジニ係数は初めて０・５を超えた。１９７６年ＯＥＣＤによる「『日本は最も所得格差が小さい平等な国』（Sawyer 1976）という報告をうけて」共有された、「日本は、同質で、多くの人々が中流意識を共有する階級のない国、という暗黙の了解」（白波瀬２００８：３）は完全に崩壊していたといえよう。

　しかし格差の拡大そのものは、例えば自由を尊重すべき第一の価値とする立場からすれば問題とはならない。機会の平等の実現を「より

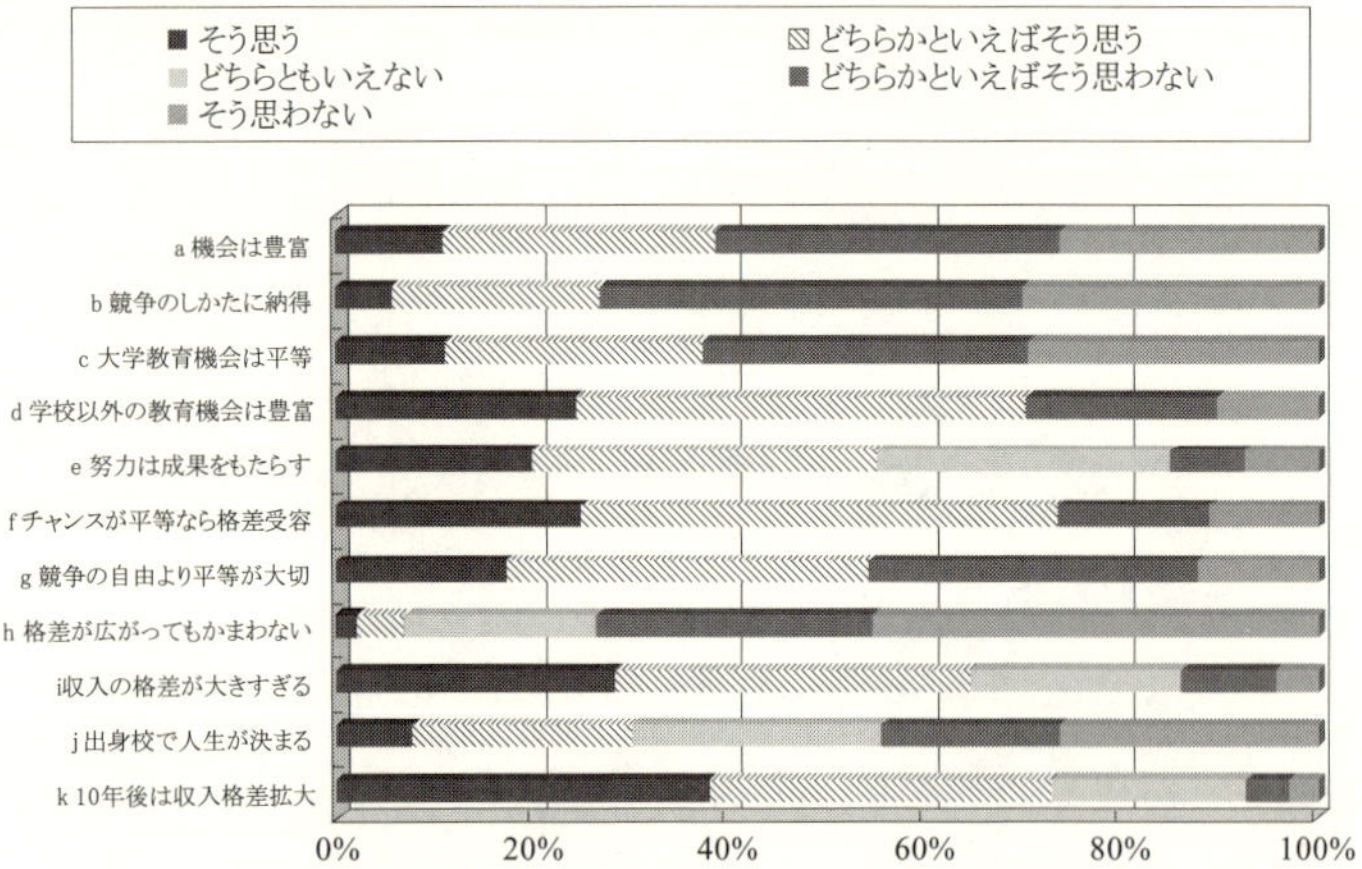

注：ワーディングの詳細は、表8-3を参照。項目 ehijk は「そう思う・どちらかといえばそう思う・どちらともいえない・どちらかといえばそう思わない・そう思わない」の5段階、abcdfg は「どちらともいえない」を除く4段階の回答選択肢で尋ねられている

図8-4　社会認識と分配理念に関する意識の分布

良い社会」の条件とみなす個人にとっても同様である。このような立場からは、自由の侵害や機会の不平等に起因する格差拡大のみが不当となる。

先に、職業威信や学歴が領域別不公平感に対してもつ効果を、個々人の学校教育や職業世界がもたらす「リアリティ」の相違と解釈した。データの制約から2005年についてしかみることはできないが、人々の社会認識と不公平感との関連をみることによって、1995年から2005年にかけて生じたと思われる公平評価をめぐる変化の内容を探ってみたい。

分配をめぐる価値意識と認識の構造

2005年SSM調査では、分配に関わる価値意識（表8-3f、g、h）、現在の社会における機会の分配に関する認識（表8-3a～d）、格差

表8－3　社会認識と分配理念の因子分析結果（主因子法オブリミン回転）

	因子		
	I	II	III
a 高い地位や収入を得る機会は豊富にある	0.564	-0.192	0.038
b 高い地位や収入を得るための競争は、納得のいくしかたでなされている	0.510	-0.203	-0.007
c 大学教育を受ける機会は、貧富の差に関係なく平等に与えられている	0.468	0.011	-0.174
d 学校以外にも、教育や訓練の機会は豊富にある	0.480	0.029	-0.069
e 努力をしていれば、必ずその成果が得られる	0.317	0.057	0.018
f チャンスが平等にあたえられるなら、競争で貧富の差がついてもしかたがない	0.142	-0.448	0.107
g 競争の自由をまもるよりも、格差をなくしていくことの方が大切だ	0.127	0.555	0.141
h 今後、日本で格差が広がってもかまわない	0.106	-0.592	0.039
i いまの日本では収入の格差が大きすぎる	0.030	0.367	0.616
j どんな学校を出たかによって人生がほとんど決まってしまう	-0.076	-0.045	0.396
k 10 年後の日本は、収入の格差がいまよりも大きくなっているだろう	-0.027	-0.040	0.420
因子間相関	I・II	I・III	II・III
	-0.255	-0.235	0.144

注：どの項目も「そう思う」に1点、以下1点ずつスコアを増やし、「そう思わない」に4点または5点が与えられている

に関する認識（表8－3 i、k）と分配基準の認知（表8－3 e、j）が尋ねられている。これらを用いて、人々の分配に関する認識と価値意識の構造をとらえることにしよう。その前に、各項目の分布（図8－4）により全体的な特徴をみると、以下の通りである。機会の豊富さや平等さについては賛否相半ばするものの、地位や収入をめぐる競争はフェアゲームだとは認識されておらず、格差に関する認識は悲観的なものが多数派である。格差が広がっても構わないとする人は少ないが、他方、機会が平等なら格差を受け容れる用意はある。この間をつなぐのは、努力は必ず成果をもたらすとする努力観――努力による差は受け容れるが、「人間ができる努力に大差はない」という感覚なのではないかと推察される。ただし、自由と平等のどちらを好ましいとするかが相半ばするところから、「機会が平等で、努力した結果生じた差ならどんなに大きくてもよい」と考える人々が一定数存在することが推察される。

　分配に関わる認識と価値意識が全体としてどのような基本構造

をもつのかを知るために、これらの項目を対象として因子分析を行った。抽出された3つの因子（固有値1以上）と項目との関連の強さ（因子負荷）を示したのが表8-3である。

因子負荷のパターンをもとに、因子の内容を解釈し、以下のように命名する。まず、因子Ⅰに高く負荷するのは、地位達成および教育達成機会の潤沢さと平等について尋ねた項目（a～d）と、負荷はやや低いが「努力が必ず成果を生む」と考えるか否かであった。これを「機会剥奪の認識」因子と解釈する。因子Ⅱについてみると、結果の平等に対する機会の平等の（f）、平等に対する自由の（g）優越と、将来における格差拡大の受容（h）が高く負荷しており、「競争原理の受容」因子と解釈した。因子Ⅲは、現在の日本社会は、「格差が過大でも（i）、学校で人生が決まってしまう（j）ということもないし、10年後に格差がさらに広がっている（k）こともない」という認識と対応している。日本社会が相対的に平等で、個人の人生が学校だけで決まることのない柔軟性を備えているというイメージだろうか。「格差社会」といった場合、何らかの要因による格差の固定も含むと思われるので、因子Ⅲを「『格差社会』の存在否定」因子と解釈することにしよう。

なお、因子Ⅱ（「競争原理の受容」因子）は競争と不平等に関わる個人の意識の規範的な側面に対応し、他方、因子Ⅲ（「『格差社会』の存在否定」因子）は「格差社会」が現実に存在しているか否かに関わる事実的な側面に対応していることに注意しよう。因子Ⅱは個人が支持する分配理念を、因子Ⅲは個人の分配に関わる事実認識をとらえていると解釈でき、経験的にも概念的にも別のものである。2つの因子は無相関ではないが、相関は低い。このことは、「格差社会」の存在を認識しつつ競争原理を受容する人々の存在を示唆するものである。つけ加えると、競争原理の受容と「格差社会」の存在の否定は、お互いよりも機会剥奪の認識との相関の方が高い。機会が剥奪されていると認識されていれば、競争原理は受容されづらいし、「格差社会」の存在も肯定されやすいという弱い傾向が、因子間の相関から確認できる。

社会認識と公平評価

前節で検討した階層的地位に加えて、機会剥奪の認識・競争原理の受容・「格差社会」の存在否定の3つの因子が、領域別不公平感とどう関連するかを検討するため、重回帰分析を行った（表8-4）。まず、表8-2の分析結果と比べてみよう。先に投入した5つの説明変数のうち、性別・年齢・学歴・職業威信の標準化偏回帰係数は、大きさは若干変化するものの、8つの領域別不公平感との関係に変化はない。社会認識と分配理念をコントロールした後も、学歴と威信が不公平感を高める効果をもつことに変わりはなかった。係数の変化は唯一、個人所得が一部の領域別不公平感にもつ影響にのみ表れている。社会認識と分配理念を加えたモデルでは、所得・資産による不公平に個人所得が効果をもたなくなったのに対して、年齢・学歴・職業と人種などによる不公平に関しては個人所得が不公平感を低める効果を維持していた（性別・家柄による不公平には個人所得は表8-2のモデルでも有意な効果をもっていなかった）。ここから、所得と資産による不公平感と他の領域別不公平感は何らかの側面で質的に異なり、その相違は個人所得との関係のありかたに

表8−4　2005年階層的地位および社会認識・分配理念と不公平感（標準化偏回帰係数）

	人種・民族・国籍による不公平	性別による不公平	年齢による不公平	家柄による不公平
性別	0.027	0.114***	0.076**	0.056+
年齢	−0.146***	−0.050+	−0.005	−0.124***
学歴	0.120***	0.155***	0.096**	0.051
現職威信	0.101**	0.110**	0.075*	0.018
個人所得	−0.066*	−0.026	−0.114**	0.005
機会剥奪の認識	0.072*	0.134***	0.099**	0.113**
競争原理の受容	0.027	0.130***	0.104**	0.029
「格差社会」の存在否定	−0.149***	−0.155***	−0.163***	−0.187***
調整済み決定係数	0.081	0.093	0.060	0.072
F 値	14.227***	16.259***	10.585***	12.551***

	学歴による不公平	職業による不公平	所得による不公平	資産による不公平
性別	−0.016	0.018	−0.038	−0.054+
年齢	−0.078**	−0.051+	−0.047+	−0.029
学歴	−0.015	0.104**	0.094**	0.099**
現職威信	0.111**	0.108**	0.042	0.066*
個人所得	−0.075*	−0.115***	−0.044	−0.015
機会剥奪の認識	0.099**	0.124***	0.084**	0.110**
競争原理の受容	0.048	0.048	−0.003	0.046
「格差社会」の存在否定	−0.202***	−0.212***	−0.325***	−0.301***
調整済み決定係数	0.067	0.094	0.132	0.116
F 値	11.797***	16.587***	23.809***	20.676***

注：(1)危険率 ***0.04%　**1%　*5%　+10%、(2)学歴は教育年数に変換して投入した

関連するものだと推測される。この点については後で戻ろう。

分配理念と社会認識に関わる3つの因子得点と、領域別不公平感との関連をみてみよう。競争原理の受容は、性別・年齢による不公平感を高めるが他の領域別不公平感には有意な効果をもたない。平等に機会が与えられるならば個人の自由を保障し格差を許容すべきだ、という競争原理の受容によって「発見」されるのは、社会内部の性別や年齢による不公平のみである。「性別による不公平がある」「年齢による不公平がある」という主張は、性別や年齢により、競争原理が侵害されている、つまり性別や年齢による不当な機会の格差や自由の制限が存在している、という判断だと考えてよい。さらに、競争原理の受容または否定という分配に関わる意識の理念的な側面が、他の不公平感とは有意に関連しなかったという事実から、以下が示唆される。性別と年齢以外の6領域に関して「不公平なもの」として言及されている事象は多様で、少なくとも競争原理の受容または否定という単一の基準により分割できない。「不公平」な事象には、競争原理に違背するものも、矛盾しないものも含まれる。その結果、競争原理の受容が不公平感に関連しなかったのではないか。

競争原理の受容と異なり、社会認識に関わる2つの因子は、すべての領域で不公平感に影響を及ぼしていた。機会が剥奪されているという認識（因子Ⅰ）、また、いまの日本は格差社会であるという認識（因子Ⅲ）は、多様な不公平の「発見」へと人々を導いていた。領域別不公平感でとりあげられた多様な属性に沿って社会内部に存在する差異（または差異の欠如）は、それらが機会の剥奪や格差の拡大・固定化の帰結だと人々に理解されるとき、「不公平」なもの、あるべきでないものと判断され、不公平感を高めると推測される。格差の拡大は勝者と敗者の差異を際だたせ、学校歴の条件としての絶対性は労働市場参入時の「登録資格」の不変性を意味する。ここから、格差社会であるか否かという認識は、ゲームの勝敗により人々の間に生じる隔絶の絶対性に関するものだと推測できる。そして機会が剥奪されているか否かという認識は、階層化ゲームの開放性に言及するものである。これらが領域別不公平感のすべてに影響していたという事実は、それが社会を公平と評価するための必要条件を構成していることを意味すると解釈することもできよう。いうならば、「フェアな階層化ゲーム」は、参加と勝利の機会が万人に与えられ、プレーヤーはプレーしながら「登録資格」を更新でき、敗者となっても勝者との間に絶対的な隔絶がないゲームであることを、少なくとも要請される。このような条件を充たした階層化ゲームを、「ミニマムにフェアな階層化ゲーム」と仮に呼ぶことにしよう。「ミニマム」なのは、モデルの決定係数が決して高くはないことからも、上の条件が「フェアなゲーム」の十分条件を構成していないことは明らかだからである。

階層化ゲームのルールと現実の編成

さてここで、社会認識や分配理念を考慮したとき所得が不公平感に及ぼす影響が、領域により異なっていたという結果について考えてみたい。先に指摘したとおり、年齢・学歴・職業と人種などによる不公平感は、社会認識と分配理念をコントロールしても所得の影響を免れず、高所得者は不公平を感じにくい傾向がみられた。しかし、所得・資産による不公平感への所得の影響は、社会認識と分配理念をモデルに投入すると消失した。ここで公平評価の対象となっている所得と資産は、階層化ゲームの勝敗が個人にもたらす最終的な果実である。従ってこの結果は、「ミニマムにフェアな階層化ゲーム」の作動が認識されればそこから帰結する果実の分配は勝者からも敗者からも公平と判断されることを意味する。ゲームが有する特定の性質に関する認識が、勝敗にかかわらず帰結を受容させるという意味で、所得・資産による不公平感は一定の中立性を有しているとみなすことができよう。なお、学歴と職業威信の領域別不公平感への影響に関して、２００５年データで個人所得の影響が有意となったことから、高学歴・高威信の人々が「自分はもっと分配されてもよいはずだ」と判断している可能性のあることを前節の最後で指摘したが、ゲームから個人が受けとる果実に関わる公平評価が、果実の大小ではなくゲームに関する認識により影響されていたという事実は、この解釈を否定するものである。

では、所得がその影響を維持した年齢・学歴・職業・人種などによる不公平感についてはどう考えればよいのだろうか。所得と資産は、階層化ゲームのプレーヤーが受けとる果実であるが、個人所得の影響がみられなかった性別と家柄を含め、年齢・学歴・職業・人種の６つは、ゲームの結果としてプレーヤーに与えられる「果実」ではない。これらは、その影響の当否はともかくとして、分配を左右する可能性のあることが知られているプレーヤーの属性であり、ゲームにおけるプレーヤーの処遇を決定する「条件」としての性質をもつ。所得と資産による不公平は「結果」をめぐる不公平、他の６つの不公平は「条件」をめぐる不公平と位置づけられる。社会認識や分配理念を考慮しても、「条件」をめぐる不公平感は所得に影響されていたことになる。

「条件」をめぐる不公平感は、階層化ゲームにおける当該の「条件」の作動のしかたをめぐって生じる。たとえば、条件Aによって処遇に格差の生じることの一切が不当とみなされるとき階層化ゲームにおける条件Aの作動は「差別」と呼ばれ、「ある程度の差は正当だが、現在は過大」とみなされるとき条件Aの偏重が指摘される。[*5] 条件の作動の正当性が所得に影響されて評価されていた事実は、条件の作動のありようが所得に依拠して実感されていること、条件は低所得者にとっては「過大な格差を生産」するものとして、高所得者にとっては「正当な格差を生産」するものとして認識されていることを意味している。一見すると、高所得者も低所得者も、自らにより大きなシェアを確保する形で公平評価を行っているようにみえる。しかし、もしもより大きな果実を自らの正当な取り分として主張しているにすぎないのであれば、所得と資産による不公平感への個人所得の影響が社会認識と分配理念をコントロールすると消失したことの説明ができない。所得と資産による不公平感は、果実そのものの正当性の評価とみなせるためである。

「条件」の作動の如何は、現実に作動する階層化ゲームのルールに関わる。「条件」をめぐる不公平感への所得の影響は、不当なルールの作動を低所得者のみが「発見」していることを示唆する。「あるべきでない」格差または「大きすぎる」格差を低所得者のみが感得している事実は、人々の生きる社会的現実が所得に依拠して編成されており、低所得であることが「不当な」剥奪経験につながりやすいと仮定すれば説明できる。所得の低さから帰結する剥奪は、学歴や年齢や職業など、階層化ゲームにおける分配基準の不当な作動に帰責されているのではないだろうか。ジニ係数の推移（図8-3）はこの推測の傍証となろう。個人所得が領域別不公平感に影響しなかった90年代半ばはジニ係数の増加が比較的緩やかであり、相対的な所得の低下にともなう剥奪は経験されにくい。

4 「より良い社会」と機会の平等

いうまでもなく、何が「より良い社会」の条件を構成するかは社会的合意の問題である。第3節の分析から、「ミニマムにフェアな階層化ゲーム」が人々によって合意された「より良い」社会像の一部を形成するであろうことが推測される。「ミニマムにフェアな階層化ゲーム」は、機会の開放性と勝敗による隔絶のなさによって特徴づけられており、機会の開放性は「機会の平等」理念と対応している。人々のこのような選択は、彼らが埋め込まれた近代社会が受容する価値理念と無縁ではない。「機会の平等」は、近代が受容した自由と平等という2つの価値の対立を解消し、両立を可能にする装置として機能する。自由は、個人の行為選択肢集合がもつ性質に言及する価値であり、「A氏の不自由」を解消するためにB氏やC氏の状態の変更は必ずしも要請されない。これに対して平等は、集団を構成する諸個人間の関係がもつ性質に言及する価

＊5　処遇格差があるべきなのに存在しない状態も不公平感を生じるが、ここではシェアの大きさを左右する属性のみがとりあげられているため、その可能性は除外している。

値であり、本質的に社会状態のありかたに言及する理念である。つまり、「A氏だけが不平等な状態にある」ことはあり得ず、「不平等だ」という主張は、「他者の状態も変更されるべきだ」という主張と分かちがたく結びついている。平等の実現には分配を受ける全員の状態の変更が必要だが、介入は自由の制限を意味し、ここに近代が受容した2つの価値を同時に実現することの困難が生じる。しかし機会の平等は、「平等に与えられた機会の下での、自由な選択の結果の甘受」をめざすことで対立を解消するのである（機会の平等化は、下層にとって従来制限されてきた選択肢の開放を意味するため、自由の総量も増加している）。なお、平等化の対象を資源（結果）ではなく機会とすることにより、パイの有限性は分配問題の後景に退く。機会を分配の対象とし、受けとる資源量を個人の選択と能力・努力の産物とみなす「機会の平等」理念によって自由と平等の理念的な対立だけでなく、分配をめぐるコンフリクトも緩和されることとなる。

　機会の平等化が分配をめぐるコンフリクトを緩和しやすいと考えられる理由のひとつは、機会の平等が近代に根ざした理念であることに求められる。近代社会の成員としての諸個人は、自由で自立した道徳的に対等な存在として想定されている。道徳的に対等であることと能力の同等は同値ではないが、「人間に価値の優劣はない」という想念が生来の能力差の否定に結びつく場合がある。生来の能力差が否定されると、「機会が平等に与えられれば、それぞれが自由に能力を行使して資源を獲得した結果出現する分配は、能力に差がないのだから格差の小さいものとなるはずだ」という想定が成り立つ。機会の平等を追求することで、結果の平等が大きく侵害されることはない、と予想されるのである。

第2の理由は、移転が資源そのものではなく資源へのアクセス可能性（可能性としての資源）のレベルで生じるために、機会を他へ移転される側の抵抗が少ないことにある。資源へのアクセス可能性が「あるかないか」という質的区別のレベルで考えれば、分配の範囲が外部へと拡大したからといって従来もっていたアクセスが消失するわけではない。アクセス可能性を量的にとらえれば、機会の分配対象の拡大（機会の平等化）は、移転される側の期待利得を減じるのだが、ほとんどの場合それは意識されない。これは、「機会」の可視性が低いことに起因している。機会の可視性の低さは、当然ながら、その分布の可視性の低さを帰結する。「機会の平等」という理想に、現実がどれほど近づいたかを確認することはきわめて難しい。

機会の分布は、実際には、可視性の高い「結果」つまり資源の分配状態から推定されているのではないだろうか。そうだとすれば、「機会が平等化した」という認識は、自らに分配される資源量の増減と、現実に観察される格差に左右されることとなる。この推測が正しければ、分配されるべき資源の総量つまりパイのサイズと個人へのパイの分配は、次のような含意をもつこととなる。パイの拡大期には、機会が全く平等化しなくともアクセス可能な資源量の自然増が見込めるため、過去との比較で「機会が増えた＝機会が平等化した」という認識が成立しやすい。逆にパイが縮小に転じれば、アクセス可能な資源量の自然減が機会の不平等化の認識をもたらすだろう。他方、パイの分配における格差が小さければ、可視性の低い機会の配分は平等だったと推定され、格差が大きければ機会は不平等だと推定されやすい。機会（＝手段）の利用を経て獲得される資源の分布から手段の分配を推測するという、一見奇妙なプロセスは、先に述べた「生来の能力の同等（能力の差の否定）」という想念を想起すれば、さほど奇妙なものではない。パイの縮小と格差の拡大は、「機会が平等化した」という認識の消失をもたらす方向に働くが、上級財の分配の不平等を解消しない（原・盛山１９９９）まま日本経済は縮小期に入った。大卒就職浪人の増加に典型的にみられるように上級財を享受してきた層の取り分すら減少している。ジニ係数も増加し、もはや「先進国の中でも平等な社会」とはいいがたい。

２００５年ＳＳＭ調査データの分析から、よく指摘される階層の固定化の高まりはみられないことが確認され、日本社会の開放性は国際的にみて中間的な位置を占めることが明らかとなった（石田・三輪２００９）が、機会の平等化が常に分配の増加を帰結するとは限らない。労働集約型から知識集約型への産業構造の転換は、階層化ゲームを、中間層という「ほどほどの勝者」が遍在する形から、少数の勝者とそうでない者が区分される形へと変えつつある。実際に、職業階層間の所得格差は全体として縮小傾向にあるものの、専門職と他との格差が拡大傾向にあることが指摘されている（長松２００８：Sato 2008：佐藤２００９）。知識集約型の産業構造のもとで行われる階層化ゲームにはごく少数の「勝利」しか用意されていないようである。完全な機会の平等が実現しても、勝者の数が増えるわけではない。「少数の勝利と多くの敗北」を生むゲームは、勝者の数が少なければ少ないほど、勝敗によるより明確な隔絶をもたらすだろう（「ミニマムにフェアな階層化ゲーム」の喪失）。階層研究の中心的な主題のひとつは、社会移動の開放性すなわち機会の（不）平等であったが、「どれほど社会は開放的となったか」という問いへの焦点化は、機会の平等の達成により結果の平等への接近が可能となるという暗黙の前提に支えられていたのではないだろうか。パイが縮小し、「勝利」の数を減少させる形でゲームのスコアリング・ルールが変化するとき、この前提は妥当しなくなる。

「勝者の少数化」というスコアリング・ルールの変化を所与としよう。社会の評価原理はどのように構成されうるだろうか。我々が自由と平等という２つの理想を両方とも手放さないのだとすれば、機会の平等は評価原理の一部を構成し続けるだろう。機会の平等の追求により分配を平等化し、コンフリクトを緩和することはできなくとも、競争の激化はより厳密な機会の平等原理の適用を要求するからである。しかし同時に、ゲームがもたらす資源の布置が人格の同等を侵害するほどになっていないか――「上昇移動しない（できない）」ことは何をもたらすか――が評価原理に組み入れられる必要が、社会的合意形成の観点からは示唆される（近年議論になり始めた「ベーシック・インカム」を想起されたい）。本章では、１９９５年から２００５年への不公平感の階層性の高まりを公平評価における中立性の減衰ではなく、所得による社会的現実の相違によるものではないかと推測した。所得により異なるゲームがみえている――所得の違いがもたらす経験の相違もゲームの一部だとすれば、所得によって異なるゲームがプレーされていることになる。公平感は、利害から離れた中立性という特質のゆえに勝敗を超えた社会的合意の基盤を提供することが期待される。しかし中立的な公平評価の対象そのものが異なり、人々がそれを認識していなければ、合意の語彙としての公平さは、合意を媒介することはできない。ゲームが生み出す勝敗の差が、語彙の共通性を奪うほどに拡大していないかが、機会の平等を補完するもうひとつの条件として問われる必要があるのではないだろうか。

〈付記〉
１９９７年社会的公正感調査データは「社会的公正感の研究」（科学研究費補助金課題番号：０９４１００５０）グループより、１９８５年・１９９５年・２００５年ＳＳＭ調査データは２００５ＳＳＭ研究会より使用許可を得た。記して謝意を表したい。

参考文献

石田浩・三輪哲、２００９、「階層移動から見た日本社会―長期的趨勢と国際比較―」『社会学評論』59(4)：６４８-６６２.

Kluegel, James R. and Masaru Miyano, 1995, "Justice Beliefs and Support for the Welfare State in Advanced Capitalism," James R. Kluegel, David S. Mason and Bernd Wegener eds., *Social Justice and Political Change: Public Opinion in Capitalist and Post-Communist States*. New York: Aldine de Gruyter: 81-105.

原純輔、２００８、「序論」原純輔編著『リーディングス戦後日本の格差と不平等第２巻　広がる中流意識　１９７１-１９８５』日本図書センター：3-13.

原純輔・盛山和夫、１９９９、『社会階層―豊かさのなかの不平等』東京大学出版会.

間淵領吾、２０００、「不公平感が高まる社会状況は何か―公正観と不公平感の歴史」海野道郎編著『日本の階層システム２　公平感と政治意識』東京大学出版会：１５１-１７０.

宮野勝、２０００、「公平理念はどのように形成されるのか―概念の整理と日本の位置づけ」海野道郎編著『日本の階層システム２　公平感と政治意識』東京大学出版会：８５-１０２.

長松奈美江、２００８、「職業による所得構造の変化―競争的セクターにおける中間層の所得劣化」佐藤嘉倫編『２００５年ＳＳＭ調査シリーズ15　流動性と格差の階層論』科学研究費特別推進研究「現代日本階層システムの構造と変動に関する総合的研究」成果報告書：21-46.

織田輝哉・阿部晃士、２０００、「不公平感はどのように生じるのか―生成メカニズムの解明」海野道郎編著『日本の階層システム２　公平感と政治意識』東京大学出版会：１０３-１２５.

斎藤友里子・山岸俊男、２０００、「日本人の不公平感は特殊か―比較社会論的視点で」」海野道郎編著『日本の階層システム２　公平感と政治意識』東京大学出版会：１２７-１４９.

Sato, Y., 2008, "Disparity Society Theory and Social Stratification Theory: An Attempt to Respond to Challenges by Disparity Society Theory," 佐藤嘉倫編『２００５年ＳＳＭ調査シリーズ15　流動性と格差の階層論』科学研究費特別推進研究「現代日本階層システムの構造と変動に関する総合的研究」成果報告書：1-20.

佐藤嘉倫、２００９、「現代日本の階層構造の流動性と格差」『社会学評論』59(4)：６３２-６４７.

白波瀬佐和子、２００８、「序論」白波瀬佐和子編著『リーディングス戦後日本の格差と不平等第３巻　ゆれる平等神話　１

９８６-２０００』日本図書センター：３-13．

海野道郎・斎藤友里子、１９９０、「公平感と満足感―社会評価の構造と社会的地位―」原純輔編『現代日本の階層構造２　階層意識の動態』東京大学出版会：９７-１２３．

山岸俊男、１９９８、「『不公平感』の３つのタイプ」宮野勝編『１９９５年ＳＳＭ調査シリーズ８　公平感と社会階層』科学研究費特別推進研究「現代日本の社会階層に関する全国調査研究」成果報告書：４１-１５５．

第9章

平等の理念とメカニズム

—実証を超えた階層研究に向けて—

盛山和夫

1　理論なき階層研究

社会移動という問題意識

かつて階級というものが信じられていた時代があった。人々は階級に分かれてそれぞれの利害関心や生活様式や生活機会を生きていて、さまざまな社会問題や社会的対立・闘争の根底には階級のあいだの不平等と対立がある。しかし、この階級による分断はいずれ解体され、最終的には階級のない平等な社会が到来する。そう信じられていたのである。

今日、これを信じている人はほとんどいない。いや、19世紀後半から20世紀のなかば過ぎまでの、階級論や階級対立的現象が盛んに見られた時代においても、本当にそれを信じていたのはごくわずかな「知識人」を中心とする人々であったのかもしれない。しかしそうではあっても、階級の存在は疑うべからざる真理として奉っておくことが、社会について何かを論じる際の知識層の流儀であった。そうでなければ、ヴェーバーやシュムペーターやパレートや高田保馬のような、マルクス主義に対抗して独自の社会理論を構築していった論者たちが、自らの階級論を展開していった理由がよくわからないのである。

階級 class を避けて、主に階層 strata、stratification の言葉を使って始まった階層研究は、明確に階級論への対抗言説であることを意図していた。迫害を受ける心配の少ない形で階級信仰への懐疑を述べることのできる知的サークルとして成立し、発展していったものである。したがって、その発祥の地が、もともと知識層に階級信仰が蔓延しておらず、むしろ開かれた機会への信仰こそがオーソドクシーであったアメリカであって、しかもその主導者がボリシェビキ革命から命からがら逃れてきたソローキンであったのは、十分に理由のあることであった。いわばソローキンは、アメリカという安全な要塞から「階級信仰」で武装した軍勢に対して反撃をしかけていたのである。

しかし、このことによって階層研究には一つの重大な欠陥がつきまとうことになったといえるのではないだろうか。それは階層研究が結局のところ単なる対抗言説にとどまり続けるのみで、独自の理論を生み出すことに失敗しているということである。たとえば、ソローキン以来の階層研究が重点的に取り組んできたのは社会移動の問題であった。この研究は、膨大な実証的データの収集と分析を蓄積しながら、「はたして社会移動は増大しているのか、それとも減少しているのか」という問いをたてて探求してきた。むろんこれはどこから見ても重要な探求課題であることに間違いない。しかし、あくまで単なる事実確認の問題にすぎない。

社会移動への問題関心には二つの背景があったといえる。一つはマルクス主義的な階級信仰である。階級による社会の分断は、階級の境界を越えて渡り歩いたり交流したりすることが非常に稀であることを意味していた。しかもその黙示録的予言は、この分断がますます先鋭化し、対立が激化するだろうと述べていたのである。社会移動研究は、この予言を疑わしく思っている人々によって、それを反証しようとして始められたのである。

もう一つの背景は、アメリカ社会におけるフロンティア消滅論であった。誰にでも機会の開かれた自由の国というのは、いわばアメリカ社会の国教ともいうべき共同信仰であったが、西部の開拓というフロンティアの拡大が終焉を迎えることによって、機会そのものが閉ざされていき、そのため社会移動のチャンスも減少してしまうのではないかという心配が生じたのである。

これらの背景は、それぞれある意味で「理論」ともなっている。マルクス主義が壮大な理論であることはいうまでもない。それに対してフロンティア消滅論の方は体系化されてはいないが、それでも、社会構造の歴史的な変容についての一定の理論的説明（仮説）を提供している。社会移動への研究関心はこうした理論によって導かれてきたといえるだろう。

社会移動論に未来はあるか

しかし、社会移動の研究そのものは、ほとんど理論らしい理論を生み出していない。もっとも、二つだけ例外がある。一つは、トライマン（Treiman 1970）や富永（１９７９）によって展開された業績主義化理論あるいはインダストリアリズム論である。これは、産業化の進展は人的資源の効率的で業績主義的な配分によって支えられるという論理を媒介として、産業化とともに社会移動は増大していくと論じた。もう一つはブルデューの文化的再生産論である。こちらの方は、階層研究というよりはマルクス主義的階級論の系譜から現れたものだが、労働価値説や虚偽意識論に依拠した階級本質論に踏み込まずに、しかも学歴主義社会という新しい動向に対応する理論であったために、階層研究にも一定の影響力を持つようになったものである。これは、インダストリアリズム論とはまさに逆に、文化資本の継承を媒介として世代間での階級の継承も維持され、社会移動が増大することはないと論じたのである。

これらは、社会移動の趨勢的変化を説明したり予測したりしているという点で、十分に理論の名に値するし、実際、多くの実証的な社会移動の研究にとっての重要な準拠点としての役割を果たしてきた。しかし、そうした実証研究を通じて、これらの理論も含め、理論の展開が刺激されたり促進されたりすることはなかった。膨大なデータともっともらしい分析法を駆使した社会移動研究は、移動が増えているのか減っているのか、どの階層やどの社会でそうなのかなどを同定するという点では有意義な発展を遂げてきたけれども、そもそも「なぜそうなのか」、「社会移動はいかなるメカニズムで生じたり増減したりするのか」、あるいは「どういう社会移動が客観的にみて望ましいのか」というような問いに答えることはなかった。どういう訳か、そうした問いに答えようという努力すらほとんど見られないのである。[*1] これではまさにグルスキーとウィーデン（Grusky and Weeden 2006）のように「社会学的な移動研究に未来はあるか？」と自問せざるをえないだろう。

社会移動研究におけるこうした理論的発展の欠如は、所得格差を中心とする階層的格差の研究でも同様である。

今日、日本の格差論ほど仰々しくはないものの、所得の不平等の拡大への関心や研究は世界的にも増加している。その背景には、社会保障制度のさまざまな問題、高学歴化、産業構造の変化、経済と人のグローバリゼーションなど、１９７０年代以降に起こった巨大な社会変動が関わっていることは明らかだが、今はそれは問わない。いずれにしても、ルクセンブルグ所得研究（Luxembourg Income Studies）における精力的

＊1　教育達成については合理的選択理論的でかつ実証的なホウト（Hout 2006）のＭＭＩモデルやブリーン＝ゴールドソープ（Breen-Goldthorpe）モデル（Breen and Goldthorpe 1997）などがあるが、それらのモデルが他のモデルに対していかなる観測事実について説明上の優位を誇りうるか明確ではない。

な各国所得データの収集と分析、ＯＥＣＤによる所得分布の比較分析など、数多くの実証研究が展開されているのである。しかしここでも、「なぜ所得分布はそのようになっているのか」「各国間での所得不平等度の違いは、どういうメカニズムによって生じているのか」といった問いに答えようとする研究は非常に少ない。むろん、「社会保障制度の充実した北欧諸国は不平等度が低い」とか「１９９０年代以降の新自由主義的政策によって格差が拡がった」というような常識的ないし通俗的な説明や解釈はしばしば見られるが、とても「理論」といえるものではない。

ほかに、日本では出身階層による学力格差や学歴格差についても、それが拡大してきているとする議論が多い。これはすでに１９７０年代の終わり頃から世間の関心事になり、80年代になって教育社会学あたりでしきりに論じられるようになったもので、その背景には共通一次試験の導入、東京都の学校群制度をきっかけとする国私立中高一貫校の人気上昇、進学塾の隆盛など早期受験体制の確立がある。つまり、「お金がなければ、あるいは階層が高くなければ、高い学力や学歴を得ることができないのではないか」という問題意識である。この問題は、世間の人々の身近な実感や生活と直に関係しており、そのせいもあって、格差拡大論はしばしば注目を集めたりもてはやされたりしている。こうした階層格差にはブルデューの文化的再生産論がよく援用される。しかしこれに対しては次のような問題が容易に指摘できる。⑴文化的再生産論はスタティックな理論なので、もしも格差拡大が事実だとしても、その拡大を説明することはできない。⑵単に階層格差が（拡大ではなく）存在しているという昔からある事実を説明するためであれば、文化的再生産論のほかにもさまざまな代替的説明理論があるのであって、それらを丁寧に識別して定式化し、実証データによって妥当性を比較検討するという作業が必要であるが、それはなされていない。(3)そもそも、早期受験体制によって生じうる格差拡大は第一義的には経済的なものである。わざわざ文化的再生産論を持ち出してくる意義は乏しい。

このように階層研究は総じて、単に階層格差の現状や趨勢や国別の違いについてその実態を明らかにするということだけにとどまっている。これはきわめて残念なことだ。これでは科学クラブに属している小学生が、毎日、百葉箱をのぞいて克明な気象記録をつけていくのと変わりはない。毎日の記録取りは努力賞ものではあるが、それだけでは気象学の学術研究にはならないのである。

2　格差と社会的排除

競争は格差を拡大するか

近年の格差論の隆盛は、漠然と広く行き渡っている理論的命題を背景にしている。それは、「ネオ・リベラリズム的政策が国内的あるいは国際的な不平等格差を拡大している」という命題である。日本では、2008年の暮れから正月にかけてマスコミで大きく取り上げられた派遣切りや非正規労働者の増大が、小泉内閣（2001-2006年）によるネオ・リベラリズム的政策のせいだと、一般にもまた学者の間でも広く信じられている。欧米でもイギリスのサッチャー政権（1979-1990年）やアメリカのレーガン政権

（１９８１-１９８９年）の諸政策のせいで、それぞれの国内における所得格差が拡大しただけでなく、これらの政権によって推進された国際的な自由主義的経済政策のために、グローバルなレベルで貧困や格差が広がっているという議論が少なくない。

たしかにさまざまなところで、貧困や格差の拡大といえるような現象が見かけられるのは事実である。子供の給食費や授業料が払えなくなった家族が増大したり、ネットカフェ難民のようなホームレスの若者が増えているのは間違いない。アメリカにおいて、最上位の富裕層のわずか１％の人々が、全米の富の20％を占めているとか、「ブッシュ政権の２００２～２００６年のあいだに、超富裕層１％を占める所得上位家庭では実質平均所得が年率11％も上昇」したのに対して「残り99％の国民は、同じ期間に家計の伸び率が年率０・９％でしかなかった」（広瀬２００９：１１１）というのも、おおよそにおいて事実だろう。

しかし、本当のところは、はたして日本国内において所得格差が真の意味で拡大しているかどうかは明らかではないし、一部の超富裕層を除く残りの99％のアメリカ国民の間での所得分布が不平等化しているかどうかもはっきりしない。そして、事実がどうなっているかということよりももっと重要なことだと思うのだが、かりにネオ・リベラリズム的政策が格差を拡大するとしても、ではそれは具体的にどういうメカニズムによってそうなるのかについての「理論」らしいものは、筆者の知るかぎり、どこにも見あたらないのである。そこにあるのは、ただ漠然とした「自由競争は格差を拡大する」という通念にすぎない。むろん、アメリカの場合、それまで銀行と証券会社の分離を規定していたグラス・スティーガル法が１９９９年にクリントン政権のもとで撤廃されたことにより、投資銀行を中心に新たな金融ビジネスが大々的に展開されるようになり、それ以前からあった潮流を加速させて、成功した企業の経営者やファンド・マネージャーたちが巨額の報酬を公然と手にすることになったのは事実である。この点では、まさに規制緩和が富と所得の偏在をもたらしたといえる。同じことは、改革開放後の中国で起こっている事態についてもいえるだろう。

しかし、にもかかわらず一般論として、「自由競争は格差を拡大する」という命題が成立するかどうかは、さまざまな観点から見てきわめて疑わしいといわざるを得ない。

第一に、規制緩和や自由競争によって、格差ではなくむしろ平等が促進された事例も豊富に存在する。たとえば明治維新の後の日本社会である。封建的身分制の撤廃や職業選択と営業の自由によって、少なくとも進学や職業的地位達成の機会は大幅に平等化された。あるいは日本の大学制度は、大正年間と戦後とに自由化促進策がとられ、両時期とも私立大学の設立が進んだが、それによって人々の進学機会が拡大し、その結果として経済的階層間での平等も進んだと推測される。さらに、電電公社の民営化をはじめとする通信業界の規制緩和政策はＩＴ産業の発展に道を拓き、その結果としてインターネットや携帯電話の普及が進んで、情報通信への人々のアクセス機会が著しく平等化したことは間違いない。

第二に、規制の存在がしばしば既得権益の保護に役立つのみで、平等化ではなく格差や差別の温存にしかなっていないこともよく知られている。これは経済学ではレント規制と呼ばれている。たとえば、保育環境の質の維持を名目にした保育所設立に対する強い規制は、膨大な数の待機児童を生んでおり、入所者と非入所者との間に不合理な格差をもたらすとともに、若い夫婦の就労機会や経済的機会を大きく損なっている。あるいは、1970年代の東京都における学校群制度の導入も、高校進学における選択の自由を大幅に制限するという規制強化策であったが、それは結果として、経済的に恵まれた家庭の子弟には中高一貫校を通じての進学機会をひらく一方で、恵まれない家庭の子弟だけが機会の制限を受けるという状況をもたらし、経済的な面での進学機会格差をむしろ拡大したと考えられるのである。

このように、規制の緩和や自由競争が必然的に格差の拡大をもたらすという命題は、事実から見て間違っている。真実はおそらく、きわめて平凡だが、規制緩和や自由競争は格差を拡大することもあれば、逆に縮小することもあるということだろう。考えてみれば、階層的不平等の拡大や縮小がどのようにして起こるのかという問題は、当然、階層研究にとって第一義的な課題であるべきであった。しかし、それについてはせいぜい、すでに見たような文化的再生産論と産業化論とがあるだけで、階層研究が全体となってこの課題に取り組んだということはない。ネオ・リベラリズムが格差拡大を招いたという解説がまことしやかに流通するのも、そもそも格差の拡大縮小に関する理論的研究の蓄積が皆無に近いからだといえる。

社会的排除論の意義

近年の格差拡大論はしばしば社会的排除の概念を用いて論じられることが多い。社会的排除の概念は、もともと1970年代におけるフランスの移民問題についての議論から生まれ、1980年代以降、さらに若年失業者問題にも目を向ける形でＥＵ諸国における社会政策の議論に定着していったとされる。理論的にはＦ・パーキン（F. Parkin）やＲ・マーフィー（R. Murphy）らの社会的閉鎖理論との関連が推察されるものの、今日の議論においてはこうした議論への言及は少ない。そればかりか、そもそも社会的排除論には理論らしい理論が見あたらないのである。

社会的排除論が行っているのは、せいぜいのところ、「たとえば失業、低いスキル、低所得、差別、みすぼらしい住宅、犯罪、不健康、そして家族崩壊などの複合的不利に苦しめられている人々や地域に生じている何か」（英国社会的排除局、岩田（２００８：21）からの引用）に目を向けて、そこに改善されるべき事態が起こっていることをより正確に把握しようとすることである。それはかつての貧困調査や労働者調査とよく似ている。ただ、一定の豊かさが多くの人に行き届いた今日の先進社会においては、単なる「貧困」だけが問題になるのではない。貧困以外のさまざまな何らかの恵まれない不利な状況を包括的に指し示す言葉として「社会的排除」が使われるようになったのである。

問題を経済的貧困に限るのではなく、さまざまなある種の「社会的」貧困に視野を広げた探求が進められることは、むろんいいことだ。しかし、そのことよりも社会的排除という問題の立て方が意味している次の点こそが、もっと重要なことだと思われる。それは、問題が「貧困」ではなく「排除」という概念でとらえられるようになったということである。すなわち、経済的に貧しいかどうかだけではなく、就業からの排除、技能を習得する機会からの排除、社会の多数派集団と同等の社会参加を享受する機会からの排除、安全で健康で安定した生活を送る機会からの排除、等々が今や解消すべき問題として現れているのだという探求関心の成立である。これは、原と盛山が「豊かさの中の不平等」（原・盛山１９９９）として表現した、一定の経済的な豊かさが達成された社会において重要になってきた階層問題の特徴を表していると見ることができるだろう。

「排除」に対立する概念としてしばしば「包摂 inclusion」が用いられるが、「排除／包摂」で問題視されているものは、明らかに「貧しさ／豊かさ」とは異なる位相にあるのである。たとえばＤ・バーン（D. Byrne）は、社会的排除論は「それらを通じて諸個人が自分たちの生を営む社会の実在要素（social entities）である、世帯、社会的空間の複雑で多層的な諸要素、そして全体としての社会的秩序への統合の失敗」（Byrne 2005: 4）に関わっているという。つまり、連帯やシティズンシップや共同性の問題として論じられているのである。この問題関心は、ロールズ（Rawls 1971, 1993）（盛山２００６も参照）やウォルツァー（Walzer 1993）の正義概念、あるいはアレクサンダー（Alexander 2006）の市民領域概念にも通じるものだといえる。

排除／包摂は、ある意味でより根源的な不平等問題を表現していると考えることができる。なぜなら、排除という言葉は、まさに社会から排除されていること、社会の成員として当然認められるべき資格や利益が剥奪されていることを含意しているからである。貧しさ／豊かさが量的な不平等であるのに対して、排除／包摂は質的な不平等を含意している。それはかつての身分制的不平等に似た概念である。ただし身分制が前近代における公認された制度的な差別的処遇であるのに対して、排除は必ずしも公認されたものには限られない。基本的には、結果において生じている差別的処遇に焦点を当てた概念である。

むろん、社会的排除論がはじめからそうした意味で展開されていったわけではないし、今でも理論的には見るべき進展はない。そこにあったのは、せいぜい「排除」という言葉によってこそ問題をよりよく捉えることができるのではないかという感覚である。しかしながら、その感覚には、統計的データの分析に終始する研究には欠落しがちな問題意識が含まれているのである。

3　機会の平等とは何か

レーマーの「機会の平等」

社会移動研究の基底にあるのは、機会の平等、あるいは開かれた機会への関心である。しかし、そもそも「機会の平等」とは何だろうか。これについてある程度の共通の了解がなければ、そもそも何のために社会移動の研究があるのかがわからないはずである。にもかかわらず、「機会の平等とは何か」という問いはこれまでほとんど検討されてこなかった。

近年、機会の平等についてもっとも積極的に議論を展開しているのは計量分析や社会学とはきわめて関係の薄いマルクス主義的数理経済学者のJ・レーマー（Roemer 1998）である。彼は、法哲学者のR・ドゥオーキンらの責任―平等主義論（Luck-Egalitarianism）に触発されて、正義の名において達成されるべき機会の平等を厳密に定式化しようとした。レーマーの理論は、多くの階層的地位達成論が暗黙の枠組みとしている、「〔さまざまな要因〕→〔学歴達成〕→〔社会的地位達成〕」という図式を前提にしている。本当は社会的地位は学歴だけで決まるものではないけれども、とりあえずそれは問わないでおこう。この図式を前提にすると、問題は「何が学歴達成を左右するか」である。

ここでレーマーは、「環境による要因」と「自らの責任による要因」とを区別する。環境とは本人の責任に帰することのできない要因群である。そうすると、レーマーにとって、機会が平等であるとは本来的には環境が平等であることを意味する。しかし、現実的には多くの環境要因は人為的に操作したり変えたりすることができない。そこでレーマーは、劣った環境のために学歴達成が低下してしまう部分に対して何らかの政策的な補償を行うことで機会の平等が確保されると考えている。たとえば補習授業やアファーマティブ・アクションがそれである。

こうしたレーマーの議論は、「機会の平等とは何か」という問いに対して、一応はそれなりに明確な解答を与えているということはできる。機会とは自己の責任範囲に属さない環境のことであり、機会の平等とは環境の違いによって生じる格差を平等化することである。

しかし、この一見すると明快に見える議論は、実際にはさまざまな問題を含んでいる。たとえば、「努力」の問題がある。学歴達成は学力によってかなり左右されるが、そうすると、機会の平等の観点からして、学力がどのようにして決まるかが問題となる。一般に学力への要因としては、ある程度持って生まれた生来の能力とその後の生育過程において培われた獲得能力とを分けるのが普通である。前者は通常「知能IQ」と呼ばれる。（ただし、実体はそれほど明確ではない。）レーマーの議論はこの図式から大きくかけ離れている。学力を規定する要因として彼が明示的に取り上げるのは「努力」だけである。「努力」といえば、通常は「本人の責任の範囲内」にあるものだと考えられているので、努力だけが学力の要因だとすれば、ここには機会の不平等問題は存在しないように見える。しかしレーマーはここで「努力する性向」という変数を導入し、その性向は「本人の責任要因」ではなく「環境要因」によって決まるとするのである。つまり、「生まれや育てられ方の違いによって生じた、努力する性向における高低の違いは、本人の責任には帰することのできない「環境要因」だ」と考えるのである。（したがって、レーマーの「環境」の中には、生得のものと獲得のものの両方が含まれている。）こうした図式のもとで、レーマーは、環境のせいで生じた努力性向の違いがもたらす学力や学歴達成の格差を補習授業やアファーマティブ・アクションなどによって補償することが「機会の平等」を実現することだと主張するのである。

この議論にさまざまな難点があることはすぐ分かる。「機会の平等」概念の問題という観点に絞っても、二つの重大な欠陥を指摘することができる。第一は、図式があまりにも単純すぎることである。階層的地位達成に焦点をおいた機会の平等問題を考えるとしたら、階層的地位達成に影響する学歴以外の諸要因、学歴に影響する学力以外の諸要因、そして学力に影響する努力以外の諸要因などについて、少なくとも視野には入れておかなければならないはずなのに、それがなされていない。第二は、かりにレーマーの図式を前提にしたとしても、実際に払われた「努力」のうち、どの程度が「環境」に帰せられて、どの程度が「本人責任」に帰せられるかは、経験的にはまったく決められないということである。

「責任」の構築性

これらの根底にあるのは、もともと階層的不平等の要因を「責任のある／なし」「環境に帰しうる／帰せない」という規準に基づいて区分しようとする企てが不可能だという問題である。というのもここには、「責任の実体視」という一次理論の疑似二次理論化（盛山１９９５）が起こっているからである。

ここでは詳述はしないが、従来から哲学者や倫理学者のあいだで、いかなる事態において誰に「責任」が帰属できるかを紛れのない形で理論化しようとする試みが繰り返されてきた。多くの場合、責任は自由意志の存在に関係づけられる。しかし、その自由意志なるものは経験的に同定することはもちろん、理論的に定立することも難しいという問題に直面してしまうのである。

今日の社会学者だったら、この問題に答えることは難しくない。というのは、このおそらく中世以来の長年にわたる哲学者たちの努力は、結局のところ、「階級」や「権力」や「差別」の概念化という問題と格闘してきた社会学者たちのそれと同じ類のものだからである（盛山１９９５、２０００参照）。そして今日明らかなことは、階級も権力も差別も、一次理論として意味的に構成された社会的世界の地平においてのみ、有意味に概念化しうるということである。はやりの言い方をすれば「構築されたものだ」ということだ[*2]。ただ、これはあまりに大雑把な概念なので、使うのは慎重にしたい。

ここで「自由意志」概念については、それが「人間の究極的な人間らしい性能を理念的に述べるものだ」という程度の指摘にとどめておく。他方「責任」概念は、その構築性のレベルが「権利」や「義務」とほぼ同じであることは明らかだろう。たとえば私がある土地の所有権を持っているということは、究極的にはいかなる物的なものにも還元することのできない、ある観念的で規範的な社会的関係性をいっているのである。むろん、もしもその所有権をめぐって争いが生じれば、何らかの経験的な証拠（文書や証言など）でもってそれを立証しなければならないし、その所有権によって他人の立ち入りや利用を排除することができる。しかしそうした物的ないし経験的なものは、観念のレベルで成立している権利の「現れ」であったり「徴候」であったりするにすぎない。そして重要なことは、所有権も含めてすべて権利などというものには、厳密な意味での「客観的な」根拠などというものは存在しないということである。

「責任」もやはり観念的で規範的な社会的関係性を言いあらわしており、モノのように客観的に実在しているのではない。ある事態の生起に関わる経験的な因果連鎖の解明は、責任の帰属についての社会的了解を導き出すための資料としては役立つけれども、それだけで責任の帰属が決まるわけではない。そもそも、人のどんな行為や社会的事態にも無限の因果連鎖が関わっている。その中からどれかの要因を取りだしてそこ

＊2　クロンプトン（Crompton 2006）などをみると、依然として「階級とは何か」「性や人種は階級とどう関係しているか」など、解けるはずのない問いがいわゆる「理論」問題の中心であり続けている。

に「責任」を帰属させるというのは、一つの社会的決定なのである。それは、歴史というモノが純粋に因果連関の記述ではなくて、文化意義や歴史意識の観点から再構築された物語であるほかはないという事情と、まったく同様である。学力のための努力の度合いにも無数の先行要因が存在しているはずだが、そのうちのどれを「本人責任」に帰属させるかについて、社会的合意は何も成立していない。

「責任」が客観的に存在しているものではなく、社会的に決められるものだという事実は、レーマーに限らずすべての責任―平等主義の平等理論を無効にする。因果の無限の連鎖の中からどれか特定のものを取りだして、「これはほかでもない、この人だけの責任範囲に属す」などと「客観的」に同定することはできない。なぜなら、どんな事柄にも、必ずやそれに先立つ無数の因果連鎖のネットワークが広がっているからである。

「機会の平等」概念のアポリア

じつは、同じ問題が「機会の平等」一般に存在している。

機会の平等という概念は、「結果」と「プロセス」の区分からなっている。ある結果をもたらすプロセスの中にさまざまな「機会」が存在している。階層的地位という結果についてもそうである。そうすると、どの機会を平等化することが「機会の平等」の理念にかなったものになるのかという問いが生じる。

これまで、「機会の平等」はただ何となく「結果の平等」ほどには極端ではない形で階層現象における一種の規範的理念を表すものとして掲げられてきた。この概念で通常に理解されてきたのは、出自におけるさまざまな境遇の格差がもたらす優位やハンディキャップの影響は極小化されるべきだという理念である。その際、機会変数として人種と出身家庭の階層が主に想定されたのだが、時として学歴や性別も取り上げられてきた。たとえばアファーマティブ・アクションでは、まずは人種による地位達成の違いに焦点が置かれており、その後、性別も組み入れられていった。それに対して、かつての日本育英会の奨学制度は、出身家庭の経済的ハンディキャップを軽減しようとするものであった。

　ところがレーマーの「機会の平等」は、これらとは大きく違って、環境によって生じた努力の性向の格差を是正しようとする。これには間接的に出身家庭の人種階層が関わっていると想定されているものの、人種の違いによって生じる機会の不平等に焦点を当てるものではない。

　レーマーの議論が荒唐無稽なものであるのは確かだが、「機会の平等」概念の本質的な問題性を浮き彫りにしている。それは、本来的に、機会の変数は無限にあるということだ。階層的地位達成には無数の要因が関わっている。したがって、そこには、その中のどの影響を平等化することが「機会の平等」になるのかという問題が存在しているのである。「機会の平等」はけっして一義的には概念化できない。そのために、論者たちは思い思いの「機会の平等」を主張するのである（Howe 1997参照）。

「すべての要因の影響を平等化することが機会の平等だ」と考える人もいるかも知れない。確かにこれも一つの選択肢ではある。しかし、これだと「機会の平等」と「結果の平等」との区別が無くなってしまうという新たな深刻な問題に直面する。なぜなら、すべての要因の影響を平等化すれば、必ずや結果として出現するものは同一になるはずだからである。したがって、この場合には「機会の平等」を達成しようと思ったら、無限個の要因を精査するなどという（不可能な）手続きをとらなくても、「結果」だけに注目してそれを平等化すればいい。階層的地位の場合だと、全員に同じ階層的地位を割り当てるか、それだと社会的分業がなくなって不都合が生じるから、全員にランダムに階層的地位を割り当てるか、さらにはその割り当てを一年ごとくらいに更新するようにすればいい。誰もがランダムに会社の社長になったり農業従事者になったりするのである。

安田三郎の考えた社会移動における平等の理念はこれと合致している（安田１９７１：93）。そこでは、父階層と本人階層とが統計的に独立であることが「平等」であった。父階層が何であるかとは無関係に本人階層が決まる。具体的なメカニズムはともかく、それは本人階層が諸要因による影響なしにランダムに決まることと同一の結果を生じさせるのである。しかし、はたして階層的地位がランダムに決定されることが、階層研究においてめざされるべき、あるいは理念的に掲げられるべき「平等」なのであろうか。

4　平等とは何か

不平等の現実と平等の理念

私は、平等の理念は、その一部である機会の平等も含めて、本来的に単に「形式的な平等」ではない何かを意味しているはずだと考えている。むろん、多くの人々は「平等」という言葉からは形式的な平等しか思いつかないのも事実だ。徒競走で並んでゴールインさせたり、通信簿で全員に5を付けたりするのはその典型例である。

しかし、ここでまず次の点に注意したい。それは、一般的に平等の理念は、不平等という現実から出発して想定されるのであって、平等の現実を見たうえで構成されたものではないということである。貧富の格差、政治的権利の格差、あるいは法的・経済的権利の格差の現実的な存在こそが、平等の理念の出発点にある。そうした不平等は経験的に観測されている。たとえば、現在の日本では依然として非正規労働者の多くは勤務先企業を通じての医療保険や厚生年金に加入できないだけでなく、失業保険や労災保険もしばしば適用されていないという経済的権利上のあからさまな格差が存在する。このことと、それによって大きな経済的不利益が生じていることとは、紛れもない経験的事実である。

不平等は現実に問題を生じさせる。あるいは不平等そのものが現実的な問題を構成する。このことは間違いない。問題は、ではいかなる平等が望ましいかは、必ずしもそこから直接には導き出すことができないということである。今の例で言うと、私としては非正規労働者にも正規労働者と等しく社会保険と労働保険の制度が適用されることが望ましい「平等」だと考えているが、論者によっては、そもそも非正規労働者をなくすことが「平等」だと考える人もいるだろう。あるいは、全員がすべて民間の保険制度に自発的に参加するのが望ましい「平等」だという人もいるかも知れない。

このように、不平等の現実は明らかであっても「平等」の理念は明らかではない。この非対称性こそが、これまでの理論の混迷をもたらしてきた最大の原因である。多くの場合、不平等の現実が問題なのだから、その現実を平等化することが「平等の理念」になりうると単純に考えてしまう。貧富の格差が問題なのだから、「貧富の格差のないこと」という平等が理念として奉じられることになる。あるいは、学歴の不平等が問題だとする人は、学歴を平等化することが平等の理念だと考えることになる。

その際、もう一つの心理傾向も働いている。それは、こうした現実の不平等のネガとしての平等が概念として簡明で経験的なものとしてイメージしうるものだということである。所得の平等や学歴の平等は概念としてこれほど明確なものはない。全員が同一の所得を得ること、全員が同一の学歴を得ること、それが平等だということである。

しかしこれらが理念として望ましい平等であるかは、当然、大いに疑問があるだろう。所得や学歴の完全な平等が望ましいことだとは、本当はほとんど誰も考えてはいない。ただ単に、現実に問題を起こしている不平等のネガとして、形式的な平等を容易に概念化することができ、平等の理念としてそれしか思い浮かべることができないというだけのことだ。誰一人として真面目に理論的に「所得の完全な平等が望ましい」と主張した人はいないのである。

同じことが、機会の平等についても言える。誰一人として、「すべての機会を平等化すべきだ」と主張した論者はいない。どれか一つの機会変数に対してでも、その影響を完全に平等化すべきだとあからさまに主張したのはレーマーくらいのものだ。ここでも、結果の不平等と同じように、機会の不平等の多くは目に見える形で分かっている。家庭の所得が低いために能力はあっても進学を諦める子、養育期の家庭や地域の文化的その他の環境が劣悪なために平均的な学力が劣ってしまう特定の人種やエスニシティの存在、学歴も能力も十分にあるのに単に女性だからという理由で閉ざされてしまうさまざまな機会。そうした機会の不平等は間違いなく現実的である。その一方でそうした不平等を是正するために取られる現実の平等化政策は、著しく不格好である。アファーマティブ・アクションは、すべての同様の集団やカテゴリーについてではなく常に特定のものにしか適用することができないので、たとえば、貧しい環境に育った白人の子どもは逆差別を受けることになる。

包摂と公正

問題を生み出している現実の不平等に対して、そのネガとしての形式的な平等は必ずしも理念的に望ましいものではない。平等の理念は形式的な平等を超えたところに求められるべきなのである。現実の不平等に対峙されるべき平等の理念は、一つではなく、次の二つからなると考えた方がいいだろう。というのも、もともと現実の不平等がもたらす「問題性」に二つの側面があるからである。

一つは、「包摂」という価値である。近年の社会的排除論がまさに問題にしているように、不平等が引き起こす問題の焦点の一つは「排除」である。本来ならば社会の十全な資格成員として相応の境遇にあるべき人々がそこから排除されてしまっているという点が、規範的な問題なのだ。単に所得が低いことが問題なのでなくて、そのことによって、成員として当然だと見なしうるような一定の生活水準を保つことができないことが問題なのである。おそらく、A・セン（Sen 1980）が「潜在能力の平等」の概念によって言い表そうとした理念もここにある。それは、ハンディキャップを負った人々に健常者と形式的に同じ能力（capability）を保障することではなくて、健常者と同等の社会参加を保障すべきだと考えるものだと理解されるのである。この「包摂」の理念によって、さまざまな生活保障や就業支援や奨学制度のプログラムに規範的な基盤が与えられる。それは形式的な平等を保証するものではないが、平等の理念に支えられているのである。

もう一つの価値は「公正」である。これは不平等の中でもとくに「差別」に関わる問題に対峙している。たとえば相応の学歴と能力を持った女性や外国人が、女性や外国人だからという理由で同等の日本人男性よりは劣った処遇しか受けられないというときに生じている問題が不公正であり差別である。あるいは、家庭の文化的あるいは経済的な環境のせいでハンディキャップを負った形で教育達成の競争に参加せざるをえないという状況も、一つの不公正だとみることができる。「公正」の価値は単なる平等ではなく、等しく取り扱われるべきであったり、等しい条件を与えられるべきであったりする事柄について設定されるのである。むろんこれは、「何が等しく取り扱われるべきか、何に関して等しい条件が設定されるべきか」に関する規範的な判断に関わっている。

おそらく、「機会の平等」の理念は「公正な競争」の概念と深くかかわっている。「機会」とは、もともと何かを達成するための手段的状況のことである。その達成は、運・不運、能力、努力、その他さまざまな要因によって左右される。それらすべての要因の影響をコントロールすることが「機会の平等」ではなく、ある何らかの観点から「不公正」な機会の不平等を取り除くことなのである。

「包摂」にしても「公正」にしても、たんなる「形式的平等」ではない。むろんそれらは一定の平等を通じてこそ実現されるものではあるが、平等を超えた共同的な関係性の理念である。「包摂」は人々が同一の共同社会の等しい成員だという理念にかかわっており、「公正」はさまざまな異なる境遇がある中で、手段的ないし手続き的な面における条件と処遇の不偏性と平等性の理念にかかわっている。どちらのばあいも、何が包摂であり何が公正であるかは、規範的な観念内容であって、形式的で客観的な基準だけで自動的に導き出されるものではない。（レーマーは、この点を完全に誤解している。）

言うまでもないが、このことは、現実の社会で成立している規範的合意に基づいて包摂や公正の理念を考えればいいということではない。現実の規範は常に潜在的な批判可能性に開かれている。何が包摂であり何が公正であるかは、常に探究されるべき課題であって、すでにどこかで与えられているものではない。

この理論的探究こそが、階層研究の中心課題に据えられるべきなのである。それは実証を超える研究課題である。しかし、実証研究を支え、それに方向性を与え、それと反照的に呼応しあう研究である。そして、この規範的理論への探究は「移動の不平等度はいかにして決まるか」に関する事実的理論への探究と無関係ではありえない。私は階層研究の未来はこうした方向にあると考えている。

参考文献

Alexander, Jeffrey C., 2006, *The Civil Sphere*, Oxford University Press.

Breen, Richard, and John H. Goldthorpe, 1997, "Explaining Educational Differentials: Towards a Formal Rational Action Theory," *Rationality and Society* 9(3): 275-305.

Byrne, David, 2005, *Social Exclusion*, 2nd ed., Open University Press.

Crompton, Rosemary, 2008, *Class and Stratification*, 3rd ed., Polity Press.

Grusky, David B. and Kim A. Weeden, 2006, "Does the Sociological Approach to Studying Social Mobility Have a Future ?" in Stephen L. Morgan, David B. Grusky, and Gary S. Fields eds., *Mobility and Inequality*, Stanford University Press: 85-108.

原純輔・盛山和夫、１９９９、『社会階層―豊かさの中の不平等』東京大学出版会.

広瀬隆、２００９、『資本主義崩壊の首謀者たち』集英社新書.

Hout, Michael, 2006, "Maximally Maintained Inequality Reconsidered: Over Time and Crossnational Comparisons," *Working Paper of Survey Research Center*, University of California, Berkeley.

Howe, Kenneth R., 1997, *Understanding Equal Educational Opportunity: Social Justice, Democracy, and Schooling*, Teachers College Press.

岩田正美、２００８、『社会的排除―参加の欠如・不確かな帰属』有斐閣.

Rawls, John, 1971, *A Theory of Justice*, Harvard University Press.（川本隆史ほか訳、２０１０、『正義論』紀伊國屋書店．）

Rawls, John, 1993, *Political Liberalism*, Columbia University Press.

Roemer, John E., 1998, *Equality of Opportunity*, Harvard University Press.

盛山和夫、１９９５、『制度論の構図』創文社．

盛山和夫、２０００、『権力』東京大学出版会．

盛山和夫、２００６、『リベラリズムとは何か―ロールズと正義の論理』勁草書房．

Sen, Amartya, 1980, "Equality of What?" in S. M. McMurrin ed., *The Tanner Lectures on Human Values*, Vol.1. University of Utah Press.（＝１９８９、大庭健・川本隆史訳、「何の平等か？」『合理的な愚か者：経済学＝倫理学的探究』勁草書房：２２５-２６２．）

富永健一、１９７９、「社会階層と社会移動の趨勢分析」富永健一編『日本の階層構造』東京大学出版会：33-87．

Treiman, Donald, 1970, "Industrialization and Social Stratification," in E. O. Laumann ed., *Social Stratification : Research and Theory for 1970s*, Bobbs-Merrill: 207-234.

Walzer, Michael, 1993, *Spheres of Justice: A Defence of Pluralism and Equality*, Basic Books.（＝１９９９、山口晃訳、『正義の領分：多元性と平等の擁護』而立書房．）

安田三郎、１９７１、『社会移動の研究』東京大学出版会．

付録1　社会階層に関わる基本用語とデータの解説

1　社会階層と社会階級

社会階層（social stratification）と社会階級（social class）は、社会における不平等を構造的に把握するための理論的・実証的な枠組みである。どちらも、職業、収入、学歴、ライフスタイルなどに注目して人々をグループ化し、それらの間での不平等のありようや、その程度を比較することが分析の基本となる。

社会階層と社会階級の違いは、ごく簡単にいえば、そのグループ化の方法にある。社会階級は、対立関係・利害関係が想定される少数のグループとして定義される（典型的には、資本家階級、中産階級、労働者階級の3階級図式）。これに対し、グループの数やグループ間の関係をより柔軟に考え、多層的な序列構造（職業、学歴、所得などの社会的資源が不平等に分配されている状態）を想定するのが社会階層である。

2　社会階層と社会移動（SSM）調査

SSM調査とは、1955年以来、10年ごとに実施されてきた「社会階層と社会移動（Social Stratification and Social Mobility）調査」の略称である。1955年から1975年までは男性20~69歳を対象として実施されてきたが、1985年からは女性も調査の対象となった。この調査の最大の目的は、日本社会における社会階層と社会移動の構造と趨勢を把握することであり、なかでも親子間の階層の結びつきから社会の開放

表1　各回のＳＳＭ調査の設計標本規模、回収標本規模、回収率

回	調査年	種別	設計標本規模	回収標本規模	回収率
第 1 回	1955	区部	1,500	1,138	75.9%
		市部	1,500	1,230	82.0%
		郡部	1,500	1,309	87.3%
第 2 回	1965		3,000	2,158	71.9%
第 3 回	1975		4,001	2,724	68.1%
		威信票	1,800	1,296	72.0%
第 4 回	1985	A 票	2,030	1,239	61.0%
		B 票	2,030	1,234	60.8%
		女性票	2,171	1,474	97.9%
第 5 回	1995	A 票	4,032	2,653	65.8%
		B 票	4,032	2,704	67.1%
		威信票	1,675	1,214	72.5%
第 6 回	2005	日本調査	13,031	5,742	44.1%

注 : 第 6 回調査には、第 5 回調査までの継続としての日本調査のほか、韓国調査、台湾調査、日本若年層調査が存在するが、それらの調査概要については省略する

表2　職業カテゴリー（ＳＳＭ職業大分類）と代表的な職業名

職業カテゴリー	職業名
専門的職業	研究者、技術者、医師、看護士、弁護士、各学校教員、芸術家、保父・保母、経営コンサルタント、航空機操縦士など
管理的職業	国会議員、地方議員、会社役員（課長相当以上）、駅長、郵便局長など
事務的職業	総務・企画事務員、営業・販売事務員、会計事務員、自衛官、警察官、消防員、守衛、郵便・電報外務員など
販売的職業	小売店主、卸売店主、飲食店主、販売店員、外交員、保険代理人、不動産仲買人、キャビンアテンダント、旅館主人など
熟練的職業	理容師・美容師、料理人、自動車組立工、洋服・和服仕立人、酒類製造工、表具師、電気工事・電話工事作業者、大工、畳職など
半熟練的職業	クリーニング職、自動車運転者、鉄道員、金属溶接工、製糸作業者など
非熟練的職業	家政婦、道路工夫、運搬労務者、清掃員など
農林的職業	農耕作業者、植木職、畜産作業者、林業作業者、漁業作業者など

性を測定する世代間移動の研究は、SSM調査のメインテーマといえよう。調査項目については、学歴、職業経歴、収入・財産状況、親の学歴や職業、階層帰属意識、政党支持意識に関する質問項目が第1回からほぼ共通して設けられている。各回の調査の概要は表1のとおりである。

3　職業カテゴリー

社会には無数の職業が存在するが、それを職務内容や必要とされる知識・技術に応じていくつかのグループにまとめたものが職業カテゴリーである。職業カテゴリーの分類にはさまざまなバリエーションが存在するが、ここでは日本の社会階層研究で一般的に用いられているSSM職業大分類をもとに、それぞれのカテゴリーに含まれる具体的な職業の例を提示する。

この職業カテゴリーをもとに、専門、管理、事務、販売までをホワイトカラー的職業、熟練、半熟練、非熟練までをブルーカラー的職業とし、農林的職業を独立させた分類も広く用いられている。さらに、この分類に従業先の規模や自営業者か被雇用者かといった区別を加えた分類方法も広く用いられている。

4　職業威信スコア

職業には、世間的に「高い」とか「良い」と思われるものもあれば、そうでないものも存在する。職業威信とは、このような職業に対する人々の主観的評価のことであり、その評価は、希少性、名声、その職業から得られる報酬の多さなどのさまざまな要因によってなされている。職業威信スコアとは、この職業に対する人々の主観的評価をスコア化したものであり、具体的には以下の手順で作成されたものである。職業威信に関する調査において、回答者に数十の職業について「最も高い」「やや高い」「ふつう」「やや低い」「最も低い」の5つの選択肢から1つを選んでもらう。「最も高い」から順に、100、75、50、25、0の得点を与え、その職業に対する全回答者の得点の平均をとったものが職業威信スコアとなる。したがって、世間的に「高い」とか「良い」と思われる職業ほど職業威信スコアは高くなる。具体的には、医師、弁護士等の法律家、大学教員などが職業威信スコアの高い職業である。ただし、職業威信スコアとは人々の評価の平均でしかなく、実際にはすべての職業に貴賎がないことはいうまでもない。

この職業威信スコアを用いることによって職業を量的変数として捉えることが可能となり、パス解析による地位達成過程の分析等に現在でも広く用いられている。また、職業威信スコアの特徴として、国際的、時代的な安定性が高いことが挙げられる。第1回、第3回、第5回のSSM調査の結果からも、各職業の威信スコアの順序はほぼ一致しており、人々の職業に対する評価はほとんど変化していないことが明らかになっている。

付録2　統計用語と統計手法についての解説

1　変数

学校の生徒のなかには、テストの得点が高い者もいれば、低い者もいる。また、大学進学率が高い都道府県もあれば、低い都道府県もある。これらのように、個体によって、異なる値をとりうる情報のことを、変数という。

変数にもいろいろなタイプがある。性別、出身地など特性を区別する情報までを有する変数や、学歴などのように順序関係をあらわす情報がさらに付加される変数のことを、離散変数（あるいは質的変数、カテゴリカル変数）と呼ぶ。他方、テストの点数や収入などといった数値そのものが得点としての意味を持つ変数のことは、連続変数（あるいは量的変数）と呼ぶ。変数のタイプによって、分析において選ばれる手法が変わりうる。

2　相関係数

相関係数は、2つの連続変数のあいだの関連の向きと強さを表す方法であり、その代表的なものはピアソンの積率相関係数である。「Aが大きいほど、Bも大きい」というように2つの変数の大小の方向性が一致する相関関係のことを「正の相関関係」、「Aが大きいほど、Bは小さい」というように大小の方向性が逆になる相関関係のことを「負の相関関係」と呼ぶ。

相関係数は、−1から+1までの範囲をとり、値が0から離れるほど相関が強いことを示す。正負の符号は相関関係の方向を意味しており、+が正の相関関係、−が負の相関関係を示す。すなわち、+1は正の相関が最も強い状態、−1は負の相関が最も強い状態、そして0は相関がない状態を意味する。

なお、離散変数のために、さまざまな連関係数（あるいは属性相関係数）も開発されている。種類によって、相関係数同様に−1から+1までの範囲をとるものもあれば、0から+1までの範囲をとるものもある。ただし、基本的な見方は似ており、値が0から離れるほどそれだけ強い相関として解釈される。

3　重回帰分析

2つの変数ではなく、3つ以上のたくさんの変数を同時に扱うには、多変量解析と呼ばれる方法を用いなければならない。多変量解析のなかにも、いろいろな手法が存在する。重回帰分析は、関心のある現象の結果候補の変数（従属変数あるいは被説明変数、目的変数という）を1つ定め、それを複数の原因候補の変数（独立変数あるいは説明変数という）から予測・説明しようとする目的で行われる多変量解析の代表である。

$$Y = b_0 + b_1 X + e$$

重回帰分析は、数学でいう一次関数のようなもので、データに対して最もあてはまりのよい直線がどのようなものか導き出す。すなわち、データの中における従属変数と説明変数群との関係を、切片（b_0）と傾き（b_1）によって表現する。式には誤差項（e）も含まれているが、これは直線による予測がいくらか外れることを含意している。ただ、ここでの式には独立変数は1つしか入っていないので、このモデルは重回帰ではなく単回帰分析と呼ぶべきものである。これを拡張して、独立変数が複数になった場合が、重回帰分析である。重回帰分析の基本式は、以下のようになる。

$$Y = b_0 + b_1 X_1 + b_2 X_2 + b_n X_n + e$$

切片（定数項：b_0）は、すべての独立変数が0であるときの従属変数の期待値である。傾き（回帰係数：b_1〜b_n）は、独立変数が1単位だけ増えたときの、平均的な従属変数の増分である。社会学で重回帰分析を用いるときには、どちらかといえば後者に強い関心が置かれることが多い。なお、重回帰分析では、回帰係数のことを偏回帰係数と呼ぶが、これは他の独立変数の値を一定にした場合での当該独立変数の効果を示すものである。

単位が異なる独立変数を複数用い、それらのあいだで効果の大きさを比べたいときは、先に変数を標準化（平均が0、標準偏差は1となるように変数を変換すること）した上で重回帰分析を行えば、単位の異なる変数の効果を比較できる。このように変数を標準化して得られる回帰係数のことを標準化偏回帰係数という。

また、全体的なモデルの説明力を知るための指標として、決定係数（R^2値）がある。決定係数は、従属変数の分散（ばらつき）を、投入した独立変数がどのくらい説明しているかを示す。たとえば、賃金に対して２つの変数を独立変数として重回帰分析をしたときに、決定係数が０・43だったとする。この場合、これら２つの独立変数が賃金の分散の43％を説明していることになる。決定係数は０から１までの値をとり、この値が１に近いほど、従属変数に対する独立変数の効果が強いことを示す。通常の重回帰分析の場合は、決定係数として「自由度調整済みR^2値」（「調整済R^2値」）が用いられることが多い。

４　ロジスティック回帰分析（ロジット分析）

通常の重回帰分析は、連続変数を従属変数とするように制限されている。離散変数を従属変数とするときには、ロジスティック回帰分析という重回帰分析の拡張的方法を用いることが標準的である。ロジット分析と呼ばれることもある。

成功するか失敗するか、進学するか否か、など、結果が２つに分かれるような従属変数に対しては、二項ロジスティック回帰分析を適用する。この分析では、ある現象の生起確率を分析するのだが、確率そのままではなく、生起確率と非生起確率との比（オッズという）をとり、その上さらにオッズを対数変換（対数オッズまたはロジットという）するという手続きを踏む。そしてあてはまりを最大限高めるように、定数項や回帰係数が求められる。これら統計量の見方は、重回帰分析のそれとほぼ同様である。正符号の回帰係数は、その独立変数が大きくなるほど、ある現象が起きやすくなるという意味になる。ここで、従属変数の得点ではなく、ロジットを予測・説明しているという点には注意を要する。

また、結果が3つないしそれ以上に分かれる場合もあるが、そのような従属変数に対しては、多項ロジスティック回帰分析を用いる。結果の現象のうち、どれか1つが比較基準となり、それと比べたときに注目する現象の生起確率がどの独立変数によって高くなるかを分析することができる。

5　イベントヒストリー分析

イベントヒストリー分析とは、従属変数に打ち切りがある場合に、時間の長さに基づいて、あるイベントないし現象がどれだけ早く起きやすいか分析するための多変量解析手法である。

ここでいう打ち切りとは、観察期間中に、ある現象は生起しなかったものの、途中で観察されなくなったり、そもそも観察自体が終了したことによって「生起しなかった」という記録が残るケースを指す。離婚という現象を具体例として説明してみよう。人々の婚姻履歴をデータとして見たところ、なかには離婚をした人がいる。その一方で、途中から調査に回答してくれなくなった人や、離婚しないうちに追跡調査が終わるなどの人もいる。これらが打ち切りのケースである。打ち切りケースには、ある時点までは離婚をしていな

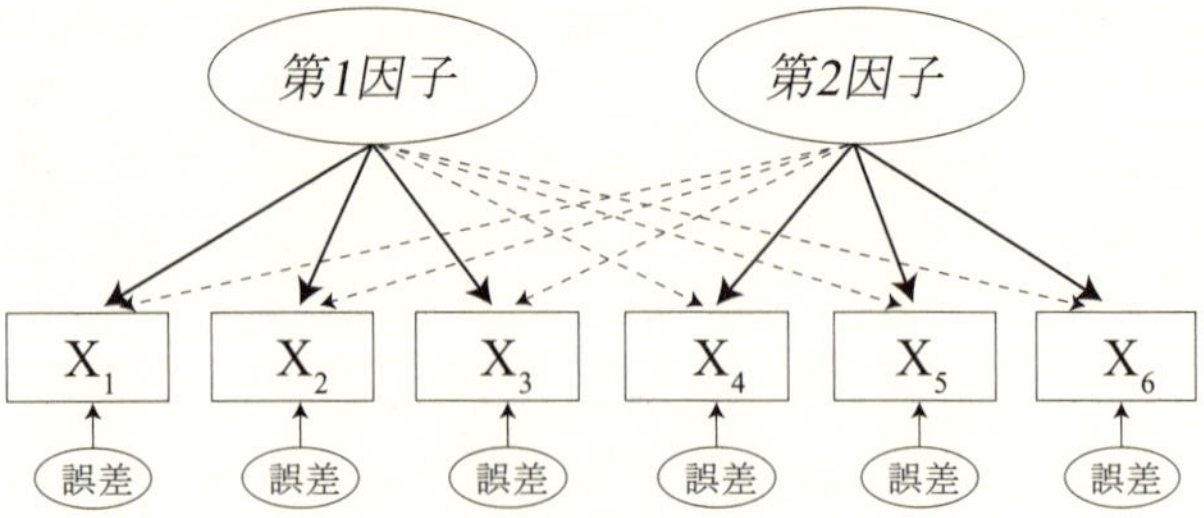

図　因子分析のイメージ図

いという時間に関わる情報が残っているので、それを適切に処理しないと分析に偏りを生じさせ、結果を読み誤る危険性が出てくる。そこで、このような打ち切りがあるデータを適切に処理する多変量解析手法の1つとして、イベントヒストリー分析がよく用いられている。

　イベントヒストリー分析にも、いくつかの手法がある。大きくいうと、時間を連続的に扱うものと、時間を離散的に扱うものとに分けられる。後者の代表的方法が、本書第2章に登場する離散時間ロジット分析である。使用するデータの形式が異なるものの、統計モデルとしてはロジット分析と同じであり、結果の読み方も似ている。回帰係数が正符号であれば、それは当該の独立変数が大きいほど、現象がより早く起きやすいということを示す。逆に、負の符号が意味するのは、その独立変数が大きいほど、現象がより起きにくいということである。

6　因子分析

　別の種類の多変量解析に、因子分析がある。これは、データの情報を単純化してまとめる目的で適用される代表的な手法である。

因子分析では、データのなかにある複数の連続変数（これを観測変数という）の背後に、因子という潜在的な変数があるとみなす。つまり、因子が観測変数へと影響することが本質的な関係であって、複数の観測変数相互の相関関係は、潜在的な因子から説明されると考えるわけである。

因子分析の結果を読む際に重要なポイントは、因子負荷量と寄与率である。因子負荷量は、推定された因子と各観測変数との関連を表すものである。たとえば、第1因子から観測変数X_1への因子負荷量が大きな正符号の値ならば、観測変数X_1は第1因子の影響を強く受けているということになる。因子負荷量の向きや大きさの解釈は、ほぼ相関係数と同様に考えて差し支えない。観測変数に関する因子負荷量を総合的に検討し、推定された因子がどのような意味を持つのかを考えることを「因子の解釈」よ呼ぶ。

一方、寄与率とは、当該の因子が全体情報量のうち何割を持っているかを示す統計量である。寄与率が高いほど、より情報が豊かな因子であることを示す。

や行

ら行

わ行

索　引

■編著者紹介

盛山　和夫（せいやま　かずお）

東京大学大学院人文社会系研究科　教授

東京大学文学部卒業、東京大学大学院社会学研究科博士課程単位取得退学、博士（社会学・東京大学）

主著：『制度論の構図』創文社（1995年）、『社会階層』（共著）東京大学出版会（1999年）、『リベラリズムとは何か』勁草書房（2006年）

片瀬　一男（かたせ　かずお）

東北学院大学教養学部　教授

東北大学文学部卒業、東北大学大学院文学研究科博士後期課程中退

主著：『ライフ・イベントの社会学』世界思想社（2003年）、『夢の行方』東北大学出版会（2005年）、『〈失われた時代〉の高校生の意識』（共編著）有斐閣（2008年）

神林　博史（かんばやし　ひろし）

東北学院大学教養学部　准教授

金沢大学文学部卒業、東北大学大学院文学研究科博士後期課程単位取得退学、博士（文学・東北大学）

主著：「『ゆとり教育』は学習を変えたか」海野道郎・片瀬一男編『〈失われた時代〉の高校生の意識』有斐閣（2008年）所収、「高度経済成長期の階層帰属意識」『東北学院大学教養学部論集』156号（2010年）、「『中』であること・『下』であることの意味」（共著）斎藤友里子・三隅一人編『流動化の中の社会意識』東京大学出版会（2011年）所収

三輪　　哲（みわ　さとし）

東北大学大学院教育学研究科　准教授

早稲田大学第一文学部卒業、東北大学大学院文学研究科博士後期課程単位取得退学、博士（文学・東北大学）

主著：『ソーシャル・キャピタル』（共訳）ミネルヴァ書房（2008年）、「キャリア軌跡からみる世代間移動機会の不平等とその趨勢」『理論と方法』23巻2号（2008年）、『結婚の壁』（共編著）勁草書房（2010年）

■執筆者紹介

佐藤　嘉倫（さとう　よしみち）東北大学大学院文学研究科　教授

林　　雄亮（はやし　ゆうすけ）立教大学社会学部　助教

白波瀬佐和子（しらはせ　さわこ）東京大学大学院人文社会系研究科　教授

斎藤友里子（さいとう　ゆりこ）法政大学社会学部　教授

村瀬　洋一（むらせ　よういち）立教大学社会学部社会学科　准教授

井出　知之（いで　ともゆき）東北大学大学院文学研究科　専門研究員

■日本《にほん》の社会階層《しゃかいかいそう》とそのメカニズム
—不平等を問い直す

〈検印省略〉

■発行日——2011年９月６日　初版発行

■編著者——盛山《せいやま》　和夫《かずお》・片瀬《かたせ》　一男《かずお》
神林《かんばやし》　博史《ひろし》・三輪《みわ》　哲《さとし》

■発行者——大矢栄一郎

■発行所——株式会社　白桃書房《はくとうしょぼう》
〒101-0021　東京都千代田区外神田5-1-15
☎03-3836-4781　Ⓕ03-3836-9370　振替00100-4-20192
http://www.hakutou.co.jp/

■印刷・製本——藤原印刷

ISBN 978-4-561-96124-6　C3036